高校智慧图书馆建设与管理研究

陈 曦 韩双梅 马凌云 ◎ 著

吉林出版集团股份有限公司

图书在版编目（CIP）数据

高校智慧图书馆建设与管理研究 / 陈曦，韩双梅，
马凌云著. — 长春 : 吉林出版集团股份有限公司，
2022.7

ISBN 978-7-5731-1659-8

Ⅰ. ①高… Ⅱ. ①陈… ②韩… ③马… Ⅲ. ①院校图
书馆—图书馆服务—研究 Ⅳ. ①G258.6

中国版本图书馆 CIP 数据核字 (2022) 第 115467 号

高校智慧图书馆建设与管理研究

著　　者	陈　曦　韩双梅　马凌云
责任编辑	白聪响
封面设计	林　吉
开　　本	787mm×1092mm　　1/16
字　　数	230 千
印　　张	11
版　　次	2022 年 7 月第 1 版
印　　次	2022 年 7 月第 1 次印刷
出版发行	吉林出版集团股份有限公司
电　　话	总编办：010-63109269
	发行部：010-63109269
印　　刷	北京宝莲鸿图科技有限公司

ISBN 978-7-5731-1659-8　　　　　　　　　　定价：65.00 元

前　言

图书馆作为高校的重要支柱，其建设水平直接影响着人才培养质量，因此做好高校图书馆的建设工作具有现实意义。信息技术、互联网技术、大数据等技术的迅速发展，有力地带动了图书馆的发展，实现了由传统图书馆向数字图书馆的转变，缩短了自数字图书馆向智慧图书馆转型升级所需要的时间。高校建校历史不一，基础条件也存在差异，使得各个院校的图书馆都处于不同的发展阶段。

智慧图书馆是图书馆发展的高级阶段，高校智慧图书馆是高校智慧校园的重要组成部分，而智慧服务是智慧图书馆的核心所在。智慧图书馆建设时应体现高校育人特色，发挥人才培养中智慧图书馆的作用，有效解决图书馆的建设问题，推动高校图书馆建设快速发展。

全书共 7 章。第一章为互联网时代的高校图书馆，主要阐述了互联网对高校图书馆建设的影响、图书馆的现代发展趋势、传统图书馆与现代图书馆的比较以及互联网环境下高校图书馆建设的创新和高校智慧图书馆建设等内容；第二章为"互联网＋"环境下高校智慧图书馆建设的思维逻辑与技术，主要阐述了互联网时代的特征、互联网时代的逻辑模式、互联网时代的数字技术以及互联网时代的大数据技术和互联网时代的云计算技术等内容；第三章为高校智慧图书馆的数字资源建设，主要阐述了高校图书馆的特色数字资源建设现状、高校图书馆特色数字资源的建设以及高校图书馆特色数字资源的系统等内容；第四章为高校智慧图书馆的资源共享，主要阐述了图书馆的资源共享概述、大数据下的高校图书馆资源共享和高校图书馆信息共享空间服务模式建设等内容；第五章为高校智慧图书馆的学科服务建设，主要阐述了高校图书馆的学科服务概述、高校图书馆学科服务智慧化建设的意义与内涵以及高校图书馆学科服务智慧化建设的框架内容和高校图书馆学科服务指挥化建设的模式与途径等内容；第六章为高校智慧图书馆建设知识服务模式创新，主要阐述了重点读者服务模式创新、移动服务模式创新以及嵌入式服务创新和个性化服务创新等内容；第七章为高校智慧图书馆建设的经验借鉴与未来趋势，主要阐述了高校智慧图书馆建设的经验借鉴、高校图书馆建设的移动端创新以及高校复合图书馆与云储存建设和图书馆服务共享理念的发展等内容。

为了确保研究内容的丰富性和多样性，笔者在写作过程中参考了大量理论与研究文献，在此向相关的专家学者表示衷心的感谢。

最后，限于笔者水平有不足，加之时间仓促，本书难免存在一些疏漏，在此，恳请同行专家和读者朋友批评指正！

笔　者

2022 年 5 月

目　录

第一章　互联网时代的高校图书馆

随着现代计算机网络信息技术的快速发展及其功能的不断扩充，特别是全球互联网技术和网页的迅速发展，使分散性、孤立性、封闭性的传统图书馆运营模式发生了根本性的改变，拓展了图书馆有限的馆藏资源，使图书馆经历着一场从以印刷品为主的传统图书馆向以数字化、电子化、网络化为基础的新型图书馆转变的重大变革，高校图书馆呈现出前所未有的发展势头。本章分为互联网对高校图书馆建设的影响、图书馆的现代发展趋势、传统图书馆与现代图书馆的比较、互联网环境下高校图书馆建设的创新和高校智慧图书馆建设 5 个部分，主要内容包括现代图书馆的发展趋势、未来图书馆的主体形态、高校图书馆创新服务的内容等方面。

第一节　互联网对高校图书馆建设的影响

一、互联网影响读者的阅读行为

随着社会的进步、电子技术的发展以及人们网络意识的提高，传统的图书馆服务形式已经无法满足用户不断增长的对信息的需求。人们越发希望打破时间和空间上的限制，随时随地查询资源或浏览阅读，以获取所需的信息，由此，网络阅读应运而生。网络阅读是指借助于计算机和网络技术来获取包括文本在内的知识和多媒体合成信息的一种超文本阅读，其阅读平台从传统的纸质出版物转向了电子设备并获取电子形式的信息，网络阅读正在成为当代大学生阅读图书资料、查找各种信息的主要方式之一。随着网络阅读的高速发展，其便利性和实用性吸引了不同年龄、职业及文化程度的大量读者，有越来越多的人加入网络阅读的行列中来。高校图书馆根据这一新的发展趋势，针对大学生对新生事物接受能力强的特点，推出了电子图书馆服务，既顺应了时代发展，又加强了传统图书馆文献资源的利用。

二、互联网影响图书馆对信息的组织形式

（一）图书馆内部信息资源的组织与整合

目前，信息检索是用户获取信息的主要方式之一。搜索引擎以其简洁、方便等优势获得了不少用户的青睐，用户希望一步到位地、无缝地、个性化地获取所需信息。网络环境下，随着图书馆信息资源的剧增，出现了越来越多异质、异构的数字资源系统，造成了图书馆信息资源及检索方式的分离，这给用户获取信息资源带来了诸多不便。在此形势下，从方便用户信息获取的角度来说，图书馆需要对多种异质、异构的数字资源进行集成与重组；从提升图书馆用户使用体验的角度来说，图书馆需要以满足用户体验为核心，对信息资源进行多方面、多层次的集成、重组、整合，建立具有关联性的资源体系，以消除数字信息"孤岛"。这样图书馆既能提高数字资源的利用率，又可以将数字资源置于统一平台之上，形成统一检索，使信息资源的检索更方便、易用。使用多元搜索引擎参与网上信息检索是新网络环境对图书馆的影响之一。对异质、异构的信息资源的组织可以对宏观层次的信息组织产生影响，图书馆的一种对策是建立相关的异质、异构的信息资源索引库，以集中索引的形式进行组织；另一种对策则是对异质、异构信息资源的检索引擎进行组织，通过技术手段实施异构检索。

信息浏览作为人获取信息的行为之一，通常是用户在没有具体信息需求目标或难以清楚表达信息需求的情形下实施的一种比较随意的网络信息查询行为。在新网络环境中，由于一次性的文献获取相对更为方便，因此浏览与检索一样，是一种非常重要的信息获取方式。图书馆为满足信息浏览这一用户信息获取行为，应通过各类学科导航、门户网站等方式对馆内信息资源进行组织，方便用户按照学科、主题或知识门类来浏览各类学术资源，通过浏览让用户获得一个有主题或以主题为基础的导航，最终引导其找到所需的内容。在信息导航组织方面，应采用多线索的信息组织方式，使信息呈现网状结构，极大地提高用户对网站信息的获取效率并减少网站的层次，将重点内容以最佳的方式展现给访问者，从而给访问者带来良好的浏览体验。

（二）图书馆之间的信息资源组织与整合

实现图书馆内部信息资源的整合与再组织只是实现了小范围的组织形式优化，受新网络环境的影响，图书馆之间形成的几个或多个相关的图书馆联盟（地区）需要进行跨地域的信息资源的整合与组织。这是一种范围更广的组织形式，是对本地区或本系统图书馆信息资源的组织与配置。宏观层面上图书馆之间的信息资源组织更多地是进行资源配置上的重组，构建一个基于 Web 环境的综合性的文献信息服务平台，每个图书馆都把各类分布式文献信息资源按一定的管理方式和应用目的组织起来。除了信息资源共享的目的外，方便用户对信息资源进行获取也是一个主要的因素。

（三）图书馆信息资源与互联网信息资源的融合与组织

"有些图书馆资源非常好，但用户也许不知道或者了解甚少，而 Google 可以把它们的馆藏更方便地呈现给读者。"目前新网络环境下，图书馆、数字图书馆、信息服务机构等在面向互联网的过程中必定面临信息资源的融合与重组问题。互联网是一种重要的信息存储与传播载体，也是信息获取的非常重要的渠道，它以充分实现知识信息的社会化交流与共有为目的。在全球信息化和互联网业务环境下，社会化的图书馆网络最终将与互联网或其他网相连，由此产生许多新的影响，其中最为显著的就是与出版商、网络内容提供商、网络服务提供商之间产生的竞争。以用户需求为导向，将图书馆的知识信息服务纳入互联网环境中的全球信息服务体系，实现图书馆信息服务与网络信息服务的有效结合是一种发展趋势，也是使知识与信息能广泛传播的必然选择。

三、互联网影响人们获取知识的渠道与方式

图书馆作为人类信息文化储存、传承的机构，在人类历史上一直扮演着重要角色。随着信息科学技术的发展和知识经济时代的到来，人们的知识信息来源不再仅仅局限于图书馆。网络知识产业的出现和发展以及其向图书馆领域的快速渗透，也使图书馆迎来巨大的挑战和机遇。

资源形态的数字化、信息环境的网络化、即时通信和移动终端的快速普及正在改变着人们的信息行为并催生泛在知识环境的形成，用户日趋多样化、个性化的知识信息需求已超出了高校图书馆传统知识服务的能力。而在这种新的形势下，一种"以用户为本"的新的、人性化的、个性化的图书馆服务理念也应运而生。

高校图书馆作为图书馆行业的领军者，更是担任着"先驱者"的角色，走在众多图书馆的前面。泛在知识环境下，高校图书馆如何主动地为用户提供便捷、准确、满意、个性化的知识服务是高校图书馆以及众多图书馆发展的重要课题。高校图书馆若想重新占据人类社会知识信息传播、文化传承的核心地位，势必要贴近现今网络知识社会，改变其原有的传统知识服务方式，通过创新及多种渠道、途径、方式为用户提供更加便捷、专业化、多样化、个性化并且具有针对性的知识服务。

随着 Web 2.0 新网络环境的兴起，以及用户个性化和社会化需求的进一步增强，信息的交流冲破了传统的模式与局限。新网络的宏观理论基础是网络社会化，而网络社会化又以人为本，最大限度帮助用户实现了个性化生产和满足了用户个性化需求；信息环境由"以资源为中心"向"以用户为中心"的范式转化。在新网络中人与人之间通过社会性网络软件（Social Network Software）扩展自己的人脉，虚拟的人际关系网扩充了现实中的用户人际关系网，拓宽了信息交流的渠道。人际网络作为除了信息网络之外的第二大信息源，也成为用户获取信息的重要途径。此外，在新的信息环境下，文献的形式发生了很大的变化：文献结构从线性转变到多维，传播从点面模式到点点模式，查询从"目录转文本"到"浏

览转存储"，获取方式从本地资源远程利用到远程资源本地控制，获取对象从书目记录到数字对象，书目控制转向网络资源开发。图书馆的信息资源不再局限在一个相对封闭的信息空间环境中，而是更多地融入开放互联的网络环境中，为用户的信息获取、共享和传播带来了方便。

信息环境是影响用户信息行为最重要的因素，特别是其中的科学信息交流环境。当前信息环境的数字化、网络化程度进一步加深，信息获取变得更为便捷有效，信息交流方式更为丰富和多元。在新的网络环境下用户面对的是一个复杂的信息环境与信息空间。用户的行为方式发生了改变，用户的信息获取方式与途径的转移对图书馆的信息组织及服务产生了影响，对图书馆在新网络环境下的信息资源建设及信息服务提出了新的挑战。新环境下的用户需求与获取方式促使图书馆的信息组织及服务方式发生改变，同时也为图书馆的发展提供了机遇。

第二节　图书馆的现代发展趋势

一、现代图书馆的发展趋势

（一）馆藏结构多元化

由于缩微技术、电脑、通信网络技术的发展，多媒体光盘存贮技术的应用，新的信息载体不断涌现，图书馆的藏书结构发生了巨大变化，未来图书馆将不再是单靠文字形式来传递信息，用户接收的将是同时具有文字、图像、声音等元素的多媒体文献信息资源，图书馆将不再局限于收藏单一的印刷型的书、刊、报等，而是主要收藏音碟、影碟、录像带等视听型、光盘和磁盘及其他阅读型文献资源，这些现代化的馆藏结构与发展中的传统图书馆文献一起构成了馆藏资源结构的多元化。

（二）信息资源数字化

馆藏信息资源以计算机可读形式存贮，是 21 世纪图书馆的一个显著特征，图书馆将所有馆藏信息进行数字化处理，形成规模巨大的信息数据库，通过与通信网络有机的结合，向本地或远程用户提供服务，这是资源共享的关键一步。

馆藏信息资源数字化的核心实质上是数据库的建造，它将是我国信息资源开发的重点，包括以下几点：

1. 书目数据库建设

传统图书馆的卡片式目录曾被认为是打开知识宝库的钥匙，历来备受重视。然而，随着科学技术的发展，这一传统的手工组织起来的卡片目录已不适应现代技术发展的要求，书目数据库的建设，将把读者和馆员从烦琐的查阅、组织目录的环境中解脱出来，电脑将取代昔日人们心爱的卡片目录，人们坐在电脑终端前就可以轻松、快捷地检索到数据库中的任何信息。通过计算机网络还可以进行异地联机编目和检索，这是书目资源共享的前提。

2. 全文数据库建设

全文数据库建设既包括对计算机化的各种信息资源的二次加工建库，又包括对记录在传统介质上的大量信息资源的录入、建库。另外，越来越多的出版商将直接在互联网上出版与印刷版相对应的全文数据库，用户可以随时在网上像翻阅印刷型文献一样，随意翻看自己所需的信息，并可以下载到自己的计算机中。随着光盘等大容量存贮介质的出现，多媒体、超媒体技术日趋成熟，更为信息资源的全面数字化和多功能信息服务提供了强大的技术支持，而数据库与信息网络相结合，将开辟更加广阔的信息服务领域。

（三）资源共享全球化

伴随着信息爆炸而来的文献爆炸，使世界上所有的图书馆都不堪重负，信息总量的剧增与快捷、准确、及时地获取信息的社会需求存在着严重的矛盾。在传统框架的图书馆内，这些问题根本无法得到解决，还有购书经费的持续紧缺与文献资源保障能力的不断下降，也是困扰全球所有图书馆的大难题，即使发达国家也不例外。现代信息技术的出现，为图书馆的变革提供了有效手段。

资源共享一直是图书馆探索研究的重要课题，人们早就提出了"合作藏书""共建共享"的构想，如早在1942年美国就出台了"法明顿"计划，70年代国际图联实施世界书目控制（UBC）和出版物国际共享（UAP）计划，以及1957年我国颁布的《全国图书协调方案》等，虽然部分地解决了一馆一地对信息资源占有的有限性与用户对其使用的无穷选择性的矛盾，但因时间与空间引起的操作等问题并未有效解决，而电脑网络的开通，使这些问题都迎刃而解了。

信息资源的数字化、网络化，使原来的时空概念被彻底打破，远隔重洋的距离和时间都缩小到零，图书馆只要纳入网络，其馆藏信息资源将从有限扩大为无限，只要信息能调进来，所有的网上信息都可以看作是本馆资源，而无须顾及实际收藏这些资源的图书馆或信息机构离自己有多远。图书馆将不再为文献资源分布太广与购书经费短缺而苦恼。在网络环境下，文献的保障体系将从分散的自给自足型的体制向统一的、资源共享型的体制转变。于是，布满计算机和通信线路的设施取代了往日密集如林的书架和宽敞的阅览室，高效、快捷的"及时提供"取代了图书馆历来所追求的"大而全""小而全"。

国际互联网不仅使人们的信息交流变得异常快捷，还拉近了人们之间的距离，创造了一种天下大同、人人平等的氛围。在网上，没有国内外之分，没有超级大国与第三世界之分，只要在网上，人人都是地球公民，通过图书馆的全国或全球性网络系统，用户在家或办公室里便可享受各种信息服务，如在国内我们可以检索到英国不列颠图书馆、美国国会图书馆馆藏图书以及各种数据库的数据资料，同时我国一些大部头馆藏古籍，如《二十四史》《古今图书集成》等，通过网络可以得到充分的揭示和利用，信息资源的共建共享不再只是一种设想了。至此，人类对我国唐代诗人王勃诗句中那种"天涯若比邻"的境界有了实际的感觉，人类将真正体会到我们生活在一个"地球村"的含义。

（四）图书馆建筑虚拟化

随着国际互联网功能的不断扩充、性能的不断提高，图书馆的存在形式将发生重大变革，未来图书馆的边界会不断扩大、模糊。"馆舍"将不再是传统意义上的客观建筑实体，也不是一个个彼此独立的书库，而是一个个建立在计算机网络上的"互联空间"，也就是人们常说的"虚拟图书馆"（Virtual Library），国外有人把它定义为："经搜集并组织了的随机提供给用户的电子信息源。"它没有围墙，没有固定形态，但确实存在。可以这样描述：虚拟图书馆是以电子文献信息资源为基础，以分布式计算机为作业手段，由远程通信网络连接起来的、结构有序的集成化信息网络系统。作为自然存在的图书馆是信息网络系统中的一个节点，而不再是一个孤立的知识宝库。它远远超越了物理场所的限制，超越了时间和空间的约束，把分散在世界各地的数据库有组织地连接起来，用户的信息需求完全由网上的信息资源做保障，它所追求的目标将不再是完整的藏书建设，而代之以网上的信息服务来向用户提供一个可访问全球资源的信息中心。

二、未来图书馆的主体形态

随着计算机技术的发展、网络的普及、现代通信技术及信息技术的日益成熟，在可预见的未来，图书馆的形态必定发生很大的改变，传统的图书馆在新技术的推动下，将以更新的形态、更好的服务出现在读者面前。关于图书馆新的形式，最常见的就是电子图书馆、虚拟图书馆、数字图书馆、移动图书馆、复合图书馆。

（一）电子图书馆

1. 电子图书馆的概念

电子图书馆的出现和迅速发展，其速度远远快于我们的理论研究，甚至来不及给它一个准确的定义。到目前为止，国内外仍然是莫衷一是。至于什么是电子图书馆，1984年，美国人道林在其《电子图书馆：前景与进程》一书中，首次下了一个定义："所谓电子图书馆是一个提供存取信息的最大可能性并使用电子技术增加和管理信息资源的机构。"1989年，坎贝（Kabbey）对其的释义是：电子图书馆并不是指一个固定地方具有硬件与软件的馆藏，这些馆藏是将不同的信息资源储存于不同的地点，使用者通过网络可以检索到所需要的信息。

我国研究者认为，电子图书馆是指一个特定组织范围内用电子方式存储图书、杂志的全文内容，并提供检索、访问、查阅和提供全文服务的信息系统。

汪冰博士认为，图书馆传统意义上的自动化是内部业务操作的自动化，而联机 OPAC

和图书资料内容的数字化则是电子图书馆的重要内涵。所谓电子图书馆是建立在图书馆内部业务高度自动化的基础之上，不仅能使本地和远程用户联机存取其 OPAC 以查询传统图书馆馆藏（非数字化的和数字化的），而且能使用户通过网络联机存取图书馆内外的其他电子信息资源的现代化图书馆。

杨宗英教授描述的概念为：电子图书馆是组织电子信息，使其进入图书馆并提供有效服务的"场所"。图书馆的所有信息几乎均能以电子信息形式获得，通过网络组织实现对信息资源的检索和访问外界电子图书馆和文献信息数据库系统，让人们很方便地共享资源。

2. 电子图书馆的特点

①馆藏均为电子出版物。

②读者通过电脑终端检索，通过移动存储设备来拷贝获取电子信息。

③通过网络进入所有电子图书馆查看及检索馆藏。

（二）虚拟图书馆

1. 虚拟图书馆的概念

虚拟图书馆一般指在广域网上构建的图书馆。当前国际上最大的虚拟图书馆就是在众所周知的 Internet 上构建的图书馆。它是由用户（某个图书馆或读者个人）自己通过目录管理软件（一种网络资源管理软件）、超文本传输协议、超文本标记语言等工具对所需的文献资源建立的超级链接。一旦这种超级链接创建成功，用户就可以随时访问链接上的任何资源，相当于自己有了一个图书馆，其实用户本身并没有任何实际的物理资源，所以称之为虚拟图书馆。如果用户的终端与 Internet 实现了联通，其便可以在网上漫游世界，在网上访问、阅读、浏览世界入网图书馆的馆藏信息。

2. 虚拟图书馆的特点

（1）信息服务个性化

开发虚拟图书馆的目的是使用户能灵活地获取和使用信息。虚拟图书馆的服务模式一般由用户界面、网络和通信、信息资源、数据库管理和检索系统以及附加的检索系统构成，提供依托数字化的统一跨库检索服务。它的服务模式是以用户为中心，提供个性化的信息服务。

（2）信息资源动态化

虚拟图书馆中的信息具有实效性、效应性。虚拟图书馆正是以它动态的结构、灵活的方式来适应信息的快速变化的。虚拟图书馆处在不断的变化之中，数字化和网络化加强了其动态性。虚拟图书馆以计算机为操作工具，通过网络自由存取、传递虚拟的数字信息，从而达到资源的共享。正是基于这些特点，虚拟图书馆才真正成为没有馆舍、没有真实物质形态的馆藏和馆员的"三无图书馆"。

（3）信息资源数字化

数字化是虚拟图书馆的前提条件，全面的数字化信息为压缩存储空间、改进信息的组织方式、提高检索速度、方便用户远程检索等奠定了基础。这是虚拟图书馆的基本特征。

（4）脱离了物理实体

虚拟图书馆没有馆舍的概念，它是一个形式虚拟但提供了实际的信息服务的网络环境。它依赖于计算机网络与搜索引擎技术的发展，通过优化的数据库界面，快速、准确地检索用户所需的相关信息

（5）脱离了馆际和地域的概念

虚拟图书馆通过网络突破了馆际和地域的约束，实现了最大化的本地和异地资源共享。用户阅读空间从此不再受地域的限制，只要有网络连接和相应的配套设施，用户就可以在任意地点登录虚拟图书馆，浏览馆藏信息资源，使图书馆的信息服务完全突破时间和空间的限制。

各种现代高科技支持下的虚拟图书馆中，其信息资源具有高度的实效性，将以零时差的效率来适应信息的快速化。

（三）数字图书馆

1. 数字图书馆的概念

数字图书馆（Digital Library）是用数字技术处理和存储各种图文并茂文献的图书馆，实质上其是一种多媒体制作的分布式信息系统。

（1）数字图书馆是一种手段

数字图书馆把大量的各种类型的信息数字化，使它的存储不再散布于世界各地孤立的图书馆内，而是存在于计算机网络上便于保存和查询的存储介质之中，但那绝不是说读者从网上得到这些就可以不来图书馆学习。虽然也有人提出，应将数字资源从辅助手段跃升到基础手段，从而把数字资源在图书馆中的作用从一种辅助地位提升到基础地位，并依据数字资源所能提供的条件来设计图书馆。

（2）数字图书馆是一种工具

数字图书馆利用当今先进的数字化技术，通过诸如 Internet 等计算机网络，使人数众多且又处于不同地理位置的用户能够方便地利用大量的、分散在不同存贮处的电子物品的全部内容。

（3）数字图书馆是一种环境

数字图书馆可营造一种虚拟的、信息快速更新的环境。随着网络技术的发展，特别是虚拟现实技术的完善和更新，学习环境正经历着由场所向氛围、由物理向非物理、由实到虚的转变。数字图书馆环境是一个开放的环境，是一个鼓励自主学习的环境，是一个培养想象力和创造力的环境。

（4）数字图书馆是一种后现代图书馆

数字图书馆会促使国家由图书馆的潜在垄断提供者变成通过市场，使读者有权选择图书馆，构建一种允许多样、选择、自由的制度理性。数字图书馆的积极影响就是重视个性和差异性，图书馆的本质被更多地理解为读者获取信息和自主选择、自我学习、自我教育的过程；学习的内容也不再是现代性支配下"给定"的东西，相反，后现代图书馆要瓦解这些"给定"的东西，使图书馆具有批判的特性和适当的不确定性。可见，从某种意义上来说，后现代性图书馆能给读者更多的自主机会，追求个性化。而以网络技术的应用为主要标志的后现代图书馆使这种追求成为可能。

2.数字图书馆的特点

（1）信息资源数字化

拥有海量化数字资源是数字图书馆开展服务的基础，这直接关系着数字图书馆的信息服务质量。数字图书馆通过馆藏资源数字化和购买电子文献资源，使图书馆资源数字化，然后将数字化资源经过组织、逻辑安排存储到计算机内，以数据库的形式放在服务器上，从而达到海量数字化。

（2）信息传播与服务网络化

数字图书馆通过全球化信息网络为分散在全球各地的用户服务，它通过网络随时发布各种资源信息，引导用户利用图书馆，可以远程解决用户在资源利用中遇到的问题或提供信息服务，变被动为主动。

（3）信息资源及利用共享化

数字图书馆的信息服务以数字化和网络化为基础，在信息利用方面体现出的共享性使更大范围内的用户可以更广泛、迅速、便利地获取自己所需要的信息，有助于消除原先的信息壁垒。目前，随着区域型、行业型数字图书馆的建设，数字图书馆之间的共建共享和协同服务已成为建设的重点。

（4）文献信息实体虚拟化

随着数字图书馆信息实体以数字化和网络化的电子文献替代传统图书馆的纸质文献，文献资源逐步变得虚拟化。除了文献信息实体虚拟化，读者也开始从阅读纸质文献转变为畅游虚拟世界。读者逐渐减少进入文献信息中心场馆的次数，在家里、办公室、网吧通过网络即可进行信息查询、知识获取和信息利用等。

（5）文献用户界面友善化

数字图书馆要求开发出充分体现人性化、个性化的友好用户界面，使用户在多种检索方法中选择适合自己习惯的检索方法，彻底改变传统图书馆的用户服务模式。

（6）文献信息表现多样化

数字图书馆所提供的信息服务不仅包括文字图片等传统信息服务，还包括声音、录像等音频、视频信息服务。数字图书馆利用现有成熟的技术和设备，将书刊、古籍善本等资料录入计算机中，以图像文件或文本文件的形式存储在计算机上。同时，其也可以采用音频、视频采集设备及压缩技术将录音、录像、唱片、幻灯片等声像型文献采集到计算机内，实现这些资料的数字化。

（7）信息资源加工职能化

信息工作者在建设数字图书馆时，不但要对文献信息进行数字化，还要进行数据库的开发研究，建立不同门类的数据库；不但要进行学科前沿信息的整理分析，还要建立学科前沿数据库；不但要进行地方特色文献信息研究，还要建立地域特色数据库等。

（四）复合图书馆

1. 复合图书馆的概念

复合图书馆（Hybrid Library）是优势互补的纸本资源和数字资源的有机结合，是现今我国图书馆发展的主要模式，是图书馆未来发展的方向。国内外图书馆建设的实践证明，建设复合图书馆是图书馆发展的现实选择和战略方向，是最快满足读者需求的有效手段。复合图书馆的"复合"不是简单的叠加，而是有机的融合。复合图书馆是集传统图书馆与数字图书馆的优点，运用数字图书馆的技术，跨越不同载体，拓展与延伸图书馆的服务功能，为信息用户提供更为广泛服务的一种图书馆存在形态。

2. 复合图书馆的特点

（1）纸质馆藏与数字馆藏并存

目前，数字图书馆的发展方兴未艾，势头迅猛，而传统图书馆仍然拥有稳定的生存空间。仅以馆藏资源为例，纸质馆藏有着其自身无可替代的价值，这种价值使得纸质资源在长远的未来不可能也不必要被数字资源全面取代；而数字资源在其存储、传输、共享与便捷等方面的价值，又是纸质馆藏所无法比拟的，两者互相依存、互为补充的融合关系成为必然。

（2）传统服务与新技术智能化服务并存

在图书馆的信息服务运作中，传统的人工服务与数字化资源的网络服务也都遵循着一种互补共存的复合关系。

（3）传统管理与现代化管理并存

图书馆新的发展、新的运作形态就必然要求用全新的管理方式和思想来进行管理。依托于传统的馆舍又在新技术支持下展现出的新形态图书馆，需要传统管理思想与开放的现代先进管理思想有机融合而产生新的复合管理模式。

复合图书馆是未来发展形态中离现实最近的一种形态，目前绝大多数的图书馆都正处于复合图书馆阶段。

（五）移动图书馆

1. 移动图书馆的概念

移动图书馆作为现代数字图书馆信息服务的一种全新的服务系统，是指依托目前比较成熟的无线移动网络、国际互联网以及多媒体技术，使人们不受时间、地点和空间的限制，通过使用各种移动设备（如手机、掌上电脑、E-Book、笔记本等）来方便灵活地进行图书馆图书信息的查询、浏览与获取的一种新兴的图书馆信息服务。

2. 移动图书馆的特点

（1）移动性

移动图书馆以电子无线技术为支撑，不但能储存海量信息，而且用户不必依赖于计算机，而是通过各种移动设备进行访问，从而超越了时空限制，实现了随时随地互联。用户不受时空约束就能通过移动设备获取所需信息，也提高了图书馆的服务效率。因此，移动性是移动图书馆最基本的特点。

（2）个性化服务

图书馆根据用户需求，有针对性地提供个性化定制信息服务，用户也具有更大的自主性，可以对信息进行选择而不是被动地接受，是图书馆服务向个性化方向转变的体现。移动图书馆利用无线通信技术将无线通信网络和图书馆完美结合起来，移动图书馆服务平台可以随时随地将传统图书馆的服务提供给读者，任何人在任何时间、任何地点都可以通过终端获得图书馆的信息与服务。

（3）互动性

传统图书馆中，用户均是被动地接收知识信息的，而移动图书馆则实现了用户自主选择信息服务。在移动图书馆中，移动终端具有双向交互功能，通过移动设备进行咨询、建议，可以实现馆员与用户的实时交流；此外，用户通过终端设备查询图书馆的馆藏，可以进行预约等自动服务，这都是移动图书馆互动性的体现。用户根据自己的需要，可以有选择地定制服务，这标志着图书馆服务的又一大提升，充分体现了图书馆"以读者为中心"的服务宗旨。

（4）集成性

移动图书馆实现了与图书馆 OPAC 系统的集成，为用户提供馆藏文献的检索和自助服务；实现了与数字图书馆门户的集成，提供了电子资源的一站式检索与全文移动阅读等。

（5）服务全天候

移动网络环境下，图书馆的信息服务，可以实现 24 小时不间断。图书馆的移动信息服务平台可以随时随地为用户提供自动回复服务，包括短信咨询、实时服务等。

第三节 传统图书馆与现代图书馆的比较

一、传统图书馆的特点

①传统图书馆是对文献资料进行收集、整理、分类、传播和利用的一种文化机构，通过丰富的公共藏书来揭示人类文明的发展史。

传统图书馆藏有大量经过加工、标引、整理的文献信息资源。它们不仅是传统图书馆为读者服务的基础，也是数字图书馆重要的信息资源。

②传统图书馆的收藏范围很广，尤其是孤本、善本、名人字画、作家手稿等，都是价值连城的宝贝，既有极高的收藏价值，又是一种文物，散发着传统的文化气息。人们在手与纸的接触中享受着文化给人带来的巨大快乐，并置身于浓郁的文化氛围之中。传统图书馆的信息直观性和信息安全性均优于数字图书馆。

③传统图书馆阅读方式的随意性、方便性、老少皆宜性和观赏性，使人们手捧书本时，就会产生一种亲切感。尤其是那些一读再读的书，泛黄的书页和被嚼了无数遍的文字，记载了记忆中相伴成长的内涵，这些都是冰凉的电脑屏幕永远无法取代的。许多图书馆读者长期利用传统图书馆形成了习惯，因而对传统图书馆的依赖性超过了对数字图书馆的利用。

④传统图书馆文献以纸质载体为主，其他载体并存。由于采用纸质为载体，读者借阅次数多后，可能会出现破损、残缺的现象，造成此类文献使用、保存期限不能很长，容易造成大量资源的浪费。

⑤传统图书馆占用空间大，藏书规模受经费和馆舍的制约，读者利用图书馆受时间和空间的限制，单一图书馆满足读者需求的能力有限，信息资源共享难以真正实现。

⑥传统图书馆整理和流通阅览以手工操作为主，通过卡片目录和检索刊物来反映馆藏信息，通过读者到馆借阅和送书上门传递信息。

综上所述，传统图书馆具有以下馆藏优势：

①信息载体的稳定性。传统图书馆馆藏主要以纸质为载体保存文献，保存时间长，具有连续性、稳定性，适合各个层次的读者阅读。

②阅读环境的人性化。传统图书馆为读者提供的整洁、舒适、明亮的阅读环境是数字图书馆所无法替代的。

③收藏范围的广泛性。传统图书馆的收藏范围很广，一些特殊的收藏载体是数字图书馆所无法代替的。

同样，传统图书馆也有它的不足之处：传统图书馆馆藏以印刷型文献为主，载体体积大，信息存储量小，而且占用空间多，读者获取信息受地域、时间方面的限制，方便性和灵活性有限；图书在采购、处理过程中时间相对较长，因此时效性较差。传统馆藏资源中有大量的珍贵文献，但由于资源不能共享而分散于各地图书馆，不能为远距离读者所利用，造成资源浪费。

二、现代图书馆的优点

与传统图书馆相比，现代图书馆有如下优点：

（一）信息储存空间小

现代图书馆是把信息以数字化形式加以储存，一般储存在电脑光盘或硬盘里，与过去的纸质资料相比占地方很小。而且，以往图书馆管理中的一大难题就是，资料多次查阅后就会磨损，一些原始的比较珍贵的资料，一般读者很难看到。数字图书馆就避免了这一问题。

（二）信息查阅检索方便

现代图书馆都配备有电脑查阅系统，读者通过检索一些关键词，就可以获取大量的相关信息。而以往图书资料的查阅，都需要经过检索、找书库、按检索号寻找图书等多道工序，烦琐而不便。

（三）远程迅速传递信息

图书馆的建设是有限的，传统图书馆位置固定，读者往往要花费大量的时间在去图书馆的路上。现代图书馆则可以利用互联网迅速传递信息，读者只要登录网站，轻点鼠标，即使和图书馆所在地相隔千山万水，也可以在几秒钟内看到自己想要查阅的信息，这种便捷是传统图书馆所不能比拟的。

（四）同一信息可多人同时使用

众所周知，一本书一次只可以借给一个人使用，但现代图书馆则可以突破这一限制，一本"书"通过服务器可以同时借给多个人查阅，大大提高了信息的使用效率。

任何事物都有不足之处，现代图书馆也不例外，下面简单了解一下现代图书馆的不足表现在哪些地方。

现代图书馆易受计算机网络病毒或黑客等的入侵，造成信息丢失或泄露，使信息的安全性受到威胁。网络时代，信息量剧增，出现许多垃圾信息，浪费读者查找和检索信息的时间，使现代图书馆的利用率降低。长时间地使用电脑会对读者的身体和眼睛造成伤害，也是现代图书馆利用的局限之一。

三、传统图书馆与现代图书馆的比较

（一）观念的比较

1.传统图书馆观念

传统图书馆观念是用一种物化、过程化、机械化的眼光去认识图书馆，把图书馆文献化，把图书馆工作定义为对文献本身的收集、存储和传递，把文献保障系统理解成收集、组织、存储和物理地传递文献的场所或机构。这样，我们就把图书馆的工作内容和性质局限在固有信息载体的物理处理与传递上，把服务范围和能力水平局限在具体物化系统的资源范围和场所范围，不能满足用户复杂的文献需要，不能充分发挥自身的能力，又难以体现有说服力的智力内涵和地位。这种物化和过程化的束缚，使我们更多地看到在印刷载体和手工操作基础上形成的固定工作过程、服务方式和组织方式，更习惯在图书馆固有方式、结构基础上和范围内考虑问题。

2.现代图书馆观念

现代图书馆观念将图书馆看成是一种可以充分利用各种信息资源、服务功能和系统形成的活动机制，回归到阮冈纳赞所说的"一种有机体"的概念上，从而将图书馆虚拟化。虚拟图书馆概念把图书馆从传统图书馆具体的藏书和场所的束缚中解放出来，是一个重大的历史进步。这将使图书馆重新认识和充分利用自己的核心能力和基础机制，跳出在固定场所的文献和文献处理过程，面向整个信息环境来组织、控制、选择和联结使用信息资源，从而极大地提高它的能力和功用。于是，我们就可以很自然地将工作性质回归到根据用户需要提供信息服务上，将系统核心和基础能力回归到对信息资源和服务的选择联结机制上，将工作内容、能力和发展范围自然而灵活地扩展到整个社会信息环境中，从而自然而明确地说明和突出"图书馆"作为社会信息交流枢纽的功能和作用，也极大地提高了"图书馆"根据信息环境变化来改造和发展自己的能力，实现"心中无馆天地宽"。

（二）藏书结构的比较

图书馆作为搜集、整理、保存、传播文献信息的基地，自古以来就有收藏保存之功能。多年来传统图书馆在保存人类文化典籍、优化藏书方面有着独到之处。在馆藏建设上以品种多、数量大、收藏全面作为一个馆发展的标志。在藏书结构上以纸质图书、期刊为主，辅之以少量视听资料等，力求达到大而全、小而全。藏书的数量成为图书馆地位的象征。在藏书利用上形成二高二低的现象，即图书呆滞率高、拒借率高，图书流通率低、利用率低。致使每年各馆花费大量人力、物力、财力购置的图书很多放在架上无人问津，形成一边大量图书无人读，另一边大量读者没书读的局面。

随着 21 世纪的到来，图书馆的观念正在发生根本性的变化。现代图书馆的藏书结构再也不是封闭的自我体系，而是一个开放的以本馆藏书为依托的不同载体文献并存的多维的馆藏体系：在藏书形式上不再局限于纸质文献。电子出版物由于有巨大的容量、方便的检索途径、很小的体积、易于存储、阅读方便、复制快捷等多种优势，已成为图书馆存储知识信息的重要载体。网络的形成使整个世界变得很小。各图书馆都可以在网络上建立自己的特色信息库，他馆资源通过联网形式可以为我所用。这种馆藏形式极大地丰富了馆藏内容，为读者广泛利用图书馆创造了条件。

（三）管理方法的比较

以垂直的纵向层次的管理为主，按职能划分为部门，按职位分层，以规则和制度为管理主体。这种僵硬的组织结构阻碍了人们的相互交流与沟通，抑制了人们的个性和创造力。计算机的不断普及，全球网络、信息高速公路的推进，世界经济一体化和全球市场化的不断加快，使人们的生活方式发生巨大变化。与之相对应，现代图书馆的管理也以网络化管理为主，各管理层的横向联系增加，采取并行的方式，更加强调协同。网络管理的普及将最终强化图书馆的信息服务职能，使读者最终受益。此外，图书馆的组织机构柔性化，工作时间、场所和计酬制度更加灵活。而图书馆考查员工工作，将不再仅仅把传统的考勤列入考查范围，而以员工的工作效率、工作产出品的质量作为主要衡量指标。

（四）人员素质的比较

传统图书馆工作的基本形式是图书馆馆员与书结合，图书馆馆员以书为媒介与读者结合，也就是"人与人"的结合，这是传统图书馆工作的两种基本形式。因此，把图书馆馆员看成是藏书保管员、加工整理员、流通阅览管理员，图书馆馆员具有一定的目录学、分类学及一般的文化知识就适应了。在现代图书馆中，由于信息高速公路、互联网、数字图书馆的发展，使得它工作的基本方式有所改变：图书馆馆员与计算机相结合，即"人与机"结合，图书馆馆员整日和计算机、计算机网络打交道，通过计算机及其网络去实现图书馆的目标，去完成图书馆的任务。"人与机"结合，将产生电脑图书馆管理员、对答网络技术人员，并要求所有图书馆馆员成为"信息向导""网络交换手"。因此，这就要求图书馆馆员必须是"复合型人才，是指一个人同时具备两个及以上学科的知识或掌握两门比较系统的技术"，其中信息技术是必须会的，不懂信息技术肯定不能适应现代图书馆的需要，这是现代图书馆与传统图书馆对馆员要求的显著不同之处。信息技术主要指计算机网络技术、声像技术、多媒体技术、数据存储技术、人工智能技术、通信技术等。当然，做一个合格的图书馆馆员，除掌握图书馆学、信息技术外，还要具备丰富的科学知识和较高的外语水平。

（五）组织结构的比较

传统图书馆的部门一般设为：图书部，负责图书的采购、分编、流通阅览等；期刊部，负责期刊的采购、分编、阅览、过刊的管理与流通等；参考咨询部，解答读者问题，编制

二、三次文献等；办公室，负责图书馆日常事务、业务统计、对外联络等。现代图书馆的部门设为：图书部、期刊部、信息访求部、信息生产部、信息服务部、用户教育部、现代技术部、读者服务部及办公室。图书部、期刊部除传统图书馆的相应功能外，主要增加电子图书、电子期刊的有关工作，图书的分类、编目工作量日趋减少；信息访求部主要了解外部信息源的信息，提供给信息生产和信息服务部门；信息生产部门主要根据本单位或其他单位的信息资源进行各种信息产品的生产，以满足信息服务部门的要求；信息服务部主要利用本馆以及其他单位的各种信息源向读者提供各种信息服务，该部门包括租借其他单位的数据光盘、通过各种网络满足用户需求；用户教育部主要对读者进行利用信息技能和方法的培训；现代技术部主要负责图书馆网络系统的维护、现代设备的维护维修、图书馆工作人员工作技能的培训等；读者服务部主要对读者进行有偿的文字打印、文献复印、磁带复录、光盘刻录、摄影彩扩、图书销售等工作。

四、传统图书馆和现代图书馆的关系

传统图书馆与现代图书馆都有各自的优缺点，只有正确把握二者的关系才能使图书馆事业向着服务更好、利用更充分、发挥作用更大的方向发展。那么，二者会有怎样的关系呢？

现代图书馆是随着时代的进步、科技的高速发展产生新的事物。传统图书馆与现代图书馆是互相促进、相辅相成、相互并存的关系，正确处理好两者的关系，有助于更好地为图书馆事业发挥更大的作用。

（1）现代图书馆是传统图书馆发展的必然趋势

21世纪网络时代的来临，高科技产业的快速发展，带动了其他产业的发展。图书馆也由此发生了变化。宽带网络的普及使越来越多的人开始喜欢足不出户就可以购物、订餐、办公、视频会议等，他们更希望上网就可以浏览到更多的图书信息或下载信息资源；而这是传统图书馆无法办到的事情。只有将图书资源数字化通过互联网将图书数字资源共享，才可以满足广大用户的需求。所以，现代图书馆是今后经济和文化的重要载体和催化剂，是传统图书馆的发展方向和必然趋势。

（2）传统图书馆是现代图书馆的基础

现代图书馆基于网络信息数字化平台，是一种无纸化的信息资源，但同样需要传统图书馆的支持。现代图书馆的信息资源，除了一部分资源是由图书发行出版社以电子文档的形式提供外，还有相当一部分信息资源是早期的文献和古典文献藏书资料。这些藏书资料由于当时科技落后，在出版发行时无法实现资源数字化，在作为现代图书馆的藏书资源时，必须将该资源数字化，所以还必须要图书馆和信息加工部门去搜集、整理、加工，然后再经过数字化。现代图书馆在最初时期仍然需要传统图书馆做好古典文献的典藏管理及服务。

（3）现代图书馆是传统图书馆的继承与发展

现代图书馆是在高科技的今天从传统图书馆的基础上发展出来的。传统图书馆的藏书以纸质印刷资料为主，通过卡片目录体现藏书信息，读者到馆借阅或定制送书上门服务等，整个操作流程都以手工为主。而现代图书馆则改变了传统图书馆以"藏书为主"的模式，取而代之的是以"藏用结合，以用为主"的模式，服务模式也由原来的被动服务模式（读者到馆借阅、查询）变为主动服务、综合服务、开放服务的模式，操作流程也由原来的手工变成了计算机管理。

信息资料的贮存也由原来单一的纸质印刷变成了纸质图书、微缩、电子书刊、网络贮存的多元化方式。读者可以在足不出户的情况下，在家上网就可以查询、借阅、下载自己所需的资料，尽情地享受网络时代带给大家方便、快捷、舒适的服务方式。服务手段与服务模式不断提高，丰富多样。所以，现代图书馆是在传统图书馆的基础上完善发展而来的。

（4）现代图书馆与传统图书馆相辅相成，互相弥补不足之处

传统图书馆及其馆藏文献资源是现代图书馆形成的基础，而现代图书馆的形成拓展了传统图书馆广阔的服务空间。传统图书馆以收藏书刊文献和电子文本为主，而书刊和电子文本是有形的实体，随着书刊和电子文本的不断增加，图书馆原有空间已无法容纳，并使得原有服务方式无法满足日益膨胀的服务要求。

同时，随着大型数据库和网络化的出现，便出现了现代图书馆。现代图书馆通过互联网使资源共享，从而达到异地之间的网络资源互访，正好弥补了传统图书馆无法实现的馆际互借、互阅的服务功能。现代图书馆还弥补了传统图书馆在信息资源贮存、传播与提供方面的不足，现代图书馆所拥有的数字化文献和所提供的数字化服务是对传统图书馆工作内容的补充和延伸，是传统图书馆服务功能在网络环境下的发展。

而源于传统图书馆实践活动的一系列理论、原则与方法又可以用来指导现代图书馆的建设与工作，如"服务至上""读者第一"的原则，文献资源建设的"针对性、系统性、完整性"原则等。因此，在本质上现代图书馆未改变传统图书馆的本质与内涵，它在很大程度上与传统图书馆有同样的功能、目标，它只是传统图书馆的延伸与扩展，是传统图书馆的服务模式在网络环境上的拓展，从而弥补了传统图书馆在网络虚拟环境里的不足。所以，两者是相辅相成、共同发展的，又能弥补相互之间的不足。

（5）传统图书馆的不可替代性

通过对传统图书馆和现代图书馆的比较可知，虽然现代图书馆是顺应信息化社会发展的必然产物，它使图书馆的发展更具活力，使信息的获取途径更广。但从本质上来说，图书馆是厚重人文积淀和先进科学技术的结合体。而作为实体图书馆的传统图书馆提供给人们的不只是借书还书的场地，而且是人们进行交流的一种社会机构。且纸质媒体是人们接触文化的重要途径，人们在手与纸的接触中，享受着文化的巨大快乐，这种快乐是冰冷的电脑屏幕所不能代替的。

从普及范围上来看，现代图书馆同样取代不了传统图书馆，毕竟传统的书本阅读已被传承几千年，而数字化作为新生事物造价相比而言还是昂贵得多，且受英语和计算机使用能力的限制，许多读者只能选择传统图书馆。

由此观之，在协调处理现代图书馆与传统图书馆两者之间的关系时，我们不仅要看到

它们的本质区别，也要看到它们之间的内在关系。传统图书馆在逐步实现向现代图书馆转型的过程中，两者不是互相替代的关系，而是相互依赖、相互促进的关系。如果没有传统图书馆选择、收集、加工文献信息，现代图书馆中的信息资源就会匮乏；反之，如果没有现代图书馆提供新的网络信息环境，有限的馆藏和服务就难以满足读者和用户的需求。

现代图书馆不论是在信息资源的数量与质量上，还是在信息服务的范围与功能上，都发生了质的飞跃。我们必须充分认识和利用现代图书馆的优势与服务，不断开拓传统图书馆所不及之处，将传统图书馆发展到一个更高层次的服务水平上来。

第四节 互联网环境下高校图书馆建设的创新

一、高校图书馆创新服务的内容

当今的读者对网络信息有很大的依赖性，基于网络的快速、方便、及时性，他们会更多地从网络上获取所需信息，所以高校图书馆利用本馆藏书满足读者需要的时代已经过去，需要进行服务上的创新。在做好纸质馆藏储备工作的同时，应该把更多的精力放到数字资源的收藏、拓展和开发上。

（一）网络信息导航

目前学术资源类网站多到令人眼花缭乱，读者要根据自己的需求找到所需信息资源非常不易。于是有人就想到利用互联网交互技术，让服务器自动完成这项工作，在读者和信息源之间架起一座桥梁，使图书馆不仅作为信息收藏（collection）的机构，也具有信息通道（gateway）的功能。学科信息导航服务将互联网上的节点按某些学科主题加以归纳、分类，按照方便用户的原则，引导用户到特定的地址获取所需信息。

（二）网络专题数据资源

面对网络上的庞大信息资源，高校图书馆应当结合本馆的实际情况，利用科学的方法和技术组织这些信息资源，充分发挥图书馆在分类、加工、组织整理文献资源方面的专业特长，尽快地收集和筛选出对用户有价值、有序的信息，通过对网络资源有效的组织管理，开发并提供给读者信息需求比较大的专题信息资源。

（三）特色数据库

在网络环境下，作为专业图书馆，建设专业特色数据库是为了能够比较集中和更深层次地揭示具有本馆特色的文献资源。根据读者的需要和现存的资源优势开发专业数据库，同时根据读者需要，通过查询和检索，将网络上的信息资源下载到本地数据库，经过图书馆专业人员的加工和整理，不断补充到本馆的数据库中。这个工作不是为了提供信息资源的线索，而是要提供信息检索的结果，需要经常性地由专门馆员来完成，以便为读者提供最新、最全面的服务。

（四）图片、音频、视频等多媒体数据库

目前有些高校图书馆陆续建立了多媒体数据库，如视频点播库。但它们的分类标准和标引检索字段各不相同，规模也大小各异，有些多媒体数据库存在不同程度的重复建设。高校图书馆应结合本馆实际情况合法地进行多媒体资源开发与建设。规模化经营是信息服务业发展的趋势，也是市场环境对这一行业的客观要求。对上述几种数据资源的建设，除特色数据库资源外，都可以走协作联合开发之路，以满足市场对高质量信息服务的需求。

二、从服务形式上进行创新

（一）建设个性化信息服务

大学生群体有其共性，而其中每位读者的个性需求又因人而异，在信息内容获取方面喜欢自助。高校图书馆提供信息服务既要考虑共性，又要考虑个性。Google 为用户提供的"My Search History"，可保存用户个人搜索历史记录，同时还提供"个性化主页"的链接，由用户自己个性定制主页内容，深受用户欢迎。Google 的成功给图书馆带来了许多可借鉴之处，图书馆可以根据不同读者的信息需求，主动、及时、准确地提供有针对性的服务。My Library 是受搜索引擎个性化服务的启发而提出的图书馆个性化的创新概念。美国康奈尔（Cornell）大学的 My Library 系统，包括 My Links、My Updates 和 My Contents 3 项服务内容，My Links（我的链接）是一个让用户来搜集、组织个人使用资源的工具；而My Updates（我的更新）是将图书馆新到资源及时通知用户的一种工具。图书馆要彻底实现个性化的服务，就必须动态地组织和呈现与用户当前信息需求最相关的信息内容，即通过了解用户的访问模式，自动改进站点信息的组织和显示，提高个性化信息服务的质量和效率。

按所依赖和采用的技术，目前个性化信息服务可分为以下 3 种形式：一是个性化推送服务或个性化定制服务，利用信息推送技术，向读者提供定制的 Web 页面、信息栏目；或开展基于电子邮件的信息推送，根据读者的定制提供相应的信息栏目。二是个性化推荐服务，其不但能根据读者的特性提供具有针对性的信息，还能通过对读者专业特征、研究兴趣的智能分析，主动向读者推荐其可能需要的信息。三是个性化知识决策服务，即利用数据仓库、数据挖掘、知识提取、人工智能等技术对信息内容进行深加工，向读者提供能够用于决策支持、智能查询、科学研究等方面的策略。这是数字图书馆个性化信息服务的发展趋势。

（二）引导读者自助式、交互式利用图书馆资源

由于大学生信息的获取更依赖于网络，并显示出自助、满足、无缝的新特征，因此逐

渐开展读者自助式服务，进行用户访问技术创新便显得更加重要。例如，系统应最大限度地满足用户使用上的方便性，采用基于自然语言的智能化人机界面，保持检索界面简明统一，并能够根据用户类型和特点，适时、动态地揭示系统的最新信息内容和服务，支持用户自助式地完成资源的获取。例如，通过数字参考咨询服务中的"学习中心"，引导读者利用图书馆资源。其采用网上课堂的教学方式，可让读者随意浏览各数据库的使用指南，学习直至熟练掌握这些数据库的使用方法。

目前，基于 Web 2.0 的 Lib 2.0 在图书馆界成为一个热点，它实质上就是一种新的技术，一种图书馆服务模式。它强调激发读者的主观能动性，鼓励其通过撰写评论、设置标签目录的方式，通过博客与维基等媒介表达他们的声音，使图书馆服务趋于人性化，以用户为中心，取代几个世纪以来图书馆陈旧、单向的服务。通过这种方式还可以在不上网的员工中宣传图书馆，如推广手机图书馆。

第五节　高校智慧图书馆建设

一、高校智慧图书馆建设的作用

（一）推动高校智慧校园建设

智慧校园即指高校在发展的过程中以物联网为基础构建相应的智慧化校园环境，着重塑造校园的内涵与韵味，为学生营造一个良好的学习环境，更好地为培养满足社会主义现代化建设的高素质人才的目标服务。在高校智慧化校园建设中，优化信息资源是其建设的主要内容之一，图书馆作为承载高校信息的主要平台，在信息优化整合中发挥着重要作用。智慧图书馆作为智慧校园建设的关键部分，能有效地整合校内外信息资源，为学生提供智慧化的教学平台，促使他们通过信息资源数据库来获取自身所需的学习资料，实现随时随地的学习，进而优化整个教学环境。因此，智慧图书馆建设将大大推动智慧校园建设的步伐。

（二）满足高校人才培养需求

高校培养满足社会需求的高素质应用型人才，通过实训室训练与练习的方式培养与提升学生的操作与动手能力，这种教学方法存在不可替代性。随着科学技术的迅速发展，一线设备更新换代的速度加快，学校实训室已经无法满足市场需求。高校学生除了通过现有设备反复训练自己的动手能力外，更要适应换代后的设备。通过建设高校智慧图书馆，在培养学生学习能力的基础上，帮助学生紧跟时代发展，避免出现学校所学与市场需求脱节的情况。

二、高校智慧图书馆建设的特征

与国外智慧图书馆的建设相比较，我国智慧图书馆的建设具有以下特点：

①暂时还没有非常成熟的智慧图书馆建设范例，刚刚建立起来的一些图书馆联盟，在技术支持、资源共享、服务管理等方面还是有所欠缺。在技术支持方面，我国图书馆使用的 RFID 无线射频技术，以低频为主，且在设备接口标准上，还没有统一的标准出台；在资源共享方面，由于联盟投入有限，其服务内容与活动范围无法进一步实现拓展；在服务管理方面，馆员还没有从"被动式"的服务观念转变为"主动式"服务的观念，图书馆整个管理体系还不够扁平化，工作效率不高。

②法律保障体制不完善。已经实施的有关图书馆工作的文件大多数是行政规章，图书馆法规较少，目前尚未制定成文的图书馆法；已经颁布实施的图书馆法规、规章也不够完善；现有法规和规章不完整，对具体的违反行为没有相应的处罚措施，达不到惩戒的效果；不完善的法律保障体制导致智慧图书馆的构建得不到法律上的充分保障。

三、高校智慧图书馆建设的原则

（一）标准化和规范化原则

智慧环境下，图书馆信息的采集和加工、传播和利用，都是以网络为依托的。"无处不在"的互联网，对于图书馆建设的便利性是不言而喻的，但若要形成全国范围内的图书馆事业体系，甚至全球范围内的共建共享，统一的标准和建设规范是必不可少的。由此可知，标准化和规范化会直接影响智慧化建设的成败。例如，国际上通用的数据格式标准规范，统一的网络通信协议，符合行业标准规范的设备等，统一的标准、规范、协议，以及可兼容的软硬件，在数字资源系统建设、技术平台构建、信息服务系统开发等过程中，都是至关重要的，在图书馆系统互联互访到其他系统的智慧化建设中，发挥着不可替代的作用。换句话说，智慧图书馆的未来建设及其功能服务更好的实现，必须建立在统一的标准、规范基础之上。

（二）开放性和集成性原则

未来智慧图书馆的发展，将为读者提供智慧化程度较高的个性化服务；同时，读者能够互动式或自主式地参与图书馆的服务与管理。在移动互联网的基础上，信息的创建和处理、传输和搜索，都会达到难以想象的高效和便捷，图书馆员不再是唯一的信息制造者和发布者，读者也将成为信息数据的创造者，使得信息的扩散更加迅速，信息在"图书馆—读者"之间的流动更加快而直接。智慧图书馆为用户提供的微信互动、微博分享、网上联合知识导航站，以及电话预约、就近取书等服务，降低了图书馆的进入"高度"，使馆员与读者、读者与读者、馆员与馆员之间能够自由互动，协同参与，在图书馆的管理和服务中，读者可直接或间接地发挥作用。

智慧图书馆是在云计算技术、物联网技术的基础上，实现各个文献信息机构之间、不同类型文献之间跨系统应用集成、跨部门信息共享、跨媒体深度融合的文献感知服务和集群管理。上海图书馆的"同城一卡通"，使读者对可用一卡通借阅的文献的存储和流通状态，能够跨时空、实时获取，在237个总分馆中，跨空间地实现各个单一集群系统的互通互联。通过知识信息的共建整合、无障碍转换、跨时空传递等，实现集约显示综合服务平台，使知识资源的视角不仅仅局限于点域，从而达到条线的交流、块面的联系、区域间的互动，实现智慧化运作。图书馆要实现服务创新，就必须依靠新技术的智慧化应用。

（三）共建性和共享性原则

全国范围内智慧化图书馆体系建设，一个图书馆的力量是有限的，短时间内很难完成智慧资源建设。几个图书馆之间的信息力，可短时间内丰富馆藏资源，最大化地满足用户需求。图书馆若想尽快实现泛在化、智慧化建设，必然需要与其他馆合作，通过共建共享，在贡献自己力量的同时，也获得更多其他馆的馆藏资源。一方面，一定区域内的图书馆形成统一体，以联盟的方式购买、整合各种类型的信息资源，不但可以节约成本，还能提高资源的利用率；另一方面，各个图书馆之间可以共享技术、平台资源，在数字化的开发过程中可有效地避免资源的重复开发，促进图书馆的智慧化建设。

四、高校智慧图书馆建设优化及发展策略

（一）丰富高校图书馆资源

1.增加电子资源存储量

电子图书的储存比较方便，可以存于网络云盘、电脑硬盘和移动硬盘中，流通起来也比较方便。图书馆在采买电子图书资源时，应考虑读者的实际需求，全面推进电子资源建设工作。但现实中受资金等因素影响，无法做到对所有图书资源进行采购。针对这种情况，图书馆应充分利用网上免费的图书资源，给读者提供更多的图书链接；丰富馆藏图书资源，及时更新电子图书资料，丰富读者的阅读体验。此外，图书馆应积极推进纸质图书向电子资源类转化，促进图书数量的增加；按照专业、学科等进行分类处理，与其他图书馆进行资源互享，促进图书馆服务能力的提升。

2.重视图书典藏的工作

智慧图书馆建设过程中藏书类型、储藏方式等出现较大改变，这种新变化对图书馆工作人员提出了新的要求与挑战。具体到图书馆典藏工作时，根据图书馆的具体情况提高典藏工作质量。公共图书馆是展现地方文化实力的主要渠道，工作人员要顺势而行，以新时代的新方法、新态度进一步提高图书典藏工作的效率，更好地服务于广大读者朋友。高校

图书馆要依据高校师生的阅读需求及图书资源丰富典藏内容。同时，高校图书馆要根据人才培养目标与需求调整典藏工作内容，大幅度地提高典藏工作质量。

（二）构建相应的特色阅读方法

1. 推广数字化阅读模式

智能手机成为人们日常生活工作中的必备工具，同时大部分人也有笔记本电脑、平板等终端设备，高校图书馆要利用这个优势，推广数字资源阅读模式，提高阅读推广质量。同时，图书馆要对数字资源进行深入挖掘，对电子阅览室进行建设与更新，提高电子阅览室的吸引力。对各方面图书资源进行整合，挖掘地方区域范围内的地方图书馆、博物馆、文化馆等，重视与地方政府之间的合作，拓展数字资源建设渠道；及时总结归纳推广经验，构建一个与读者相互沟通的平台，及时开发手机 APP 软件，将推广信息与图书资源联系起来。

2. 建立"互联网＋阅读"的特色阅读模式

图书馆在构建特色阅读模式时，要根据自身实际情况融合互联网技术、图书资源及推广渠道，实现全方位的融合，提高这种新型阅读模式的实效性。这一目标的实现要得到地方政府的支持，根据地区情况出台相关的政策，逐步形成网上阅读意识。与此同时，构建阅读产业与其他行业联合体制。比如，图书出版行业可以与互联网平台联合，将实体书通过网上渠道发行，或通过电子图书的发行，满足社会各界对图书阅读的需求。此外，利用网络技术开发先进的阅读软件，让电商与图书馆进行合作，充分利用图书馆的电子资源，构建特色互联网阅读模式，提高图书馆的影响力。

（三）加快智慧图书馆网络化建设

1. 推动智慧图书馆硬件建设

智慧图书馆建设过程中数字资源规模持续增大，这些资源中存在较大一部分的多媒体资源，如视频等。当师生读者使用多媒体资源时，如果网速不理想的话会出现卡顿等情况，影响读者的阅读体验。因此高校图书馆需要做好无线网络铺设工作，同时对宽带网络进行优化，提高网络运行速度。

2. 构建智能系统服务平台

高校智慧图书馆在提供阅读服务时，不再需要读者必须前往图书馆内部，也不需要图书馆工作人员向读者面对面地提供服务。用户借助网络终端通过系统平台进入图书馆，享受图书馆提供的各种网上服务。在这样的背景下，需要高校图书馆搭建相应的系统服务平台，如安全管理系统、资源检索系统、登录认证系统等，给读者提供高质量的智慧化服务。

（四）做好智慧图书馆人才队伍建设

对于电子图书的管理，如何提升图书馆的服务成为图书馆面临的难题。因此转变思想观念，要找到电子图书与传统图书的区别，传统图书馆要求藏书数量多，种类齐全，但是对于电子图书而言，则需要考虑图书的更新速度和读者的需求。图书馆管理人员要打破常规思想的限制，意识到电子图书与移动阅读的优势，适当增加图书馆内的软硬件设施，可以专门划分出一个电子阅读区域，区域内设置足够的计算机设备。同时加大对电子图书阅读区的宣传力度，让更多的人对电子图书有一个初步的认识与了解。此外，图书馆管理人员要创新管理理念，利用电子图书成本低廉的特点，适当增加电子图书的数量，按照各学科的专业特点建立对应的电子图书专业数据库，与传统图书形成互补。电子图书管理人员要不断提高自己的服务水平，熟练掌握计算机操作、电子图书借阅查询和图书查询操作，不断提升自身的电子图书管理能力。

第二章 "互联网+"环境下高校智慧图书馆建设的思维逻辑与技术

如果说 20 世纪互联网才悄然起步的话，那么 21 世纪就是互联网闪亮登台的时刻；如果说互联网之前只是改变了人们传统的生活、学习、工作习惯和行为模式的话，那么现在的互联网则颠覆了人们的思维，重构了人们的价值观念和行为模式，重塑了社会经济结构和组织形式。现如今，互联网与我们密不可分。本章分为"互联网+"时代的特征、"互联网+"时代的逻辑模式、"互联网+"时代的数字技术、"互联网+"时代的大数据技术、"互联网+"时代的云计算技术 5 个部分，其主要内容包括"互联网+"概述、"互联网+"的时代特性、"互联网+"思维的逻辑模式等方面。

第一节 "互联网+"时代的特征

一、"互联网+"概述

（一）什么是"互联网+"

"互联网+"代表着一种新的经济形态，它指的是依托互联网信息技术实现互联网与传统产业的联合，以优化生产要素、更新业务体系、重构商业模式等途径来完成经济转型和升级。"互联网+"计划的目的在于充分发挥互联网的优势，将互联网与传统产业深入融合，以产业升级提升经济生产力，最后实现社会财富的增加。

"互联网+"概念的中心词是互联网，它是"互联网+"计划的出发点。"互联网+"计划具体可分为两个层次的内容来表述。一方面，可以将互联网概念中的文字"互联网"与符号"+"分开理解。符号"+"意为加号，即代表着添加与联合。这表明了"互联网+"计划的应用范围为互联网与其他传统产业，它是针对互联网与不同产业间发展的一项新计划，应用手段则是通过互联网与传统产业进行联合和深入融合的方式进行。另一方面，互联网作为一个整体概念，其深层意义是通过传统产业的互联网化来完成产业升级。互联网通过将开放、平等、互动等网络特性在传统产业中运用，通过大数据的分析与整合，试图厘清供求关系，通过改造传统产业的生产方式、产业结构等内容，来增强经济发展动力，提升效益，从而促进国民经济健康有序发展。

（二）"互联网＋"内涵表现

1.外在表征：互联网＋传统产业

"互联网＋"是互联网与传统产业的结合，其最大的特征是依托互联网把原本孤立的各传统产业相连，通过大数据完成行业间的信息交换。信息的不对称是普遍存在于各行业中的一个顽疾，其会导致供需关系不清，从而影响行业的生产结构、生产模式与生产效率。以云计算、物联网、移动通信网络为代表的新信息技术为改变信息的闭塞与孤立提供了可能。事实上，目前在交通、金融、物流、零售、医疗等行业，互联网已经展开了与传统产业的联合，并取得了一些成果。互联网作为外推力，有利于互联网与传统产业的深度结合。

电子商务的高速发展得益于互联网与零售业的深度融合。互联网提供的在线销售模式为消费者提供了新的购物方式选择。利用互联网，一方面，企业完成了产品全方位的展示，使产品的供应信息得以透明化、公开化；另一方面，消费者根据相对完整的产品展示信息进行购物，自身需求得到满足。互联网与零售业的融合使原有产业链的渠道发生改变，产品成本减少，消费者能够得到更优质的服务。例如，苏宁、国美电器传统卖场通过开设网上商城的形式，全方位地展示商品参数信息，通过送货上门服务使消费者足不出户便可以购买大宗家电。而2014年9月阿里巴巴在美国的成功上市，也昭示着电子商务巨大的发展潜力和活力。基于互联网特别是移动互联网的地理位置即时更新，互联网与交通产业的结合使用户出行更加便利。在公共交通工具上，如"车来了"等移动应用可以基于公交车的位置参数为用户提供公交车实时位置更新。基于实时网络数据传送，用户出门延误次数和等待时间得到减少。在出租车方面，"滴滴打车""快的打车"等应用的出现解决了出租车行业供需不平衡的问题。基于移动互联网的手机应用客户端解决了用户打不到车与出租车空车行驶之间的矛盾。

与此同时，互联网与旅游业的结合，使旅游业的去中介化越加明显。基于途牛网、马蜂窝网等旅游经验分享型网站的兴起与发展，旅游业的产业发展模式得到改变。互联网与医疗业的结合使医疗资源的分配得到有效改善。医院通过开通网络挂号、专家预约、网上问诊的方式，节省了患者排队就医的时间成本。同时，基于互联网建立患者的电子病历、患者数据库或者健康数据库进行数据留存，是有效为患者服务、推动医疗事业发展的有效途径。余额宝、网络银行、P2P个人信贷等互联网金融的发展掀起全民理财的热潮，金融业更加"接地气"。"互联网＋"意味着互联网向其他传统产业输出优势功能，使得互联网的优势得以运用到传统产业生产、营销活动的每一个方面。传统产业不能单纯地将互联网作为工具运用，要实现线上和线下的融合与协同，利用明确的产业供需关系，为用户提供精准、个性化的服务。当然，在不同的行业互联网的具体表现不尽相同，不同行业与互联网的融合程度和方式也需具体分析。

2. 深层目的：产业升级＋经济转型

"互联网+"带动传统产业互联网化，所谓互联网化指的是传统产业依托互联网数据实现用户需求的深度分析。通过互联网化，传统产业调整产业模式，形成以产品为基础，以市场为导向，为用户提供精准服务的商业模式。互联网的商业模式是基于流量展开的，互联网带来的是眼球经济，注意力转变为流量，流量再变现。因此，如何吸引用户关注、了解用户需求便是互联网商业模式改革的关键点。基于新的商业模式，传统产业通过调整资本运作和生产方式，从单纯注重产品生产的固有思维中解放，在关注产品的基础上加入用户需求元素，形成具有互联网思维的新型企业模式。

技术应用也是"互联网+"计划中的重要内涵之一。核心技术为传统产业互联网化提供了技术支持手段。互联网本身就是新技术，对新技术的应用有利于传统产业进行技术创新。传统产业利用新技术创新，可以拓展产品市场。市场拓展，即利用互联网技术开辟和占领新的市场。互联网的开放、分享特性使产业市场实现跨地域化拓展。技术应用同样可以带来新的资源，产业的供应源得以多元化，新资源得以开发和利用。互联网与传统产业的"联姻"将促进创新成为产业升级的重要引擎。

在管理体系上，互联网同样为新的组织和管理方式的形成提供了可能。在传统产业的组织和管理上，同样存在着因信息的不自由流通、信息的不对称导致的低效。在企业内部管理体系方面，通过互联网管理系统完成任务分配，可以增加员工的交流效率，减少不必要的人力、时间成本支出。而利用互联网进行员工信息管理，以透明和公开的方式进行信息共享，有利于信息的快速传达，使成员能够第一时间进行工作内容的调整与跟进，提高工作效率。同时，互联网带来的信息快速更新，也迫使企业根据市场变化及时调整战略目标，做出正确的决策判断。互联网使新的管理关系体系得以建立与运行，企业员工工作方式得到变革，新的管理态势得以形成。

互联网力求的产业升级是通过管理体系、技术应用、商业模式等综合创新实现的。传统产业的互联网化使传统产业效率、运营、管理等方面均得到提升。

二、"互联网+"的时代特性

（一）连接一切

互联网以及智能设备的发展不仅降低了连接的成本，而且创造了更多的连接场景，连接的泛化催生出更多的产品、服务和商业模式。基于互联网的连接可以分为以下几种类型：

1. 人与信息资源之间的连接

互联网信息资源的持续增长为人类的进步积累了大量的数字财富，以图书、期刊、报纸、标准、专利、百科全书为代表的传统信息源大多有了数字化的形式，以网络经验、问答社区、网络课程为代表的新型信息源呈现爆发式增长，诸如电商网站、APP、微信公众号这些非信息源平台也积累了大量的信息资源，成为事实上的信息源。以互联网为代表的信息技术的进步使得人与信息资源的连接在硬件上成为可能，搜索引擎、网络导航为人们获取所需要的信息提供了资源发现的软件工具，信息素养的提升为人们利用这些信息提供了意识和方法。

2. 人与人之间的连接

以微信、QQ 为代表的即时通信软件很大程度上强化了人与人之间连接的紧密性和频率，成为人与人之间非面对面交流沟通的主要工具。另外一些诸如知乎、豆瓣、keep 等非通信系统也极具社交属性，系统内置的私信、评论等功能在事实上促进了人与人之间的连接。

3. 人与地理位置的连接

智能设备内置的 GPS 以及无线电通信网络在地理信息系统的支持下基本实现了实时定位，我们不仅可以动态了解自己所处的位置，而且自己的位置信息也能被智能设备上的诸多应用所感知，并在此基础上成就了地图导航、外卖、附近社交等 LBS（基于位置的服务）。

4. 人与设备的连接

移动互联网的发展以及手机的智能化使我们可以把互联网随身携带，以手环为代表的智能可穿戴设备的发展更是拉近了人与设备的距离。一方面，我们可以通过这些智能设备获取自己所需要的信息与服务，同时我们自身的诸如运动、健康等信息也会被智能设备所感知，并通过相关应用实现数据的分析与反馈；另一方面，诸如小米路由器之类的智能家居整合设备可以让我们通过手机实现与诸多设备的交互，强化人对设备的控制以及设备状态信息的反馈。

（二）跨界融合

1. 融合是全方位的深度融合

互联网下的融合，不仅是互联网之间各技术要素的融合，更是互联网与各行业在理念、思维、行为模式等方面全方位的深度融合。如果说连接只是为创新创造了前提，那融合即为创新奠定了实实在在的基础。

2. 融合是互联网的关键

互联网的关键在于融合，即为推动社会各行业及服务通过融合走向成功的一种驱动力，或者说是寻求建立在融合基础上走向成功的一种模式或路径。互联网下的"+"，并不是互联网与各行业及服务两者之间的简单相加。事实证明，两者简单相加并不能取得实效，只有将互联网的创新成果与经济社会各领域深度融合，才能提升实体经济的创新力和生产力。

3. 融合是"去中心化"的融合

融合意味着互联网和各行业均要打破各自的领域边界，均要转变各自固有的观念，改变各自的思维模式，均要去"中心化"。只有"去中心化"的融合，互联网和各行业才能在平等的基础上实现跨界，才能让彼此间无隔阂。跨界融合就如同植物嫁接，影响植物嫁接成活的首要因素是接穗和砧木的亲和力，其次才是嫁接的技术和嫁接后的管理。"亲和力"就是接穗和砧木在内部组织结构、生理和遗传上彼此相同或相近，能互相结合在一起的性质。亲和力高，嫁接成活率就高；反之，则成活率低。

（三）重塑结构

重塑结构主要是指组织方式和商业模式的重新调整。互联网不仅为创新贡献了技术上的支持，而且在思维和理念层面提供了解决问题的新思路。在一个市场化的竞争环境中，效率提升是组织重塑结构的初始动力，基于互联网的结构重塑，通过解决传统组织方式的低效点，在降低成本的同时提升了产品与服务在市场中的竞争力，进而推动整个社会效率的提升。网络专车是基于互联网进行结构重塑的一个典型案例。在以滴滴出行、Uber为代表的网络专车出现之前，出租车行业存在服务差、车况差、打车难、价格高、黑车多等诸多问题且屡被吐槽，而出租车司机则抱怨工作强度大、收入低、份子钱高；与此同时，出租车公司在近似垄断的市场中躺着挣钱，多方的利益纠结下形成了扭曲的出租车市场。基于互联网的网络专车以搅局者的身份进入这个市场，重塑了资源的组织方式和商业模式，通过互联网整合私家车提供出租服务，在激活大量社会闲置资源的同时，增加了出租车市场的供给，与利益结合的评价机制促使司机更重视服务质量，便捷的网络预约和基于GPS的实时定位提升了用户体验感，大数据的应用优化了资源调度，中间环节的减少使得整体效率提升。网络专车对出租行业模式重构的结果是：用户打车更方便，体验更好，价格不贵；司机的收入更高，工作更灵活自由；黑车司机转型开专车，工作更体面；社会闲置资源得到利用，信息的双向透明相对降低了安全隐患。

（四）创新驱动

不论是从一般意义还是从战略意义上去解读互联网，其目的都在于创新。只有创新，才能使实体经济提质增效，使服务更加惠及民生，使管理更加提效增优。

1. 创新的本质

从本质上来看，"互联网+"就是创新2.0下的互联网发展新形态、新业态，是知识社会创新2.0推动下的互联网形态演进。伴随着知识社会的来临，无所不在的网络与无所不在的计算、无所不在的数据、无所不在的知识共同驱动了无所不在的创新。新一代信息技术发展催生了创新2.0，而创新2.0又反过来作用于新一代信息技术形态的形成与发展，重塑了物联网、云计算、社会计算、大数据等新一代信息技术的新形态。实际上"互联网+"不仅仅是互联网移动了，泛化了，应用于传统行业了，更是会同无所不在的计算机、数据与知识，造就了无所不在的创新，推动了知识社会以用户创新、开放创新、大众创新、协同创新为特点的创新2.0。

2.创新的内容

"互联网+"下的创新不仅仅是技术上的创新，更是思维、理念和模式上的创新。仅有技术上的创新，而没有思维创新、理念创新和模式创新，不是真正的"互联网+"，也不能形成创新驱动。"互联网+图书馆"下的创新，并不仅仅是对传统技术、观念、思维和模式的改造，而是对传统思维的颠覆，是对传统理念的重塑，是对传统模式的重构。

3.创新的模式

创新是"互联网+"的生命线，如以微信为代表的"快速迭代式"创新模式，在满足用户需求的同时，又推动了"生态协同式"的产业创新，带来了新产品、新模式和新生态，促进了大众创业、万众创新。

（五）开放生态

所谓生态，是指生物在一定的自然环境下生存和发展的状态，也指生物的生理特性和生活习性。"生态"（Eco）一词源于古希腊语，指家（house）或者我们的环境。简单地说，生态就是指一切生物的生活状态，以及它们之间和它们与环境之间环环相扣的关系。

1.生态的构成

构建生态环境是互联网的另一个显性特征。互联网连接的泛化性，促使互联网与传统的各行业首先要各自优化自己的内部生态，并和外部生态做好对接，才能形成跨界融合，进而形成一个良好的跨界生态环境。同时，在互联网时代，由于移动互联网技术的广泛运用，人们对互联网的依赖程度加深，线上和线下的结合更加紧密，使人们的生活与互联网的契合度更高。互联网、物联网、万联网、云计算、大数据等使得物流系统、信息发布系统、支付系统、互动和交流系统等共同构成了一个虚拟的生态圈。在这个生态圈内，每一个系统都是架构这个生态圈的鼎足，无论缺少哪个系统，生态圈都会失去平衡，并导致崩溃。

2.互联网生态圈

互联网生态圈是指互联网企业向用户提供服务的新的商业模式。它与传统商业模式不同的是，向用户提供服务的并不是一个企业，而是几个具有互补性的企业联合起来，形成一种紧密合作、优势互补、利益共享、风险共担的新链条关系。它用互联网来完善企业的生态，将一站式解决企业所有的互联网问题，减少企业大部分的沟通成本和时间成本，通过整体的解决方案去帮助企业实现转型升级和产业结构的调整。对于企业来讲，互联网生态系统就是一个圈子、一个环，把消费者圈在里面，让消费者的消费行为形成一个闭合的环。"中国中小企业互联网+全国普及工程"负责人，鸭梨公司董事长吴金军表示，"互联网生态圈是用互联网来完善企业的生态"。企业内所有跟互联网有关的元素都属于互联网生态圈，它具体包括企业PC互联网网站、手机智能网站、移动APP、微信平台、OA办公系统、终端智能交互机、后台大数据以及在线互联网培训。这些模块构成了一个完整的、良性的、有效的企业互联网生态圈。

（六）尊重人性

尊重人性一方面是指解决用户的痛点，提供用户最需要的产品和服务；另一方面是指重视用户体验。人具有社会性，需要沟通与交流，而书信、电话等交流方式存在成本高、效率低等诸多弊端，基于互联网的QQ、微信等网络即时通信工具不仅成本低，而且可以随时在线，强化了人与人之间的沟通，解决了人与人之间远距离沟通的痛点，同时也促进了整个社会沟通效率的提升。很多人需要运动，也想运动，但是个人运动太单调，往往不能坚持，而基于"互联网+"的咕咚运动、keep等运动健身产品通过视频领操、约跑、发奖牌、记录轨迹、运动分享等功能满足用户的锻炼、社交、荣誉、虚荣等方面的需求。开车找不到路是很多人常遇到的问题，以高德地图、百度地图为代表的地图应用不仅为我们提供免费、精准的导航服务，而且可以给出动态化的拥堵躲避提示，大幅度提升了用户体验感。而其背后则是基于"互联网+"的产品思维，其中集合了大数据、云计算、人工智能、GPS、移动互联网等互联网技术和理念。"互联网+"之所以能提升用户体验，其原因主要有以下四个方面：第一，"互联网+"为满足用户需求，提升用户体验感，提供了更多的工具，正是由于大数据信息和GPS的应用才使地图应用提供动态导航成为可能；第二，"互联网+"降低了产品与服务的成本，使产品和服务的价格大幅度下降，市场竞争中某些产品准入和服务可免费提供，而免费在很大程度上契合了人性中趋利避害的心理；第三，"互联网+"使沟通、交流、反馈更为便捷，用户的需求、想法以及对产品服务的使用体验可以更及时、更精准地被感知，产品和服务迭代的频率增加，用户的需求更容易及时满足，体验更好；第四，"互联网+"背景下，产品和服务突破了地域限制，涉及的范围更大，再小众的产品和服务都能找到足够多的用户，市场进一步细分，而市场的细分有利于提供更有针对性的服务和产品。

（七）社会责任

此处所指称的责任，是指互联网企业的社会责任。企业社会责任的概念由英国学者谢尔顿提出，它是指企业在为股东谋取最大化利益的同时，为实现促进国民经济和社会发展的目的，对其他利益相关者，如员工、消费者、社区、环境等应履行的社会义务。依据2019年2月28日中国互联网络信息中心（CNNIC）在京发布的第43次《中国互联网络发展状况统计报告》，截至2018年12月，我国网民规模达8.29亿，互联网普及率达59.6%。而且可以相信，随着互联网新技术的发展和应用，我国网民的规模及互联网普及率将越来越大，越来越高。但是近几年来，我国互联网环境呈现出急剧恶化的趋势，如对网络传播内容监管不力，致使传播的内容低俗化（暴力、色情、凶杀等内容）；虚假信息盛行；电子商务交易平台上假冒伪劣产品猖獗；网络诈骗防不胜防；网络侵权行为屡禁不止……互联网责任问题被推向了风口浪尖。

其实，互联网责任问题一直是伴随着互联网发展而被社会广大公众所强烈关注的热点问题。尤其是互联网各行业及服务，其本身就是一个庞大的生态圈，其一举一动都会对社会产生较大的影响，可谓关注度越高，其责任也越大。互联网及互联网各行业的责任涉及经济责任、法律责任、道德责任和社会责任。首先，无论是互联网企业还是互联网各行业，在为自己创造利益的同时，更多地是应该考虑为用户创造价值。在"互联网+"时代，基于互联网连接的泛化性和移动互联网的广泛性，用户群体具有不确定性，这使互联网企业和互联网各行业更应该为广大用户提供更优质的产品和服务，而不能一味地夸大宣传，虚假宣传，从而误导用户，欺骗用户甚至是欺诈用户，损害消费者的利益。这是互联网及互联网各行业最基本的责任。其次，互联网及互联网各行业负有净化网络环境，为社会提供正能量的社会责任，负有引导广大消费者和用户树立诚实信用道德风尚的社会义务，要关注弱者，在慈善事业上要率先垂范。最后，互联网企业负有网络安全的义务和责任。数据将是互联网企业最大的资源，但这种资源涉及大量的个人信息，绝不允许互联网企业非法泄露和他人非法刺探。

没有安全，就没有互联网，更没有"互联网+"；没有责任，就没有用户，就没有互联网，更没有"互联网+"。

（八）实现共享

"互联网+"下，移动终端、物联网和云计算的发展，打破了传统各行业领域边界范围，使得各种信息共享和资源共享成为现实。可以说"互联网+"下的经济就是共享（分享）经济。目前，共享经济的商业模式已广泛渗入了从消费到生产的各类产业，并成为众多创业者的重要选择。从在线创意设计、营销策划到餐饮住宿、物流快递、资金借贷、交通出行、生活服务、医疗保健、知识技能、科研实验等，共享经济已经渗透到几乎所有的领域，有力地推进了产业创新与转型升级。

国家信息中心信息化研究部和中国互联网协会分享经济工作委员会联合发布的《中国共享经济发展报告（2019）》显示，2018 年中国共享经济交易规模约为 29420 亿元，比上一年增长 41.6%。从市场结构来看，生活服务、生产能力、交通出行 3 个领域共享经济交易规模位居前三。从发展速度来看，生产能力、共享办公、知识技能 3 个领域增长最快。共享经济领域参与提供服务者约为 7500 万人，同比增长 7.1%，参与共享经济活动的总人数约为 7.6 亿人；预计未来 3 年共享经济年均增长速度在 30% 以上，到 2020 年市场规模占 GDP 比重将达到 10% 以上，未来 10 年中国共享经济领域有望出现 5 ～ 10 家巨无霸平台型企业。

1. 共享的本质

在"互联网+"时代，共享模式的本质就是资源的优化配置。它主要以移动互联网为载体，利用 P2P 技术来促进信息的高效流通，减弱信息的不对称性，从而使使用价值的获取更为廉价、方便、快捷。更甚的是，共享不仅仅是互联网下的经济模式，也是人们的生活、工作和行为模式。

2.共享的作用

首先,共享模式满足了人全面发展的需求。它颠覆了传统企业的产业模式,使每个人可以同时成为消费者和生产者,自由度得到提升,人际关系得到拓展,信任感得到增强,自我价值实现的成就感得到满足。其次,共享模式提升了产业的创新能力。共享模式的"去中心化"使得每个人都可以从被动的消费者转变成创造者,个体创造力得到极大的释放。最后,共享模式满足可持续发展的需求。共享模式实现了消费模式从"扔掉型"转变为"再利用型",实现了商品价值最大限度的利用。可以说,共享模式以接近免费的方式分享绿色能源和一系列基本商品和服务,这是最具生态效益的模式,也是切实可行的可持续发展模式。

第二节 "互联网+"时代的逻辑模式

一、互联网思维概述

(一)什么是互联网思维

互联网思维,就是在(移动)互联网、大数据、云计算等科技不断发展的背景下,对市场、对用户、对产品、对企业价值链乃至对整个商业生态进行重新审视的思考方式。

"互联网+"时代的思考方式,不局限在互联网产品、互联网企业;这里所说的互联网,不单指桌面互联网或者移动互联网,而是泛互联网,因为未来的网络形态一定是跨越各种终端设备的,包括台式机、笔记本、平板、手机、手表、眼镜等。

互联网思维颠覆了原有的工业思维模式。从珍妮纺纱机的诞生开始,工业思维由纺织行业发端,影响到各行各业,从西方经济影响到全球经济。工业思维模式下,一切都尽可能工业化,以提高劳动生产率,降低生产成本,因此呈现出的是以大规模生产、大规模销售和大规模传播为主要特征的模式。在工业思维模式时代,企业关注的核心是资源与生产能力。互联网思维也是一种新思维,它也正在从互联网开始蔓延至社会生活的方方面面。在互联网思维新时期,企业的竞争力已经不单是资源和产品。对于企业而言,信息的通畅是一切商业运转的核心,而通畅的信息离不开互联网的传播。

(二)互联网思维的重要意义

据 CNNIC 官网统计数据,截至 2018 年 12 月,我国 IPv6 地址数量为 41079 个 /32,年增长率为 75.3%;域名总数为 3792.8 万个,其中 ".CN" 域名总数为 2124.3 万个,占域名总数的 56.0%。中国网民规模和互联网普及率,2013 年 12 月为 6.18 亿人,互联网普及率 45.8%;在连续 5 年快速增长后,至 2018 年 12 月,数据显示网民数量已经增至 8.29 亿人,互联网普及率达 59.6%。

中国手机网民规模及其占网民比例，2013 年 12 月为 5 亿人，2018 年 12 月增长至 8.17 亿人，手机网民占网民百分比 2013 年 12 月是 81.0%，2018 年 12 月是 98.6%，我们可以看到众多的网民是以手机的方式上网的。而手机作为移动终端，与计算机相比具有携带方便的重要特点，网民可以随时随地拿出手机来做各种事；也就是说，网民可以随时随地地应用互联网，在互联网上做他们想做的一切。这也让我们清晰地看到，互联网已经与人们的生活息息相关，与商业息息相关，已经渗透到生活的每一部分当中，没有哪个企业能够抗拒互联网经济。

（三）互联网思维的理论基础

1. 长尾理论

长尾理论是网络时代兴起的一种新理论，由于成本和效率的因素，当商品的存储、处理以及流通等场地只要足够大，商品生产成本会急剧下降以至于每个人都可以生产，并且商品的销售成本急剧降低时，看似需求很低的商品都会有人购买，这些需求和销量不高的产品所占据的共同市场份额可以和主流产品的市场份额相当。长尾理论冲击的最大传统理论是二八定律。

长尾理论的出现离不开互联网技术的发展，未来，长尾理论会更具普适性。长尾理论是在蓝海战略之后一个新的独特的思维方式。

2. 大数据管理

随着信息技术的快速增长，每天都会产生数以万计的数据信息，同时数据结构的复杂性也迅猛增长，数据量大、数据范围广以及数据增长迅速的大数据时代已经到来。目前学术界对大数据还没有统一的定义，但是大数据时代也为商业带来了新的发展机遇。

面对大数据时代庞大的数据信息，如何合理运用数据信息也就成了一个热门研究方向。大数据管理方面的相关理论具有互联网时代最鲜明的特征，更需要用互联网思维去思考如何运用管理大数据的庞大信息。

二、互联网思维逻辑模式

（一）用户思维模式

何为用户思维？用户思维就是以"以用户为中心"，说出用户想听的话，做出用户所期待的事。其目的是为用户创造参与感、归属感和成就感，借此培育用户对品牌和企业的好感度、美誉度和忠诚度。在"互联网+"时代，用户思维被视为最重要的招式，是一切互联网思维方法论的起点。

用户思维之所以能够成为互联网思维的"总决式"，成为其核心所在，和互联网重塑着整个商业模式密不可分。不同于工业时代，互联网时代的用户已经摆脱了单纯的受众身份，拥有了信息生产、分享、再传播的能力，消费者被极大地赋权，企业的发展和用户的口碑密切相关。

把握用户思维的第一步，就是要把握人性，聚合消费者需求，换位思考，实现"忘我"，学会从用户视角出发。

马化腾说过，"产品经理最重要的能力是把自己变成傻瓜"，周鸿祎也提出"一个好的产品经理必须是白痴、傻瓜状态"。具备用户思维的人不仅能够做自己，更能不做自己，忘掉自己长久以来积累的行业知识，以及有关产品的娴熟操作方法、实现原理等背景信息。将大脑从"专业模式、专家模式"切换到"用户模式"，只有这样才能说出用户想听到的话、做出用户所期待的事。

把握用户思维的第二步，是要真正认识和理解何为用户。

沟通要从心开始，唯有了解用户喜欢什么、需要什么，才能拉近和用户之间的距离。让用户成为品牌的粉丝，首先要和用户做朋友。

让用户具体化为一个个故事，不可缺少的是故事感和讲故事的能力。市值超 300 亿美金的 Airbnb（爱彼亚卫）就是完全建立在故事思维的基础上的公司。在整个经营过程中，他们创业的故事、房东的故事、房客的故事一直贯穿始终，构建了极高的品牌辨识度。正是在故事中，让用户具备了人情味，让场景不再是需要依靠想象的海市蜃楼，而是生活中点点滴滴的切实体验。

把握用户思维的第三步，是要认识到用户思维的落脚点。用户思维是为用户创造参与感、归属感和成就感的过程，从而培育用户对品牌和企业的好感度、美誉度和忠诚度。参与感是用户价值感知最主要的来源，通过让用户参与到产品创新和品牌建设中，让品牌和用户、用户和用户产生互动，创造品牌心动感。海尔推出定制冰箱、Netflix（奈飞）利用海量的用户数据积累和分析打造出爆款纸牌屋，间接创造了用户的参与感。

（二）极致思维

什么是极致？雷军认为，极致就是做到你能力的极限。马化腾也表示，任何产品都有核心功能，其宗旨就是能帮助用户解决某一方面的需求，如节省时间、解决问题、提升效率等。产品经理就是要将这种核心能力做到极致，通过技术实现差异化。

1. 极致思维的内涵

所谓极致思维，就是要把产品和服务做到极致，做让用户尖叫的产品和服务，并超越用户的预期。极致思维的本质就是一种专注和永不满足的匠人精神，瑞士的表匠就是这种匠人精神的最好代表。

很多传统企业认为，在"互联网+"时代，只要有好的创意，再平庸的产品都有市场，只要有眼球，用户不会去计较产品和服务的质量。其实这是一种片面的理解。在"互联网+"时代，企业要更加注重产品和服务的质量，更加强调用户的体验至上，否则，无论是哪个行业或服务都不可能被互联网"+"。在"互联网+"时代不仅要做用户需求的产品和服务，更要做让用户尖叫的产品和服务。比如小米,"打造让用户尖叫的产品"这种理念已经浸入小米公司文化的骨髓。

"极致就是把自己逼疯,把别人逼死。"(小米科技联合创始人王川语)只有把自己逼疯,才能为用户提供超出预期的产品和服务;只有把别人逼死,自己才能在激烈的竞争中处于有利地位,才能去做第一。在互联网尤其是"互联网+"时代,只有第一,没有第二,只有第一才能被人记住。58同城CEO姚劲波说:"互联网社会,任何一个细分领域,做到第一能活得很好,做到第二、第三会比较辛苦,做到第四,生存都成问题。"李日学也说:"互联网社会只有第一,要想活得好,就要做到最好。"

2.极致思维的表现形态

(1)极致的产品

极致的产品既是拉动用户的根基,也是竞争的强有力壁垒。华为和小米之所以拥有那么多的用户和粉丝,就是因为他们做出了让用户尖叫的产品,并成功地抓住了用户的痛点(用户需求必须是刚需,痛点就是其急需企业解决的问题)、痒点(用户清楚知道却抓不到的部位,急需企业来为其解决这些问题)、兴奋点(给用户带来"wow"效应的刺激,产生兴奋点),用户和粉丝愿意去购买这些产品,愿意为其宣传,并愿意与他人分享这种极致产品的用户体验。极致思维拒绝"差不多"的思维惯性,一旦"差不多"成为企业和服务的执行力,那么就离极致越来越远了。

(2)极致的服务

用极致思维打造极致产品和服务,其主要方法论有三:一是"要求抓得紧"(痛点、痒点和兴奋点);二是"自己要逼得狠"(做到自己能力的极致);三是"管理要盯得紧"(得产品者得天下)。好产品和服务是会说话的,是能够自己传播的,酒香不怕巷子深。因为在"互联网+"时代,人人都是传播者,人人都是媒体人。给用户带来远超预期的产品和极致的服务,并且通过大数据分析来保证对用户具有强大的吸引力,是传统企业、行业和服务业在选择"互联网+"路径之前和之后需要研判和尽快掌握的技能。各行业只有将自己的产品和服务做到极致,才能赢得口碑,赢得用户,从而形成正向循环。

(3)专注的态度

所谓专注,少即是多,专注就是少做点事,或者说只做一件事,并将这件事做到极致。少就是多,意味着专注才有力量,专注才能把产品做到极致。正所谓"越专注,越专业"。乔布斯在接受《商业周刊》采访时曾说:"'专注和简单'是我的梵咒。简单比复杂更难:你必须更努力工作来使你的思想干净、简单,但这是值得的,因为一旦你做到了,你就可以移山了。"万通董事长冯仑也说:"无数企业中最终存活下来并且能够成为市场经济中主流的企业,绝大部分都是那些专注、简单、持久和执着的公司。"

（三）简约思维

1. 简约思维的内涵

所谓简约思维，是指在产品规划的品牌定位上，力求专注、简单；在产品设计上，力求简洁、简约。微信的用户界面就非常干净、简单，摇一摇这个功能更是简单到了极致。在"互联网+"时代，用户可供选择的信息是海量和爆炸性的，但其消费时间都被碎片化了。面对如此多的选择、如此短的时间，用户的耐心越来越不足。线下从一个门店到另一个门店，而在互联网上只需鼠标轻轻一点，转移成本大大降低。谁能用最短的时间抓住用户的关注点，并持续专注于这个关注点，谁就能在未来的竞争中赢得主动，谁就可以用较少的代价获得更多的收益，这就是"互联网+"时代的逻辑。

在"互联网+"时代，尽管用户拥有海量的信息，但其接受的信息是有限的，通常用户会按照自己的个人情趣、喜好去选择接受并记住这些信息，同时喜欢简单而讨厌复杂。在通常的情况下，用户对品牌的印象一般不会轻易改变，但面对如此多的选择，用户在第一时间内的想法容易失去焦点。所以，作为企业一定要熟知用户的心理，做好品牌定位。大道至简，越简单的东西越容易被人记住也越容易传播，同时也越难做。

2. 简约思维的实质

（1）简约思维的实质即是用简约创造美

用户在碎片化的时间内一般只会考虑3个问题，即该产品和服务"对我有什么用处""和其他产品和服务有什么不同""我凭什么相信你"。这也就是产品销售策略上的3个点，即利益点、差异点和支撑点。因此，为了满足用户的需求，在产品设计上一定要做减法，即外在部分要足够简洁；而内在部分，一定要做到操作流程上足够简化。

（2）简约思维即意味着思维的人性化

简约是人性要求中最基本的东西，在人性里惰性是基本的特性之一，什么样的产品能让用户更轻松一点，用户就更愿意用你这个产品。比如微信中的"摇一摇"。用户都追求使用上的简单、简便、好用，但使用上越是简约，其产品的内部结构往往越复杂、越严谨，可以说简约而不简单。比如，Google就是一个首页极其简约的网站，但背后却有着惊人的数据库与技术支持，其独创的运算搜索技术至今领先国际。

（四）快速迭代思维

传统企业在开发产品时，会通过不断完善直至认为其在各方面都趋于完美之后，才会投入市场。随着时代的发展及用户需求的改变，更新完善只能在下一代产品中实现。而在日益普及的移动互联的时代则不同，任何环节的信息交流均会被加速，互联网改变了信息传输的效能。用户对产品的容忍度更低，一款新产品或应用在推出的时候可能只是接近完成的状态，这就需要通过快速的迭代开发来更新产品，不断完善产品来留住用户。同时，通过更新产品也能唤醒一些沉默用户，让一些原本使用次数非常少的用户给该应用多一次机会。当然，快速迭代也要基于产品的功能、交互等方面，产品的核心功能应该在第一次推出时就基本完成。

（五）大数据思维

数据作为有根据的数字编码，它与人类社会密切相关。在古埃及，人类已经学会了通过数字来计量财富和安排日常生活；在文艺复兴后的欧洲，人们开始用数据来刻画自然乃至人文规律。近现代以来，随着人们面临的问题越来越复杂化，单靠传统的演绎方式来进行研究已变得十分困难，这就使数据归纳变得越来越重要。数据作为一种很特殊的资源和资本，由于它没有排他性，没有消耗性，却有整合性，通过"1+1"完全可以实现大于2的效果，其重要性日益凸显出来。伴随着近现代信息技术的发展和数字化进程的日益加快，数据逐渐脱离仅仅作为刻画事物关系刻度表征的特性，成为世界万物的量化影射，形成一个独立客观的数据世界。大数据理论认为，世界的一切关系皆可用数据来表征，人类也可以通过数字化的信息对客观世界进行再认识。数据已成为描述客观世界的有力工具，人们的一切活动均可以通过文字、图像、视频、音频等数据形式进行描述。特别是随着互联网过渡到物联网、云计算、移动互联网、车联网、手机、平板电脑、PC以及各种各样的传感器，人们的各方面信息正通过无处不在的互联网络被采集、汇总和辨析，数据的爆发式增长已不可避免。

大数据又称为巨量数据、海量数据，是由数量巨大、结构复杂、类型众多的数据构成的数据集合，是基于云计算的数据处理与应用模式，通过数据的集成共享、交叉复用形成的智力资源和知识服务能力。与传统数据相比，大数据具有来源广、规模大，更容易发现事物之间的关联性，实现对未来的合理预测的新特点。早在1980年，美国著名的未来学家阿尔文·托夫勒在《第三次浪潮》一书中，就将大数据热情地赞颂为"第三次浪潮的华彩乐章"。阿里巴巴董事局主席马云更是放言"数据可以让机器像人一样运转，这是人类第一次创造的可以持续使用的资源，而且越用就会越有价值"。

大数据作为数据分析的前沿技术，它具有4个明显的特征。一是数据体量巨大。据统计，到目前为止，人类生产的所有印刷材料的数据是200PB，而历史上全人类说过的所有话的数据量是5EB。以前，GB级数据就是个天文数字，但现在个人计算机的容量大多是TB量级，一些大企业的数据量已接近EB甚至ZB级量级。二是数据模态繁多。大数据既包括以文本为主的结构化数据和半结构化数据，更包含网络日志、音频、视频、图片、地理位置信息等多类型的非结构化数据。要处理如此海量的非结构化数据，非通过特定的大数据处理技术提取不可。三是价值密度较低。相关专家指出，就大数据的价值而言，就像沙里淘金，大数据的规模越大，真正有价值的数据相对越少。不言而喻，大数据的价值密度与总量的大小成反比。如何通过强大的机器算法更迅速地完成数据的价值"提纯"是当下亟待解决的难题。四是生成速度要快。在互联网高速发展的大背景下，人们对数据的实时性、动态性的需求越来越清晰。如何以近乎实时动态的方式，将数据传递交换给用户，确保永远在线并能随时调用和计算，很大程度上考验着服务商处理数据的效率。

由此观之，相较于传统的煤、石油等物质性资源不可再生，很难共享，大数据作为一种新兴的战略资源，既可以重复使用，还能在共享的前提下，产生新的价值，制造共赢，因而也被人们赋予更多的期待。

第三节 "互联网+"时代的数字技术

一、进入数字化时代

在数字化时代，人与人的交互是以互联网媒体为介质的。人的学习、生活、工作大量地利用互联网，家电会被组织成家庭网络由电脑来管理，人们可以在任何地点与任何时间用任何设备获得所需的信息。

数字化时代向我们提出很多的挑战，前两年很多报刊在讨论后 PC 时代，也就是数字化社会，为什么会到这一步呢？主要是随着计算机的发展，应用越来越要求计算机更聪明，更方便，更好用。这就使计算机慢慢地进入很多具体的设备里面，融入生活，融入周围的环境，使比特流、信息流成为以物质为主的生活空间的一部分。计算机无所不在，交通工具、家电、牙刷、钥匙等生活用品和生活装置可能都会有芯片，并且所有的信息基本上都是以数字化形式存在的，所有的东西都会成为数字化的东西。

实际上这样的变革在我们的身边已经发生，以前的音乐都是模拟的，现在我们知道 MP3 是数字的了；以前的视频都是模拟的，现在的 VCD、DVD 都是数字的了；以前我们一般都是看纸的图书，现在已经有电子图书；以前的照片都是用胶片的，现在很多的相机都是数字的；以前的冰箱、洗衣机、微波炉等家电都是模拟的，现在罩面都是放电脑芯片……将来网络把这些家电都连到一起，就都是数字的了。

我们什么时候进入数字化时代呢？有各式各样的定义，笔者的定义是 80% 以上的电器罩面用嵌入式的芯片，其上的软件是通过软件编译完成的；10% 以上的家庭实现了家庭网络；80% 以上的传播媒体中的音频、视频等采用数字化的技术，就可以算得上是数字化时代开始了。我们生活在一个模拟的现实世界，思维、感知是模拟的和连续的，如何适应新的数字化生活？如何克服数字化以后带来的各种疾病？虽然这些问题会慢慢地解决，但更重要的是数字化生活给我们带来的很多机遇，给信息产业带来巨大的商机。

在这个领域，还有诸如接入技术、芯片技术、嵌入式操作系统、中间件技术、应用软件、工具软件、信息资源建设以及服务等需要我们去开发。所以说数字化技术正在成为当代社会的主要发展方向，而数字设计这门课程正是为这种发展方向提供了原动力。纵观数字化设计技术的发展历程可以看出，虽然几十年来各种技术思想层出不穷，但时空两个方向上的协同始终是发展的主流。宏观层面上看，数字化设计的发展历程正相当于现代信息技术在产品设计领域中的应用由点发展为线，再由线发展为面的过程。仿真的广泛应用正在成为当前数字化设计技术发展的主要趋势。随着虚拟样机概念的提出，仿真技术的应用更加趋于协同化和系统化。开展关于虚拟样机及其关键技术的研究，必将提高企业的自主设计开发能力，推动企业的信息化进程。

二、数字技术的广泛应用

数字技术是指借助一定的设备将图、文、声、像等各种信息转化为电子计算机所能识别的二进制数字"0"和"1"的编码形式，然后进行运算、加工、存储、传送、传播、还原的技术。它是一项与电子计算机相伴相生的科学技术，因此数字技术应用的典型代表就是电子计算机，它是伴随着电子计算机的发展而发展的。众所周知，如今人类已经进入了数字化时代。在现代应用非常广泛的电子信息系统领域内，处处离不开数字技术。如所有的数字计算机、先进的通信系统、工业控制系统、交通控制系统及洗衣机、电视机等，无一不在设计过程中用到数字技术。

（一）数字技术的特点

与传统的模拟技术相比，数字技术具有如下特点：

①采用二进制，完全可以用来表示元件的两个相对稳定状态，如开和关、高电平和低电平等。故其基本单元电路简单，对电路中各元件的精度要求不严格，允许元件参数有较大的分散性，只要能区分两种截然不同的状态即可。②抗干扰能力强、精度高。因为数字技术传递、加工和处理的十二进制数据信息，不易受外界的干扰。③数字信号便于长期存储，能够使大量的信息资源得以保存。④保密性好。在数字信号中可以进行加密处理，使一些珍贵资源免于被窃取的命运。⑤通用性强。可以采用标准化的逻辑部件来构成各种各样的数字系统。

（二）数字技术的应用举例

基于上述的特点及优势，数字技术得到了迅速的发展，被广泛应用于生活及生产的各个领域中。例如，数字媒体技术。它是以信息科学和数字技术为主导，以大众传播理论为依据，以现代艺术为指导，将信息传播技术应用到文化、艺术、商业、教育和管理领域的科学与艺术高度融合的综合交叉学科。数字媒体包括了图像、文字以及音频、视频等各种形式，以及传播形式和传播内容中采用数字化，即信息的采集、存取、加工和分发的数字化过程。数字媒体已经成为继语言、文字和电子技术之后的最新的信息载体。数字媒体的研发方向，主要研究面向广电行业的数字化改造和视频音频技术，并研究在其他行业的进一步应用。

第四节 "互联网+"时代的大数据技术

一、大数据概述

（一）大数据的概念

在经济发展迅速的世界中，云计算时代的发展也带入大数据这个新兴名词。大数据也开始越来越受到人们的关注和欢迎。大数据也称巨量资料，指的是通过对海量的资料和信息的存储，通过对信息的收集与整合。正确地处理，给人们和企业带来一定的价值，并可以为企业经营决策提供一些帮助，从而发挥其价值。

（二）大数据的特征

1. 数据的大量化

随着信息技术的不断进步与发展，数据量呈现爆炸式增长。在 2009 年，几乎每一个雇员人数超过 1000 人的美国企业，其数据存储量都超过了 200TB，这是 10 多年前沃尔玛公司数据仓库存储量的两倍之多。在 2010 年欧洲组织的存储总量大约为 11EB，这个数据几乎是当时整个美国数据总量（16EB）的 70%。2010 年全球企业在硬件上的数据存储量已经超过了 7EB，而在 PC 与笔记本电脑等设备上的个人存储量也已经超过了 6EB。而美国国会图书馆当时所存储的数据大概只是 1EB 的四千分之一而已。但是，"大"是相对而言的一个概念，对于搜索引擎来说，EB 属于比较大的规模，但是对于各类数据库或数据分析软件来说，其规模量级会有比较大的差别。

2. 数据类型的多样化

数据从生成类型上划分主要包括交易数据、交互数据及传感数据；从数据来源上可分为社交媒体数据、传感器数据及系统数据；从数据格式上可以分为文本、图片、音频、视频、光谱等；从数据关系上可以分为结构化、半结构化及非结构化数据；从数据所有者上通常被分为公司数据、政府数据、社会数据等。尤其需要关注的是，随着互联网多媒体应用的出现，声音、图片与视频等非结构化的数据所占的比重日益增多。有 IDC 统计表明，非结构化数据的增长率为 63%，相对而言结构化数据的增长率只有 32%。2014 年，非结构化数据在整个互联网数据中的占比为 80%～90%。

3. 数据的快速化

数据的快速化主要表现在两个方面：一是数据的增长速度较快，二是要求数据访问、处理及交付等的速度较快。

4.数据的价值化

虽然人们拥有大量数据，但是能够真正发挥价值的只是其中非常少的一部分。但是，大数据背后潜藏的价值实际上是巨大的，这在商业应用领域显得尤为关键。据相关统计，美国社交网站 Facebook 有 10 亿用户，网站对这些用户信息进行分析以后，广告商可以按照分析结果精准投放广告。对于广告商而言，10 亿用户的数据价值上千亿美元。据相关资料报道，2012 年，运用大数据达成的世界贸易额已达 60 亿美元。但这些还只是冰山一角，如何构建强大的计算平台，通过机器学习和高级分析等技术更迅速地完成数据价值的"挖掘"和"提纯"，依然是大数据应用背景下亟待解决的难题。

（三）大数据当前的发展

大数据伴随着互联网的发展而不断发展，而当今的数据也成为一个不可割舍的重要资源。当今，大数据热也快速地进入各个领域。从个人数据的处理到一个企业数据的处理与分析，无一不会拉动大数据的发展，给各个领域的行业也创造了很多的机遇。

大数据的发展又可以从两个方面着手分析，首先对于技术的一个提升与整合，大数据的分析处理技术也需要得到一定的发展，比如一些数据的整合、分析以及结构化和非结构化数据的存储处理等，同时也需要不同软件企业的技术整合，以达到大数据对技术的更高需求和突破；其次，大数据行业的细分，就是垂直行业的大数据，如何从业务角度，从大数据视角，能够挖掘出更利于企业发展的价值，不是单纯地从技术层面上说数据挖掘、数据分析，而是挖掘"我"需要的有用的信息，有利于"我"企业的一些信息的发展。

以往对大数据的认识都是一些结构性或者非结构性的大数据，而现在涉及的大数据，都是对大数据进行分析与整合，进而进行分析挖掘，获得有一定价值的信息，给人们创造一定的价值。同样在当今社会中，很多新兴行业的发展，无疑也推动了数据的发展。信息、医疗、政府、教育等多个领域也开始运用大数据，简化自己的工作或流程，带动工作效率提升。这也给大数据创造出更多的机会，与此同时很多企业也开始投身于大数据的摸索，通过对大数据的分析与管理，做出正确的决策，来给企业创造一定的价值，同时也拉动经济的发展。阿里巴巴的互联网金融就是一个典型的例子，其开始使用大数据开展一些关于理财与投资的行列，比如说小额信贷、余额宝、基金和保险理财产品等。阿里巴巴是当前拥有客户信息最多、数据量最为广泛的一个平台，同时也能够最为全面地、完整地对大数据进行一些统计与分析，做个人小额信贷、P2P 都是相当有优势的。如果利用大数据技术对其数据进行更好的分析和管理，在投资方面能做到精于营销和风险防控，那么金融行业对大数据的应用也会产生更强的依赖。因为大数据的分析能够更好地帮助网络银行分析了解优质客户的存在，同时也会做好风险防控体系，从而能够确保贷款这块业务的安全性和稳定性，也会更好地扩展其业务，帮双方创造一定的价值，从而达到投资的稳定性。这些都将会是大数据的发展机遇。

（四）大数据的作用

1. 大数据对企业影响深远

国际一些知名企业都能够充分认识到大数据技术对业务经营的重要性。例如，全球著名的零售商沃尔玛公司，原来需要 5 天的时间处理超过 100 万的客户交易，但是借助大数据技术以后其分析用时只需要一个小时，极大地提高了企业的生产效率。再如，Facebook 公司，在借助大数据技术以后可以在一个星期内实现对 400 亿张照片的处理，而如果在以前，通常需要花上大约 10 年的时间，这使得 Facebook 公司在市场竞争中始终处于领先地位。

大数据技术不但对科研组织和企业组织的研究与生产具有极大的价值，而且催生出了新的商机、新的领域和新的岗位。一些 IT 企业专门成立了面向企业提供大数据管理和分析服务的公司，并着重培养大数据分析师，如甲骨文、IBM、微软和 SAP。这些著名的 IT 企业都投入巨资成立了软件智能数据管理和分析的专业公司。根据相关咨询机构预测，大数据行业自身市场规模将超过 1000 亿美元，而且将以每年近 10% 的速度增长。大数据的影响力除了经济方面之外，还包括政治、文化等方面。大数据能够帮助人们开启遵循"数"管理的模式，这也是当下"大社会"的集中体现。"三分云计算技术，七分分布式管理，十二分大数据"将是未来企业的信息系统建设的指导思想，而那些善于使用数据的企业将赢得未来。

2. 大数据是一种新商品

谷歌搜索、Facebook 的帖子和微博消息使得对人们的行为和情绪的细节化测量成为可能。挖掘用户的行为习惯和喜好，从凌乱纷繁的数据背后找到更加符合用户兴趣和习惯的产品与服务，并对这些产品和服务进行针对性的调整和优化，这就是大数据的价值。大数据也日益显现出对各个行业的推进力。

以往大数据一般是用来形容一个公司创造的大量非结构化和半结构化数据的，而现在提及大数据，通常指的是解决问题的一种方法，即收集、整理生活中各个方面的数据，并对其进行分析和挖掘，进而从中获取有价值的信息，最终衍化出一种新的商业模式。

虽然大数据的发展目前在国内仍然处于一个比较初级的阶段，但是其商业价值已经逐渐显现出来。首先，基于数据交易能够产生很好的效益，手中握有数据的公司等同于站在金矿上。其次，基于数据挖掘会有很多定位角度不同的商业模式诞生：或侧重数据分析，如帮助企业做内部数据挖掘；或侧重优化，如帮助企业更加精准地找到用户，降低营销成本，提高企业销售率，增加利润。未来，数据很可能成为最大的交易商品。但是数据量大并不能算是大数据，大数据的特征是数据量大、数据种类多、非标准化数据的价值最大化。所以，大数据的价值在于通过数据共享、交叉复用获取最大的数据价值。未来大数据将会如基础设施一样，有数据提供者、管理者、监管者，数据的交叉复用将会使大数据变成一大产业。

3. 精准营销需要大数据

有这样一个真实案例在微博上流传很广。美国一名男子闯入他家附近的 Target 店铺（一家美国零售连锁超市）抗议："你们竟然给我 17 岁的女儿发婴儿尿片和童车的优惠券。"店铺经理立刻向来者致歉，其实经理并不知道这是公司运行大数据系统的结果。一个月之后，这位父亲前来道歉，因为他的女儿的确怀孕了。

这个案例就是基于数据分析的精准营销的结果。通过分析用户在网络上的消费行为数据，能够帮助电商企业实现精准营销，更加精准地找到用户。基于数据分析的精准营销即对来自不同平台的数据进一步挖掘和分析，找到这些数据相对应的人群，再把这些群体进行个性化的对比，并以此展开个性化的营销服务。大数据时代，营销将会更多地依赖数据，以便更精准地找到用户。

大数据的一个重要趋势就是数据服务变革，它将人分为很多群体，对每个群体都给予不同的服务。以电子商务为例，传统电商推荐，大多是使用协同算法，挖掘不同产品之间的关联度。数据爆炸的时代，人们经常会淹没在海量的商品和资讯中，不知道自己到底想要什么。电子商务常用的关联规则并不是个性化算法，如白酒、花生米这两种商品可能对所有用户关联度都很高，电商就会向所有用户推荐这两种商品。个性化推荐实际上会通过场景和需求来调动不同算法，以计算用户真实的个体需求。即个性化推荐知道用户喜欢什么，能够根据客户需求切实地提供商品推荐信息，这无疑更能刺激购买。对于电商企业来说，在精细化运营的趋势下，当然会希望更精准的营销和用户重复购买的状况出现。

电子商务网站都有非常丰富的客户历史数据，包括登录、点击、浏览及购买等。如果把数据放在地下室任其堆满灰尘，那它们就是一项负资产。它们需要硬件来存储，需要人员来管理，却没有任何使用价值。因此，企业需要分析出消费者的购买意图进行全网行为的挖掘分析，以实现个性化推荐的精准运营。

二、大数据处理技术

（一）大数据处理

大数据的数据处理和通常意义上的数据处理分析看似差别不大，可以把大数据的分析处理流程分为 4 个步骤：数据采集、数据导入和清洗处理、数据统计和分析、数据挖掘应用，但相对传统意义上的数据分析处理，大数据更多更大，它们之间的关联也越多。

1. 数据采集

大数据的数据处理有别于传统的数据分析，其可能同时面临成千上万的用户进行访问和操作，其并发数高，数据采集依靠多个数据库来接收，同时用户可以通过这些数据库来进行简单的查询和处理工作，这就需要在采集端部署大量数据库才能支撑。

2. 数据导入和清洗处理

数据导入和清洗处理是整个大数据分析过程中不可缺少的一个环节,其效果直接关系到大数据分析处理的质量,数据导入和清洗处理过程导入的数据量大,每秒达到百兆,甚至千兆级别,这就需要对海量数据进行有效的分析,在导入基础上做一些简单的清洗和预处理工作。

3. 数据统计和分析

大数据的统计与分析主要采用分布式数据库或分布式计算集群来对其采集的海量数据进行分析和汇总,从而满足大部分的分析需求。大数据分析的特点,也是其面临的挑战便是涉及分析的数据海量,相应的其对系统的要求也就更高。

4. 数据挖掘

大数据的数据挖掘(Data Mining)就是要从海量的、不完全的、模糊的、随机的实际应用数据中,提取人们事先不知道的、隐含其中的,但具有潜在应用价值的信息。大数据的数据挖掘主要是在采集海量数据基础上进行各种算法的计算,实现预测的效果,实现一些高级别数据分析的需求。

(二)大数据技术展望

1. 数据分析成为大数据技术的核心

数据分析在数据处理中占据十分重要的位置,随着大数据技术的发展,数据分析将成为大数据技术的核心。大数据的意义在于对海量数据集合的智能处理,从而可以在大规模的数据中获取有用的信息。大数据功能的实现,就是要对数据进行分析和挖掘,未来大数据技术的进一步发展,与数据分析技术是密切相关的。

2. 实时性的数据处理方式

大数据突出强调数据的实时性,对数据的处理也要体现出实时性。目前大数据的数据处理方式采用的主要是批量化的处理,这种处理方式有一定的局限性,当对数据要求比较高的时候,传统数据处理方式就达不到要求,这与大数据实时性的要求有点不适应,在不久的将来,实时性的数据处理方式将会成为主流,不断推动大数据技术的发展和进步。

3. 基于云的数据分析平台将更加完善

基于互联网的云计算快速发展,也为大数据技术的发展提供了数据处理平台和一定的技术支持。云计算采用分布式的计算方法,具有弹性扩展、相对便宜的存储空间和计算资源,同时,云计算具有十分丰富的 IT 资源,分布广泛,这些优点都为大数据技术的发展提供了技术支持。随着云计算发展平台的日趋成熟,大数据技术自身将会得到快速提升,数据处理水平也会得到显著提升。

第五节 "互联网+"时代的云计算技术

一、云计算概述

（一）什么是云计算

云计算可以说是信息时代生产工具的一次大飞跃，就好像 20 世纪 80 年代是个人电脑和局域网时代，20 世纪 90 年代至今是互联网时代，进而发展为"互联网+"时代，而未来则有可能是云计算时代。现在虽然没有准确地对云计算进行定义，但普遍认为云计算是通过互联网提供按需的、面向海量数据处理和完成复杂计算的平台，是不需要用户了解"云"设备的核心技术，也不需要用户拥有较高的专业水平，更不需要用户对云设备直接操作，只需要直接使用就可以了。云计算主要可以分为 3 种服务：基础设施即服务、平台即服务和软件即服务。

（二）云计算的内涵和本质

云计算的概念提出时间并不长，然而对它的定义却是百家争鸣，目前尚无公认的定义。一方面体现了云计算包罗万象的特质，另一方面也说明了各界对它的高度重视。本节在对各种云计算定义综合分析的基础之上，总结本质特征，提出一个参考性定义：云计算是以互联网为载体，利用虚拟化等手段整合大规模分布式可配置的网络、计算、存储、数据、应用等计算资源，使其以服务的方式提供给用户，满足用户按需使用的计算模式。该定义强调了 4 个重点。

①互联网是载体。云计算是一种大众参与的互联网计算模式，一切能够联网的设备（包括各种胖/瘦客户端）都能利用互联网，实现位置透明、无所不在的访问。

②服务是核心。各种软件和硬件都是资源，不过被封装成了服务，用户看到的只是服务本身，无须关心相关基础设施的具体实现，即这些基础设施对用户来说是透明的。

③资源可配置。云计算具有整合资源按需扩展的特殊意义，它利用虚拟化技术，将物理上分散的来自不同数据中心的物理资源"整合抽象"成逻辑上集中的、动态可伸缩的虚拟资源，使其能够有效分配和按需扩展。

④用户可按需使用资源。用户能够在不直接购买复杂软件和硬件的情况下，最大限度地利用网络获取所需的计算力，就像使用水电一样快捷和方便。

以上分析表明，云计算并不是凭空产生的事物，它是在并行计算、分布式计算、集群计算、网格计算、效用计算等技术基础上逐渐发展起来的。从技术本质来看，云计算代表了信息技术发展的先进理念，展现了极强的生命力。可以说，它是现代计算技术发展的必然产物，必将对未来人们的生产和生活方式产生深远影响。

首先，从计算模式的发展来看，大型机时期，计算机数量有限且价格昂贵，每台计算机必须供多人使用，计算平台在物理上和逻辑上都是集中的；个人计算机时代，计算机数量与日俱增，"客户服务器"的计算模式使得计算平台在物理上和逻辑上都是分散的；互联网时代，各种互联信息设备层出不穷，多台计算机为单一个体服务成为可能，此时，将产生一种物理上分散、逻辑上集中的新型处理模式。这是计算机作为通用技术和工具发展的必然结果。云计算正是这种新计算模式的典型代表，展示了其整合资源、共享基础架构的特质和优势。

其次，从科学研究的发展来看，继实验科学、理论科学、计算科学之后，将进入"数据密集型科学"的第四范式阶段。这是一种通过仪器获取数据或通过模拟产生数据，用软件处理和分析这些数据并将研究结果或知识用计算机进行存储的新模式。它是当代科学研究中数据爆炸式增长的需求与计算机技术进步能够处理大规模数据的推动相结合的产物。其关注重点是大规模数据的获取、存储和分析，以及支持数据密集型计算的基础设施平台建设。云计算正是典型的数据密集型计算模式，是解决巨量信息存储与处理的有效手段。

最后，从社会发展的角度来看，工业社会实现了水、电、气等各种公共基础设施及资源的普及和共用。在信息社会，人们同样希望信息服务能够成为全社会普及和共用的基础设施，让人们使用信息就像使用水电一样方便。云计算正是这种理念的实践者，它倡导的正是让人们能够在不直接购买复杂软硬件等基础设施的情况下享受无比强大的网络、计算和存储能力，因此才得以真正意义上的蓬勃发展。

（三）云计算的原理

云计算的基本原理是，把海量复杂的计算任务分配给大量的分布式计算机（而非本地计算机或远程服务器），由分布式计算机来完成任务。企业数据中心的运行将更与互联网相似。这样企业就可以将各种各样的资源和服务切换到有需求的应用上，用户或者企业就可以根据自己的需求来随时随地地访问计算机和存储系统。打个比方，早些时候人们把钱存在家里；后来随着有了钱庄，相对来说安全了，但兑现起来比较麻烦；到现在的银行、ATM 机，甚至是网上支付方式，只需一张银行卡、一台 ATM 机，甚至一个账号，随时随地就可以取到钱，满足用户的需求。而"云计算"就是相同性质的一次变革，使人们能够像使用水、电、煤气和电话那样使用计算机资源。

二、云计算的应用

（一）云计算的主要应用

1. 云安全

云安全（Cloud Security）是一个从"云计算"演变而来的新名词。云安全的策略构想是：使用者越多，每个使用者就越安全，因为如此庞大的用户群，足以覆盖互联网的每个角落，只要某个网站被入侵或某个新木马病毒出现，就会立刻被截获。"云安全"通过网状的大量客户端对网络中异常的软件行为进行监测，获取互联网中木马、恶意程序的最新信息，推送到 Server 端进行自动分析和处理，再把病毒的解决方案分发到每一个客户端。

2. 云存储

云存储是在云计算概念上延伸和发展出来的一个新概念，是指通过集群应用、网格技术或分布式文件系统等功能，将网络中大量的各种不同类型的存储设备通过应用软件集合起来协同工作，共同对外提供数据存储和业务访问功能的一个系统。当云计算系统运算和处理的核心是大量数据的存储和管理时，云计算系统中就需要配置大量的存储设备，那么云计算系统就转变成一个云存储系统，所以云存储是一个以数据存储和管理为核心的云计算系统。

3. 私有云

私有云（Private Clouds）是将云基础设施与软硬件资源创建在防火墙内，以供机构或企业内各部门共享数据中心内的资源。创建私有云，除了硬件资源外，一般还要有云设备（IaaS）软件；现时商业软件有 VMware 的 vSphere 和 Platform Computing 的 ISF，开放源代码的云设备软件主要有 Eucalyptus 和 Open Stack。

4. 云游戏

云游戏是以云计算为基础的游戏方式，在云游戏的运行模式下，所有游戏都在服务器端运行，并将渲染完毕后的游戏画面压缩后通过网络传送给用户。在客户端，用户的游戏设备不需要任何高端处理器和显卡，只需要基本的视频解压能力就可以了，运营商不需要不断投入巨额的新系统平台的研发费用，只需要拿这笔钱中的很小一部分去升级自己的服务器就行了，但是用户体验效果却是相差无几的。

5. 云教育

在线教育已经成为这几年的信息技术热点，慕课也日益普及，各级各类教育机构可以将教育视频的流媒体平台采用分布式架构部署，分为 Web 服务器、数据库服务器、直播服务器和流服务器，还可以架设采集图形工作站，搭建网络电视或实况直播应用，在已经部署录播系统或直播系统的教室配置流媒体功能组件，这样录播实况可以实时传送到流媒体平台管理中心的全局直播服务器上，同时录播的学校本色课件也可以上传存储到总的教育云存储中心，便于今后的检索、点播、评估等。

6. 云会议

云会议是基于云计算技术的一种高效、便捷、低成本的会议形式。使用者只需要通过互联网界面，进行简单易用的操作，便可快速高效地与全球各地团队及客户同步分享语音、数据文件及视频，而会议中数据的传输、处理等复杂技术由云会议服务商帮助使用者进行操作。目前国内云会议主要集中在以 SaaS（软件即服务）模式为主体的服务内容，包括电话、网络、视频等服务形式，基于云计算的视频会议就叫云会议。云会议是视频会议与云计算的完美结合，带来了最便捷的远程会议体验。及时语移动云电话会议，是云计算技术与移动互联网技术的完美融合，通过移动终端进行简单的操作，随时随地高效地召集和管理会议。

（二）云计算在图书馆的应用

随着计算机和互联网技术的发展，云计算技术应运而生。图书馆向来是信息储存和利用的重要组织，所以加入云计算的研究和应用当中是必然。现代图书馆已不再局限于提供纸质文献，还提供文字、图像、音频、视频等数字信息的浏览和获取。对新型信息和网络技术的应用将成为现代图书馆建设和发展的重要环节和未来趋势。

将云计算技术应用到图书馆的先驱当属美国联机计算机图书馆中心 OCLC（Online Computer Library Center）。OCLC 及其成员图书馆相互协作，建立并维护 WorldCat 这一世界上最大的在线图书馆资源搜索数据库，通过共享数据驱动的合作网络，进行诸如采购、编目、资源共享、馆藏管理等操作，该项目被认为是图书馆应用云计算的开端。

2009 年 5 月，两大开源机构库软件 Fedora 和 DSpace 合并成立 DuraSpace，提出云产品 DuraCloud：向学术图书馆、大学及其他文化遗产机构提供其数字内容的永久访问服务，存储交由专业存储提供者，DuraSpace 确保长期访问和便利使用的功能。2009 年 7 月，美国国会图书馆与 DuraSpace 合作进行为期 1 年的试验，使用云技术永久访问数字内容。其他参与机构有纽约公共图书馆和生物多样性遗产图书馆。

俄亥俄州图书馆与信息合作网（Ohio Library and Information Network，OhioLINK）使用了亚马逊的云计算服务，主要使用云计算服务进行公共数字资源的管理。匹兹堡大学的图书馆网站使用亚马逊的 S3 服务备份图书馆集成系统，将数字馆藏资源的管理依托在亚马逊的弹性计算云（EC2）上。加州理工学院图书馆使用 Google 公司提供的云服务应用进行图书馆部分信息的管理。美国东部州立大学将图书馆流通数据库和政府出版物管理数据库放在 Google APP Engine 上。在 Google 运行环境下使用互联网上的应用服务，用户也可以运行自己的应用程序，而不需要管理服务器的运行。

国内对云计算在图书馆领域应用的研究与国外相比差很多，通过对国内的云计算与图书馆相关文献的检索，发现我国云计算与图书馆研究的第一人是辽宁师范大学的李永先副教授，他在 2008 年发表了名为"云计算技术在图书馆中的应用探讨"的文章，其中对云计算技术的概念做了详细的介绍，并在分析了云计算技术的特点之后，针对性地分析了我国的图书馆界对计算技术重点关注的问题。2010 年以后，我国对云计算与图书馆的相关研究日益普遍，越来越多的专家和学者加入探讨云计算技术在图书领域应用的行列。通过分析大量的文献发现，这些文献主要是针对云计算的含义、特点和原理等基础理论进行分析。

而国内对于云计算的应用则是在 2008 年 3 月，当时谷歌宣布与清华大学合作，推出中国的云计划。我国图书馆界应用云计算服务的著名例子是中国高等教育文献保障系统（China Academic Library &Information System，简称 CALIS），中国高等教育文献保障系统在总结了云计算在国外一些图书馆应用成功的案例后，开发了自己的云计算服务平台（Nebula 平台），通过该平台的使用，在我国建立起一个全国范围内的高校数字图书馆云服务中心，Nebula 平台通过分布式的数字图书馆的虚拟化，为独立的图书馆信息资源的共享带来了新的机遇，为我国的图书馆领域应用云计算做了一个很好的开端。除此之外，广州图创计算机软件开发有限公司推出的图书馆集群管理系统（Interlib），北京华夏网信科技有限公司创建的智能化的数字信息交互平台，即基于 Web 的集群图书馆管理系统——中国专业图书馆网（CSLN），为图书馆用户提供了实现业务管理的全面自动化的方案。

第三章　高校智慧图书馆的数字资源建设

数字资源作为信息资源的一种类型，已逐步发展成为信息传播与利用的主要形式，正以其特有的优势逐渐成为信息资源的主体。高校图书馆是科研教学资源的中心，特色数字资源建设逐渐成为其重要工作之一。高校图书馆的特色数字资源建设对国家信息化以及高校自身的发展具有重要的推动作用。本章分为高校图书馆的特色数字资源建设现状、高校图书馆特色数字资源的建设、高校图书馆特色数字资源的系统 3 部分。主要内容包括特色馆藏资源、特色数字资源建设、特色数据库建设等方面。

第一节　高校图书馆的特色数字资源建设现状

一、特色馆藏资源

馆藏资源是图书馆收集、整理、保存并为读者利用的各类文献的总和，具体包括印刷型文献、数字型文献及其他文献（包括光盘、磁带、缩微胶卷等）等。调查发现，"211"工程高校图书馆的特色馆藏资源均涉及上述 3 个文献类型，其中以数字型文献居多，即高校图书馆的特色馆藏建设多注重数字型文献的建设。只有北京大学、清华大学和中山大学等为数不多的高校图书馆在主页上有关于印刷型文献馆藏资源的介绍，有一些图书馆也将随书光盘等其他类型的文献建成可供检索下载的数据库，如安徽大学图书馆、北京林业大学图书馆、东北师范大学图书馆等。

二、特色数字资源的主题分布

分析高校图书馆特色馆藏的主题分布有利于了解高校图书馆特色馆藏建设的现况并对其进行定位，还可以为其他高校图书馆的特色馆藏建设提供参考。主要有学科特色资源、学校特色资源、多媒体资源、地方特色资源、外部资源、网络导航库、专题网站（教学参考书、古籍特色资源、期刊导航、馆藏图书等其他或者本校专家学者特色数据库）等。

（一）学科特色资源

高校图书馆是为学校教学科研服务的机构，而高校的特色学科发展是学校发展的命脉，因此学科特色馆藏建设是特色馆藏建设的重中之重。其主要包括两类资源：第一类是学科专题数据库，如北京邮电大学图书馆的"邮电通信专题文献数据库"、清华大学图书馆的"建筑数字图书馆"、中国海洋大学图书馆的"海洋文献数据库"等；第二类是学科导航，如上海交通大学的 lipguides 平台、四川大学图书馆的"中国语言文学网络资源导航库"、中南大学图书馆的"重点学科导航"等。

（二）学校特色资源

本校师生撰写的学术著作、论文，如北京航空航天大学图书馆的"EI收录北航的文章"、清华大学图书馆的"清华文库"、中国人民大学图书馆的"教师成果库"等。

硕士、博士学位论文，如西南大学、吉林大学、兰州大学、燕山大学等高校的图书馆。

专家教授、国内外社会名流的演讲稿，如北京大学图书馆的"北大讲座"视频点播资源库。

学校出版社出版的学术性文献、学校校志、年鉴，如清华大学图书馆的"清华大学学报"、上海交通大学图书馆的"上海交通大学志""上海交通大学年鉴"等。

本馆出版物，如电子科技大学图书馆的"馆内刊物"等。

（三）多媒体资源

在高校图书馆特色馆藏资源中，多媒体资源中光盘数据库的数量较多，如安徽大学、海南大学、上海交通大学等高校图书馆对附书光盘进行了数字化转换、编辑、压缩等技术处理，将其转换成计算机可以识别的数字化资料储存在计算机网络服务器上，实现了光盘的网上视听阅览，从而进一步实现资源共享。另外，还有形式多样的多媒体资源，如清华大学图书馆的"音视频资源库"、中国科学技术大学图书馆的"VOD视频点播平台"、中国人民大学图书馆的"缩微资源"、东北林业大学图书馆的"多媒体资源数据库"、兰州大学图书馆的"影像资料数据库"等。

（四）地方特色资源

"地方性文献"一般包括两部分内容：一是地方性专业、学科所需的文献；二是地方文献，其范围很广，凡记载某个地区过去与现在的政治、经济、文化、教育、地理、重要人物事件、风土人情及民间习俗等方面内容的书刊文献，均可称为地方文献。例如，北京大学图书馆的"北京历史地理"、海南大学图书馆的"海南旅游资源库"、四川大学图书馆的"巴蜀文化特色库"、合肥工业大学图书馆的"陈独秀特色数据库"、内蒙古大学图书馆的"蒙古学特色库"、安徽大学图书馆的"徽学论文全文数据库"、南昌大学图书馆的"'红色江西'特色数据库"、西南交通大学图书馆的"峨眉山世界自然与文化遗产特色数据库"、兰州大学图书馆的"敦煌学数字图书馆"、宁夏大学图书馆的"西夏文化数据库"。

（五）外部资源

外部资源是指非本校图书馆自建而是通过链接实现共享的其他单位的资源，主要包括：CALIS 中心资源，主要涉及"高校教学参考书全文数据库""CALIS 专题特色数据库中心网站""CALIS 重点学科导航库""CALIS 联合目录查询"等子项目资源，如北京邮电大学图书馆、吉林大学图书馆、兰州大学图书馆、西安交通大学图书馆等 14 所高校图书馆的网站有这类资源链接，其中使用最多的是"CALIS 重点学科导航库"，有 8 所图书馆使用该资源；（江苏省高等教育文献保障系统）中心资源，如河海大学图书馆的"JALIS重点学科导航系统"、南京师范大学图书馆的"JALIS 教材及教参数据库"和"JALIS 教育学文献中心"等；其他的还有南京理工大学图书馆的"城东高校联合体"、四川大学图书馆的"高等学校中英文图书数字化国际合作计划"、中国科学技术大学图书馆的"NSTL资源整合检索平台"和"国防科技信息服务系统"等。

（六）网络导航库

网络导航库主要分为 3 类：第一类是本校学科导航，如广西大学图书馆的"广西大学重点学科导航库"和四川农业大学图书馆的"四川农大重点学科导航库"等；第二类是各类期刊与网络资源导航，如东北师范大学图书馆的"东北网址导航库"、重庆大学图书馆的"学术期刊导航库"和四川大学图书馆的"口腔医学网络资源导航库""皮革导航数据库""中国语言文学网络资源导航库"等；第三类是各类高校项目合作组织资源导航，如中国药科大学图书馆的"JALIS 重点学科导航库：生药学及中药学"、云南大学图书馆的"CALIS 导航库"和西北工业大学图书馆的"CALIS 重点学科网络资源导航库"等。这类资源当属东北林业大学图书馆的"西文期刊导航库""英语学习站点导航""国内主要报纸导航库""全球重要信息导航""国家级重点学科导航库"最为丰富。

（七）专题网站

专题网站主要包括中国人民大学图书馆的"经济学知识门户"、北京交通大学图书馆的"数字铁路博览馆"、重庆大学图书馆的"西部轻合金信息网"、内蒙古大学图书馆的"蒙古学信息网"、东北林业大学图书馆的"冷泉港实验室中文网站"、中国科学技术大学图书馆的"火灾科学学术资源网"、武汉理工大学图书馆的"信息技术学科信息门户""材料复合新技术学科信息门户""交通运输学科信息门户"和"船舶与海洋工程信息门户"等专题网站。

三、各类专题中特色资源的类型

一是本校或本馆的各类出版物电子版，如清华大学图书馆的《清华大学一览》《清华校友通讯》《新清华》，南京师范大学图书馆的"校内出版物""本馆出版物"等。

二是本校专家库与教师的学术成果库，主要包括论文和获奖情况等信息，如中国人民大学图书馆的"中国人民大学教师成果库"等。

三是各高校图书馆结合自身专业制作的各学科专题数据库，如北京交通大学图书馆的"铁路交通运输特色数据库"、大连海事大学图书馆的"中国航运信息资源库"、北京林业大学图书馆的"馆藏文献花卉库""馆藏文献蝴蝶库"、南京航空航天大学图书馆的"航空航天民航特色资源"。

四是各类高校项目合作的成果，如苏州大学图书馆的"清代图像人物研究资料数据库""张謇研究特色数据库""车辆工程特色文献数据库""海洋专业数据库""中外药品质量标准数据库""汉画像石砖数字资源库建设与研究""混凝土安全性碱集料反应专题数据库""公安文献全文数据库""矿业工程数据库（以煤矿行业为主）""食品科学与工程专题数据库"就是江苏高等教育文献保障系统联合各高校制作的项目成果，中国科学技术大学图书馆的"NSTL资源整合检索平台""NSTL引进资源"就是国家科技图书文献中心的项目成果，四川大学图书馆的"高校联合书目数据库"（CALIS）就是中国高等教育文献保障系统的项目成果，华南理工大学图书馆的"轻工技术现代图书"就是高等学校中英文图书数字化国际合作计划项目的项目成果。

四、高校特色数字资源的主题分布

（一）基于地域资源的数据库

以反映特定地域和历史传统文化，或与地方政治、经济和文化发展密切相关的独特资源为对象，构建特色数据库成为高校图书馆建设特色数据库的首选，如西南交通大学图书馆的"峨眉山特色库"、四川农业大学图书馆的"大熊猫专题库"、西华师范大学图书馆的"南充名人信息网"、阿坝师专图书馆的"羌族藏族研究文献数据库"、贵州财经学院图书馆"贵州经济电子地图"、重庆大学图书馆的"抗战历史库"及西南大学图书馆的"抗战文献库"等。

（二）基于学科专业的专题数据库

学科专业的特色性能体现了一个高校办学的特色，因此高校馆注重以本校学科专业的特色来建设专题特色数据库，如四川农业大学图书馆关于农业畜牧方面的6个特色数据库、成都中医药大学图书馆"养生保健数据库"、西华大学图书馆和重庆大学图书馆的"汽车特色数据库"、重庆大学图书馆的"生物医药数据库"、西南大学图书馆的"农业经济管理专题库"、四川理工学院图书馆的"酿酒数据库""中国盐文化数据库"等。

（三）基于学校教研成果的数据库

学校师生特别是教师的科研成果能反映出一个学校的科研能力,以此为对象组建特色数据库也是众多高校图书馆的选择,如西南交通大学图书馆的"交大教学参考书数据库"、电子科技大学图书馆的"成电人著作收藏库"、云南师范大学图书馆的"云南师范大学专家信息库"、重庆大学图书馆的"硕士学位论文全文库"、四川广播电视大学图书馆的"四川电大网络课件库"以及西南交通大学图书馆的"国家级重点学科网上信息资源导航库"等。

（四）基于馆藏书刊资料的数据库

具有他馆、他校所不具备或只有少数图书馆特有的特色馆藏,往往也成为高校图书馆建设特色数据库时的选择对象。西南地区有 31 所高校图书馆建立了这样的特色数据库,如西南大学图书馆的"自建光盘数据库"（世纪大讲堂、随书光盘）、昆明理工大学图书馆的"馆藏书目数据库"、西南科技大学图书馆的"新书全文数据库"、四川烹饪高等专科学校图书馆的"特色书目数据库"、贵州民族学院图书馆的"《图情快讯》数据库"、西南政法大学图书馆的"缩微图书篇名数据库"和云南大学图书馆的"本校善本书目索引"等。

（五）音像影视数据库

受众多因素的制约,建有音像影视特色数据库的高校图书馆不多,如重庆大学图书馆的"非主流音乐空间"、贵州民族学院图书馆的"影视空间"和遵义医学院图书馆的"遵义图书馆 VOD 视频点播数据库"。

五、高校数字特色资源的数量分布

大多数"211"高校图书馆都能根据本校的学科发展特点和特色的馆藏资源,或者是围绕学校所在地的政治、经济、文化等建立相应的特色数据库,只有少数图书馆拥有数量非常丰富的特色库,其中江南大学图书馆和东北师范大学图书馆所建的特色数据库数量较多,分别自建有 19 个和 17 个数据库,其次是南开大学、华南师范大学、吉林大学和华南理工大学图书馆,都建设有 15 个以上的特色数据库,占统计总量的 59%。可见只有具备充裕的资金支持、高素质的技术管理人才和先进的数字图书馆建设理念等必要条件,才能做好数据库建设工作,而在我国只有少数重点高校图书馆同时具备这些条件,绝大多数高校图书馆只建有少量的特色库。建设有 11~15 个特色库的图书馆有 11 所,建设有 10 个以下特色库的图书馆有 38 所,而其余 47 所高校图书馆所建特色数据库数量均不超过 5 个,几乎占统计总量的一半。由此可见,这些图书馆没有意识到特色数据库建设是现代图书馆资源建设的方向和目标,同时也存在资金、人才、设备、管理、思想理念等多方面的制约因素,特色数据库建设处于较低水平。

六、高校数字特色资源的地区分布

对建有特色数据库的高校图书馆的地区分布的调查，能反映各地区建设特色库的实力及重视程度。从特色数据库建设单位的地理分布来看，在 31 个省份中，高校图书馆在建设特色数据库方面，由于各地区经济、文化发展水平不同，各图书馆的发展也有较大差异，特色数据库建设存在着区域不平衡性。

北京、江苏、广东、陕西、湖北等 6 个省份，经济发展水平和高等教育水平较高，高校图书馆对特色数据库的重视程度也较高，所以特色数据库的数量较多；青海、云南、贵州等省份地理位置较偏远，高等教育水平也相对较低，特色数据库的数量也较少，各建有 1 个特色数据库；而内蒙古、山西、西藏等省份目前还没有建设特色数据库，这与西部地区图书馆学科教育欠发达及经济不发达都有一定的关系。

七、高校数字特色资源的检索质量

图书馆特色数据库的检索质量主要通过检索途径、检索式构造和检索结果排序等体现出来。在检索途径方面，大部分特色数据库提供题名、书名或刊名、著者、分类、语种、ISBN、ISSN、主题词等检索途径，可进行精确检索或模糊检索，并提供年代和检索结果数的限制等功能；在检索式构造上，大多数数据库提供了基本检索，部分数据库采用了布尔逻辑算符，使用户可以构造较复杂的检索式，进行高级检索；少数数据库还提供比较运算符、属性运算符等，如中国矿业大学的"岩层控制数据库"。部分图书馆通过整合各种资源实现了对多种类型资源的跨库检索，如首都师范大学可对网络数据库进行跨库检索，方便读者快速、准确地查找资料。在检索结果排序上，有部分院校的特色数据库提供了检索结果的排序方式选择，如重庆大学图书馆的"中文生物医药全文库"，用日期、命中次数、内容新旧等排序方式来显示检索结果，同时提供扩检、缩检来扩大或缩小检索范围；在浏览功能上，只有很少部分特色数据库按学科分类、资源类型、栏目等不同标准，设有导航系统，使用户可以选择不同的导航系统快速获取所需资源。武汉大学的"长江资源数据库"的检索和浏览功能特别强大，北京大学图书馆的"高校古文献资源库"设置了详细的版本类别、出版年代、出版地点的浏览功能，为用户了解古籍提供了简捷途径。此外，绝大多数的高校图书馆建设的特色数据库都有使用简介或使用指南，帮助读者了解数据库的使用方法。

八、高校数字特色资源的对外开放程度

高校数字特色资源的对外开放程度不够。如北京交通大学图书馆的"铁路交通运输特色数据库"在主页中明确说明该数据库目前针对不同用户提供以下服务方式：校内 IP 段内用户可免费浏览并访问数据库全文，IP 段外在校用户可向图书馆申请限期的用户名和密

码浏览及访问数据库全文，校外用户可免费浏览数据库，全文可通过文献传递获取。有些高校图书馆的特色数据库只能打开简介页面，无法进一步访问；绝大部分高校图书馆自建的特色数据库资源由于涉及知识产权问题，完全限制校外用户访问，只有在校园网或图书馆检索系统里才能检索到，不利于实现资源的共享。

九、高校数字特色资源的结构设置和功能

在特色数据库的结构设置上，以全文数据库、书目数据库、文摘数据库 3 种结构模式为主，还有图片库、视频库等其他结构模式。有的数据库设有研究机构、专家学者、热点文章、最新动态等相关栏目的链接，如上海大学的"钱伟长特色网站数据库"、清华大学的"中国科技史数字图书馆资料库"等。有的数据库还提供了全文链接和馆藏信息，如中国人民大学的"经学学科知识门户"等。此外，中国人民大学的"民国时期文献资源库"不仅提供本馆的馆藏信息，同时还提供其他的高校馆藏信息；兰州大学图书馆的"敦煌学数据库"提供各专题的全文、图像、声音等信息，这表明特色数据库已经从单一提供文献线索，向全方位提供多种信息的方向发展。在已调查的特色数据库中，进行文献深加工的特色数据库不多，只有少数图书馆的特色数据库深化了信息揭示的层次和角度，提供了全文信息，可直接满足用户获取信息原文的需求。大多数图书馆特色数据库信息揭示的层次和角度有待深化，信息服务基本停留在"copy"的水平上，很少提供个性化服务。

十、高校图书馆特色数据资源建设存在的问题

（一）复合型人才缺乏

开发馆藏特色资源的步骤很多，牵涉的方面也很广，对图书馆相关人员的要求也更高。一方面，仅有基本的业务知识已经不够，还需要计算机操作、图像处理扫描、网络技术等基本技能；对于开发专题来说，还需要具有一些学科专业化的知识；更需要了解学校历史、发展历程和学科专业方向。另一方面，随着数字化、网络化、自动化图书馆的到来，图书馆工作人员在逐步减少，而特定馆藏岗位的编制有限，这种情况下图书馆工作人员急需与编研部门联合起来，在进行馆内特色资源开发的过程中熟悉馆藏，了解相关文献，提升自身业务能力，不断学习、吸收新的知识。图书馆也应该以此为契机，抓紧培养人才，锻炼队伍。

（二）资金、设备和空间不足

在特色资源的建设方面，各图书馆近年已开始投入一定的人力、物力和财力，但相对于图书馆整体的数字化进程来看，特色资源的建设仍显得基础设施不足，技术落后，人员数量少。例如，要开发"国内机车车辆发展历程"的专题，第一步需要收集大量的资料，这就要花费大量的人力、财力和时间；第二步要进行加工、录入、扫描；第三步，编研整

理；第四步，出版、展出电子版或纸质件。由此可见，开发一个专题花费的时间长，人力、财力投入都很大。另外，由于信息技术的快速发展，图书资料等迅速膨胀，所需空间越来越多，建议经费问题可以通过项目申请、国家有关部门规划、学校投资、个人或企业资助等多种渠道解决。

（三）版权、标准问题

数字化图书馆的发展速度相当惊人，校园网络及大量的电子书刊、数字资源在现代意义的图书馆中起着非常重要的作用。同样，随着特色资源建设数字化程度的提高，版权问题、标准问题凸显。

标准化、规范化是数字资源实现共享访问的基础，而建设特色数据库的一个重要目标就是为了促进资源的广泛利用。通过调查发现，当前特色数据库的建设存在着严重的标准不统一。

绝大多数图书馆在建设特色数据库时，元数据标准、用户接口标准、资源检索标准等都不统一，这导致资源在馆内都难以共享，不利于资源的利用和迁移。

不同的图书馆采用了相同的技术平台，但是在资源元数据管理、元数据提供等方面都未形成统一的数据标准，这导致特色数据库无法形成馆际之间的资源深度融合。

一些单位和部门花费很大力气做特色资源的开发，并出版或提供网上阅览，结果被一些人员轻而易举地拿做他用，严重侵犯了开发者的利益和权利。

（四）少数民族文献数字化资源收藏规模不大

各民族高校图书馆虽然在民族特色文献、民族地域文献、民族重点学科文献的收藏上较其他高校图书馆占有优势，但在馆藏特色文献的全文数字转换上，还没有形成规模，数据库更新慢，数据库之间重复现象较为严重，信息量太小，查全率低，特色不明显。

（五）无整体、长远、全面的规划体系

由于所处区域、形成历史、自身地位各不相同，每个图书馆在长期的发展过程中逐渐形成了自己的收藏特色，有些以地方文献为主，有些以民族特色为主，有些以重点学科或者某个专题为导向，形成自己独特的馆藏资源。在研究资料上，特色资源因强调其特色，各图书馆之间无论在形式和内容上都有差异，还没有形成一定的体系，更没有给出一个较为完善的合理规划。各高校之间基本上是各自为政，自由发展，重复建设，资源浪费。建议由中国高校图书馆学术分会统筹规划，每年定期召开会议，探讨开发特色资源，形成整体全面的规划体系，各高校图书馆应及时就本校的开发计划与有关组织机构沟通。

（六）共享渠道不畅通

特色资源建设还面临一个瓶颈：知识产权问题没有解决好，导致各高校图书馆认为自己花很大力气开发的特色资源是自身的"秘密"，不愿通过印刷、出版或网络发行共享，导致共享渠道不畅、利用率不高，造成人财物的浪费，应用跨库检索、整合数据资源缓慢。

由于数字资源整体呈现无序化分布，内容组织的程度不高，资源间交叉关联程度较低，因此用户需要在不同的网络环境和不同的信息空间中切换，这无疑已成为用户获取信息的一种障碍，使得越来越多的用户希望能够得到关于数字资源的空间范围和基于知识内容相互联系的整体揭示。宏观协调和协作能力不强，各民族高校图书馆仍然在条块框架下独自建设，对现有资源如何共享、未来资源如何共建，无法形成一个共同遵循的原则，建库缺乏整体性，信息组织有序性差，网络信息质量参差不齐，查准率不高，影响了信息资源的交流和共享。

（七）资源组织方式单一

良好的资源组织体系，有利于用户有效地获取各种资源，但通过对"211"高校图书馆的特色数据库调查发现，大多数特色数据库中的资源组织方式十分单一，往往只是按照标题或作者等资源的外部特征进行组织，而未通过有效揭示资源内容特征来对资源从内容上进行组织。同时，对标签等 Web 2.0 元素的应用较少。

（八）特色数据库的交互性较差

提升系统的交互性有利于提高系统黏性，提高资源的访问频率，吸引用户长期使用。现阶段，绝大多数特色数据库都只是单向地向用户提供，而没有提供任何交互式功能，用户无法对资源进行评价，也无法对自己感兴趣的资源进行个性化管理和利用。

（九）资源检索功能存在不足

资源浏览和检索是用户访问特色数据库中资源的入口，强大的资源检索功能能方便用户快速地获取到所需资源，现有的特色数据库大多数都只提供了资源查询功能，但检索功能对用户的信息素养要求较高。因此，提供诸如全文检索、布尔逻辑检索功能对特色数据库来说至关重要。提升检索功能并对检索结果进行二次组织是当前特色数据库检索急需具备的功能。

第二节　高校图书馆数字特色资源的建设

一、数字特色资源建设的内容

随着现代数字技术和信息技术的飞速发展，越来越多的图书馆逐步实现了自动化和网络化，图书馆不再是原来意义上的"藏书楼"，图书馆发展的必然趋势是"收藏数字化、操作电脑化、传递网络化、信息存储自由化、资源共享化和结构连接化"。数字特色图书馆绝大部分建立或依托在原有相对综合、普及的各类型、各系统图书馆基础上，它的形成和发展将是图书馆现有特征与功能的强化和升华。图书馆特色化在中国仅仅是一个开端，它对图书馆传统意义上的文献收藏内容与服务方式进行了根本性的更新与变革，因而也促使图书馆在藏与用两大基本矛盾方面产生了质的突破。图书馆要真正实现其地位，就必须树立品牌意识，开发特色数据库，走有特色的发展道路。

二、特色数据库建设的内容

（一）自建特色资源

图书馆自建特色数据库是 CALIS（中国高等教育文献保障系统）文献资源及数字化建设的重要内容，1998 年 11 月 CALIS 启动了特色数据库资助项目，首批资助了 25 个特色数据库，目前已经取得了初步的成果。除此之外，部分 CALIS 所属高校图书馆还开发了或者正在开发类似的特色数据库。各高校图书馆必须联系本馆实际，面向未来进行科学合理的规划，既要以实体馆藏资源建设为基础，又要以整合、开发和利用网上虚拟资源为补充，更要走信息资源共建共享之路。只有这样，才能赢得读者，赢得市场。

各图书馆由于学科建设侧重点不同、所处地域不同，对特色资源的建设也不一样。各图书馆为了满足教学与科研人员在教学和科研工作中的需要，大多数都建立了自己的特色数据库，如上海交通大学数字图书馆自建了"上海交通大学学位论文数据库""机器人信息数据库"，湖南大学数字图书馆自建了"金融文献数据库""书院文化数据库"，这些图书馆对富有特色的文献进行收集、分析、评价、处理、储存，并按照一定标准和规范将本馆特色资源数字化，以满足用户的个性化文献信息需求。各图书馆如何构建自己独具特色的文献信息资源数据库，如何构建能反映高校学科重点和图书馆特色馆藏的特色资源数据库，已成了当前高校数字图书馆建设的首要任务。

特色文献数据库建设要一边搜集，一边数字化。数字化最简单的办法，就是把图书馆购买的特色数字图书、全文数据库及网上免费特色资源进行搜集、整理，再把其他资源进行数字化融合，申报课题，进行相关研究。对特色文献数据库建设进行相关的方法研究，只要方法正确就能事半功倍。

（二）引进特色资源

目前，自建特色资源数据库需要花费很大的人力、物力和财力，对资源开发与利用还存在很大的盲目性，重复建设的现象比较普遍，更新速度比较慢，采集到的相关信息不够全面和完整，开发整理的范围也不够宽。对此，图书馆应当有选择、有计划地引进高质量的中文与外文数据库，使之尽量做到中外文书目、文摘等二次文献数据库覆盖本校所有学科与专业，力求做到重点学科专业全部购买，兼顾其他专业，扩大采购范围。例如，清华大学图书馆引进的中文数据库有"中文科技期刊库（全文版）""万方数据资源系统""中文社科引文索引"等。清华大学图书馆还引进了数字出版物，如各种数字期刊，包括《中国科学》杂志社数字期刊、中国期刊网、维普中文科技期刊数据库等，各种数字图书包括超星电子图书、书生之家电子图书、百万册书数字图书馆等。

（三）建立特色导航系统

建立特色导航系统对数字图书馆特色资源建设是有效的补偿。构建数字图书馆特色知识导航系统关键在于如何建立一系列有效的知识服务运行机制，使图书馆在知识经济时代选择最有利的行动，使博弈双方互动相容，实现其知识导航功能。一般来讲，图书馆组织的员工会将自己拥有的专门知识以及组织拥有的知识作为组织的核心竞争优势来实现对服务对象的特别服务。因此，如何有效地进行人力资源管理和知识共享，倡导员工把个人知识转变成组织知识，把组织知识转化为服务对象的知识，通过组织知识的不断传播来增强组织的服务能力，是成功实施数字图书馆特色知识导航系统功能的关键。

三、高校特色数据库建设的内容

各高校应以教学科研需要为依据，以资源共享为导向，有针对性地重点建设符合当地学校所设置的相关学科专业的特色资源数据库。这些数据库一般分为以下几种类型：

（一）学位论文特色数据库

学位论文是指高等学校或研究机构的学生为取得学位，在导师指导下参阅大量文献，经过反复实验及调研所撰写的研究成果。每年各高校都有一批硕士、博士论文，其中不乏具有高学术价值的论文。硕士、博士论文体现了各高校的学科特色，收藏这部分文献是高校图书馆特色文献数据库建设的重要内容。目前，许多学校已经开通了在线提交系统，建立了本校的硕士、博士论文数据库，为累积多年的教学研究成果，建立一个独特的有知识产权保护的原生资源库，为希望获取学术信息的用户提供一个方便查询与进行学术交流的好途径，从而起到推动教学科研交流和促进发展的作用。同时，这些论文将给学生带来许多参考价值，指导学生规范论文写作，引导学生进行文献检索，十分便利。

（二）教职工科研成果数据库

高校教职工的专著一般都是结合教学和科研信息的需要，根据社会发展与经济建设的需求，在充分利用本校藏书体系的基础上撰写而成的。这些科研成果理应受到高校，特别是作为学术性机构的本校图书馆的珍视与收藏。我国高校文库的建设始于20世纪80年代后期，其中，较早的有北京大学、中国人民大学、河北大学、河北农业大学等。初期的文库，仅限于保存印刷本的实物，近几年，随着计算机和网络技术的发展及在图书馆中的应用，文库建设也进入数字化阶段。一些数字文库相继诞生，如中国人民大学、浙江大学、北京大学的数字文库等，尤其是中国人民大学的数字文库，已形成全文数据库。高校文库的发展趋势是实物收藏展示和全文数据库并存。

（三）重点学科特色数据库

重点学科特色数据库是根据学校的某重点学科、某特定主题，或交叉学科和前沿学科，全面搜集能体现某学科特色的资源、各类相关类型的资料整理加工的数据库。学科特色数据库是专业文献资料特色数据库，搜集重点应突出专业特色，包括本专业的国内外核心期刊、科技期刊、教材、参考书目、学术会议资料及其他报刊中有学术价值的专业文献，图书馆收集这些资料后可以自己进行加工整理，也可以直接引用现成的专业文献特色数据库。该数据库应内容丰富，系统完整，对教学和科研能带来极大的便利，也属于馆藏的重要特色资源。例如，上海交通大学图书馆的"机器人信息数据库"、石油大学图书馆的"石油大学重点学科数据库"、武汉大学图书馆的"长江资源数据库"、上海财经大学图书馆的"世界银行资料数据库"、哈尔滨工程大学图书馆的"船舶工业文献信息数据库"等。

（四）开发考研信息数据库

近年来随着考研人数的增加，要求查找考研信息的学生逐渐增多，且具有年级偏低、查找时间不确定等特点。他们迫切需要了解全国各高校的招生情况，特别是研究方向、导师情况、考研课程及参考资料，但这些资料往往都是临近报名时才由研究生处转来，不能满足广大学生的需求。为了让同学们早日得到这些信息，各高校开辟了考研信息咨询园地，由专人对网上考研信息进行收集、加工，将与本校专业对口的专业招生情况和参考书目及时整理出来，并通过校园网发布，读者既可上网查询，也可到图书馆阅览室查询，很受学生欢迎。例如，北京邮电大学图书馆的"博导信息数据库"和北方工业大学图书馆的特色数字资源就包含了"考研专业参考书库""四六级英语题库"等。

（五）影音光盘特色数据库

现如今，越来越多的书籍后面附赠一张随书光盘，这便于读者更直观地获取知识，从听觉和视觉两个方面来满足需求，显得生动活泼。但光盘经常出借容易损坏、丢失，占用储藏空间大，而且无法实现资源共享。这就要求图书馆搭建一个良好平台，对具有馆藏特色的影音资料，以及随书光盘中的视频、音频、图像、文字进行数字化转换、编辑、压缩等技术处理，储存在计算机网络服务器上，形成电子阅览平台。构建此类特色数据库需保护作者的知识产权，尊重他们的劳动成果，今后这一特色资源数据库将成为数字化图书馆的核心部分。

四、特色数据库建设选题分析

选题是构建高校特色数据库的第一步，是整个建设项目的重中之重。合适的选题不仅关系到特色数据库的质量，还关系到特色数据库建设工作能否顺利完成。高校图书馆要使自己的特色数据库充分发挥特色化信息资源的功能，就必须重视建库前的调研工作，做出尽可能详细的可行性分析论证，选择用户迫切需要的数据库作为开发研建对象。

（一）特色数据库建设选题原则

选题是特色数据库建设的关键，高校图书馆特色数据库的选题应以本馆馆藏特色为立足点，以本校研究优势为出发点，根据学校的学科建设的需要，围绕学校图书馆特有的服务对象和服务任务，有重点地开发、建设某一领域或某一主题的文献信息资源，体现馆藏特色或地域特色，并以此来确定特色数据库的建设方向。高校图书馆特色数据库建设在选题上应遵循以下原则：

1. 避免重复

由于各馆人力、物力和财力非常有限，如果重复建设将导致人、财、物的浪费，因此应尽可能地避免因重复建设带来的各种弊端和问题。在特色数据库的建设前期要对我国已有的或在建的特色数据库信息资源分布状况进行认真细致的调查，通过论证，确定主题。

2. 内容和形式上是否体现特色

主要看特色数据库的选题在内容选择和编排上是否具有鲜明的资源特色，如能否充分体现地方特色、学科特色、高等教育特色等，形成特色优势，满足用户对特色信息资源的需求，要考虑本数据库是否在本行业乃至全国高校范围内具有特色权威性，是否是其他综合型数据库无法替代的。

3. 选题是否突出自身优势

各高校经过长期的学科建设，在自己的重点学科领域已显示出独特的优势。在选题时要充分发挥本校专业优势、资源优势和技术优势，要考虑建成后的特色数据库是否基于本校相关重点学科的长期积淀，是否以特定专题、交叉学科或前沿学科为建设对象，能否在较长时间内保持领先的地位。

4. 是否具有较高学术价值和利用价值

要考虑建成后的特色数据库在国内外是否具有较高学术价值，满足科研需要，是否具有实用性。特色数据库的选题要立足用户需求，要面向教学和科学研究的实际需要，考虑其实用价值和需求程度。

选题是特色数据库开发方向正确与否的关键，好的选题是在充分调查、研究、分析、比较的基础上确定的。选题不仅要体现特色，而且要有明确的使用对象。特色数据库的选题应遵循需求第一、特色为重、优势互补、不重复建设的总原则。总之，图书馆应在建库前，在充分调查论证的基础上，结合本部门、本单位的馆藏特色、文献风格、人力物力、经费等的现实条件和社会发展的需要，选择适合的主题。

（二）特色数据库建设选题方法分析

建设特色数据库首先要选好题，特色数据库建设选题要论证充分、特色明显。要看选题论证方案是否建立在科学的需求分析、用户调查、专家评估基础上，然后再来确定特色数据库的建设方向及数据资源的采集计划。

1. 需求分析法

任何特色数据库的建设都是为"用户"所用的，都要以有无用户和用户利用率的高低作为数据库建设的价值尺度。因此，在确定特色数据库选题时，必须考虑社会需求，全面掌握、了解读者和用户需求。分析需求有两个方面：一是从资源中提取用户的需求，即从本校的馆藏或网络资源中选取用户最集中的信息资源；二是从用户的需求中找资源，即根据用户的需求，从馆藏资源或网络资源中提取所需要的资源。

2. 系统分析法

利用集成管理系统对馆藏资源的利用率进行监控分析，对借阅率、续借率、预约率高的，读者集中关注的教学参考文献，进行数字化加工，制成电子文档。

3. 读者调查法

可以采取网上调查、问卷调查等交流方式，征集读者对特色数据库建设或数字化资源建设的需求与建议。在建库前，首先要组织有关人员对我国特色数据库信息资源分布状况做认真细致的调查，在调查的基础上针对馆藏信息资源状况、重点学科设置、服务对象的需求等因素，确定适当的主题范围和文献类型的数字化建设项目。也可通过网上调查或问卷调查的方法对拟建选题的特色数据库的社会需求面有多大、是否具有较好的社会效益和经济效益进行调查，有针对性地确定符合实际的项目选题，避免重复建设或无需求的选题。

4. 专家评估法

专家评估工作是确保和提高特色数据库质量的重要环节。根据以上3种方法确定特色资源库建设候选主题，将候选主题提交给相关领域专家，由专家对选题进行定性和定量的评估、打分，最终选定合适的主题进行建设。所以，高校图书馆如果要建设特色数据库，首先在选题上要考虑本馆的性质、信息资源状况、服务对象、用户需求等因素。经过认真分析，反复论证，通过用户调查，甚至邀请专家对其进行评估之后方可确立。要遵循"用户至上，需求第一"的原则，使建设的特色数据库一直保持实用性、先进性和可发展性。

五、特色数据库建设模式选择

特色数据库一经选题、论证、立项，接下来就是选择怎样的建库模式开展工作。概括地说建库模式主要有3种：自主开发建设数据库、引进数据库及与其他馆合作建库。

（一）自建数据库

自建数据库是图书馆根据本馆特色资源，利用自己的设备独立开发建设的数据库，是当今数据库建设的主要模式。特色数据库的建设往往都是依托图书馆内部的力量，进行资源的收集、加工。很多高校图书馆建立的博硕士学位论文数据库、各种专题数据库等即属此类，尤其是博硕士学位论文，高校图书馆都把它作为一种重要的文献资源予以重视。学位论文一般都有很高的学术价值，且大多数都没在正式刊物上发表过，而学位论文又代表和反映着最新的学术研究成果、前沿动态，是学校教育质量和学术水平的体现。通过建立学位论文数据库，及时将最新研究成果提供给读者，无疑会极大地推动学术研究与发展。

（二）引进数据库

引进数据库是高校图书馆建设特色馆藏最快捷、最重要的一种途径。图书馆在根据本校学科设置与发展需要，确定自己的特色方向后，就可以积极搜寻适合本校的国内外特色数据库，引进重点学科及符合本校专业发展所需要的专题数据库。引进数据库，既丰富了自己的馆藏，又最大限度满足了读者读书治学的需要，还可以快速获得国外相关研究成果，掌握国际领先水平。同时还可以节约大量的时间和人力等资源，又能借鉴国外数据库建设经验，为自建数据库做准备。

（三）协作共建数据库

此种建库模式可以集公共查询、资源下载及全文传递等功能于一体，便于统一管理，可避免重复建库，为资源共享创造良好的条件。特色数据库的建设是一项复杂的工程，需要投入大量的人力、财力、物力，也必然会受到信息资源、技术、资金等的制约。尤其是信息资源的挖掘、数据资源的整理、检索界面的设立、服务平台的搭建等，不仅需要烦琐的、重复性的机械劳动，需要有比较先进的设备、技术的支持，仅靠一馆之力很难保证质量及规模化发展，还需要跨地区、跨行业、跨部门的广泛协作，发挥各种优势，共同建设。特别是具有相同专业或同类资源的大学图书馆，应从推进网络资源共享的目的出发，与不同地域、不同系统的图书馆联合建库，避免重复，同时也可保证特色数据库建设的质量和规模。

高校图书馆在特色数据库建设过程中要采用自建与协作共建相结合的方式，在馆藏资源数字化的基础上，以自建特色数据库为主，协作共建数据库为辅，最大化地实现共建共享的资源库建设模式。

六、特色数据资源收集与整理方法

特色数据资源的收集是数据库建设中十分重要的环节，对收集到的多类型、多载体的原始信息资源进行分析筛选处理，是信息资源组织的重要基础工作。

（一）特色数据资源收集原则

资源收集是特色数据库建设的基础，特色数据库的建设要求其数据收集要确保系统性、完整性和权威性。为此，在特色资源收集时需要确定合理的收集范围，确定信息源的类型，确定数据库的类型，确定信息来源渠道，确定数据收集标准，数据收集的时间，等等。

在数据资源收集过程中，应遵循以下原则：在收集数据时需要确定合理的收集范围，包括地域范围、学科范围、文种范围、时限范围等。在数据源类型上，追求一个"全"字。

数据收集涵盖图书、期刊、会议论文、学位论文、专利文献、图像、音频、视频等多种类型的文献。在数据收集的渠道上，拓展一个"广"字。不仅要最大限度地挖掘本馆馆藏文献资源，将馆藏印刷型特色文献资源进行数字化加工，而且要甄选本馆已购买的电子全文数据库，将其中与所建数据库相关的内容进行下载、加工、重组，并充实到自建特色数据库中。同时还要进行必要的外部调查，即到本地区及全国各高校、科研院所乃至行业协会收集有关的信息资源。总之，要保证文献信息的收全率。在数据收集的标准上，突出一个"专"字。收录的数据与所建数据库的选题定位一致，杜绝因追求数量而造成信息冗余和繁杂。在数据收集的时间上，遵循一个"宽"字。文献信息的收录时间越早越好，收录范围越全越好，时效性是衡量特色数据库水平的一个重要指标。在数据库类型上，涉及全文型、书目型、文摘型、题录型等。

总之，特色数据库在信息资源的收集方面，必须建立在对信息资源的正确评价、统筹规划和有效甄选方案的基础上，尽量避免靠经验、推断等主观意愿来判断取舍特色资源的收集。一是要保证所收集资源的质量，尽可能做到专业、全面、有特色，力求所选择的资源能直接服务于教学与科研；二是要确保各种信息资源分类明确，并且能够连续、系统地整合在一起，以保证特色数据库的完整性、即时性。

（二）特色数据资源收集途径分析

一般而言，特色数据库的数据来源主要有3个方面：一是整合馆藏特色文献，馆藏文献资源是特色数据库的主要资料来源；二是对网上信息资源的收集，即从综合性数据库中选择具有特色的资源进行收集、分类、存储或通过共享链接收集网上数据；三是通过全面收录本校师生的科研成果、对本学科非正式出版物的收集、实地考察等途径来收集建库资源。

1.整合特色馆藏资源

建设特色数据库，要优先选择现有馆藏中的特色文献，本馆馆藏资源是最方便利用的资源。一般来说，图书馆经过长期的积累，已经收藏了较为完备的资料。除了印刷型文献外，还包括光盘、录像、电子书、电子期刊等各种载体的文献。尤其是学术及研究价值高、特色突出的历史文献资源，这些资料现存数量较少，还具有数据准确可靠、相关性强、无知识产权问题等优点，因此这部分文献作为建库的主要信息来源应被充分地挖掘、利用起来。馆藏文献分门别类、分布广泛、内容繁杂，有的甚至分散在各个学科中，应集中精力对馆藏古籍、图书、期刊等进行有针对性的、认真的甄选。利用这些传统图书馆中使用频率高、具有较高价值的本学科专业特色馆藏资源建设特色数据库，是图书馆建设特色数据库的最有利条件。尤其是重点学科的文献，要注意专业性、学术性、权威性资料的收集。图书馆经过调研后，利用本馆的收藏优势，有重点地开发某一领域或某一品种的数据库，不但可以起到吸引用户，扩大图书馆社会影响的作用，也可以为今后各图书馆的协作打下坚实的基础。

2.充分利用网络信息资源

网络资源是图书馆数字化建设的重要信息源。网络资源具有信息量大、内容丰富、新颖、快捷、方便利用等特点，是特色数据库建设中取之不竭、享之不尽的资源源泉。因此网上信息资源的整合就成为近年来特色数据库建设的重要途径之一。建设特色数据库时，可以利用搜索引擎采集网上信息，根据研究的主题来确定收集的范围和文献类型，将符合研究主题的信息按专题或某一主题进行甄选提炼、整合分析后添加到数据库中；也可以通过共享链接利用网上数据。但在利用这些网络信息资源时，要采取严格的质量控制，防止不可靠信息进入数据库。根据特色数据库的需要，有选择地利用和下载网络资源，可以节省经费并加快数据库建设进程，还可以提高馆藏特色数据库的质量，方便用户检索使用。另外，特色数据库具有相对的独立性和开放性，在搜集网上信息资源时，必须遵守版权法所限定的范围，合理使用网上信息资源，保护作者的知识产权。

3.全面收录本校师生的教学科研成果

学校广大师生既是信息资源的利用者，同时也是信息资源的生产者、提供者。要高度重视他们在教学和科研中的成果，并将其作为特色数据库资源建设的重要内容，全面收录。此外，要重视本学科非正式出版物的收集，凡是对本学科的研究开发有重要参考价值的信息都应重点收录，如本专业的学位论文、专家学者的课堂演讲及学术报告录像等，要深层次挖掘信息资源，以保证特色数据库建设的完整性和独特性。

（三）特色数据资源的加工整理

以特色资源为依托的数据库建成之后要达到有效满足用户的需求，必须对这些原始信息资源进行深加工。从原始信息资源中提炼挖掘出相关信息资源和知识，使各种信息从隐含到明显，从重复到精练，从分散到集中，满足用户对信息的直接利用需求。在加工馆藏文献资源之前，要根据文献的题名、作者进行查重，防止重复加工；在加工处理中，要注意存储媒体、格式、转换程序、文档均应标准化。

信息加工技术一般包括自动标引技术、人工标引技术和元数据技术。自动标引技术以主题词表和分类表为基础，可以对数据资源自动生成主题和分类；人工标引是直接由标引人员对信息记录进行分类标引或主题标引，赋予其特定的检索标识。但是标引人员水平的不同和信息资源所存在的语义的歧义，造成同一篇文献不同人员标引的不一致。自动标引可以对人工标引进行校对。在信息资源的加工过程中，也可以用元数据技术来描述和定位相关信息资源，对这些特色信息资源进行著录和标引，并科学地组织起来，以便用户通过这些元数据信息快速准确地找到自己所需要的信息资源。

七、特色数据资源的保存

（一）特色资源长期保存的目标及原则

随着计算机技术、现代通信技术和网络技术的飞速发展，数字型特色资源正以前所未有的速度和数量扑面而来。数字型特色资源的长期保存和有效利用问题已经引起了人们的极大关注，成为国内外学术界和信息服务领域关注的战略问题。

1. 特色资源长期保存的目标

保证数字型特色资源的原始性和真实性。数字型特色资源之所以要保存，是因为它具有可以为用户提供长期使用的能力，因此要保证其原始性与真实性。数字资源的内容和形式与其原始资源相比是相对独立的，不仅其内容易于变化，而且形式不固定，因此对数字型特色资源的原始性的保存存在一定的难度。

保证数字型特色资源的永久性。数字型特色资源的永久性是指信息保存的时间。永久性保存是一个相对的时间概念，随着技术的迅速发展，无法准确地预测现有技术的未来。究竟"永久保存"需要保存多久，目前没有任何研究可以说明具体时间，而且从实际来看，依照现有的技术和条件，可行的理解是"能够实现的最长时间"。

保证数字型特色资源的安全性。数字型特色资源的安全性是指信息内容、用户使用和技术等多方面的安全性，还包括现在和未来较长时间内信息的有效性和准确性。随着全球网络化的不断发展，数字信息面临的网络安全问题日益突出。同时，由于数字信息有共享和易于扩散等特点，它在处理、存储、传输和使用上十分脆弱，很容易被干扰、滥用、遗漏，甚至被泄露、窃取、篡改破坏和冒充，而且还面临着遭受计算机病毒感染的风险。因此，在数字型特色资源长期保存中保证数字信息的安全是一个重要问题。

保证数字型特色资源的有效性。数字型特色资源的有效性是指信息使用的有效性，即是否能够"永久读取"，保存不是最终目的，最终的目的是便于使用。对特色资源进行选择、数字化加工与发布后，方便用户有效利用，这就要求对特色资源的选择要有好的标准，对内容的发布要有高的准确性和合理性，提高资源的使用率。

2. 特色资源长期保存的原则

数字型特色资源长期保存的针对性原则。在图书馆所有资源中，并不是所有的资源都需要长期保存，数字型特色资源的保存要以满足用户需求为宗旨，并进行针对性的长期保存工作。这就涉及了资源的选择问题，要发挥自身优势，结合图书馆的馆藏特色、学校的学科特色以及所处的地域特色进行考虑，同时还要立足现有和潜在的用户需求，要面向教学和科学研究的实际需要，充分考虑其实用价值和需求程度。

数字型特色资源长期保存的科学性原则。科学性原则是指对数字型特色资源进行长期保存时要遵循科学合理性，不能盲目，在科学的规划布置和指导下开展。在实际操作前要对本馆数字型特色资源保存的必要性和可行性进行充分的科学论证，不能随意凑合、拼凑。

数字型特色资源长期保存的可用性原则。数字型特色资源的长效利用是长期保存的主要目的，保证数字型特色资源的可用性，首先要清楚数据和软件之间的关系，并根据数据和软件之间的关系选择合适的解决方案。不同种类的数字型特色资源的保存和利用的方式不同，应当根据资源的种类和类型制定合理的保存策略，保证资源的正常使用。

数字型特色资源长期保存的可靠性原则。不论采取何种保存和使用方法，都必须保证所保存资源的安全可靠性，确保保存资源的"真实性"。

数字型特色资源长期保存的经济性原则。经济性原则表现在以下两个方面：一是遵循针对性和适度性原则，在经济条件有限的情况下，通过最优化理论与方法，进行较小的经济投入来实现功能倍增；二是指经过整合后的特色数字资源，要扩大使用范围，提高服务质量，以多样化的服务手段来产生最大的经济效益。

（二）特色资源长期保存的技术策略

数字型特色资源的长期保存包括多方面的含义，基于不同的理解、不同的需求及不同的关注层面，产生了各种技术和解决方案。这些技术实际上代表了数字型特色资源保存的不同策略，体现了人们对不同技术特点研究基础之上的、实践中的取舍。

1. 数据迁移技术

保持数字对象的长期可用性是数字保存的重要内容，迁移是广泛使用的一种数字资源长期保存策略之一。迁移是根据软、硬件的发展将数字资源迁移到不同的软、硬件环境之下，保证数字资源的可识别性、使用性与检索性。迁移可分为硬件迁移、软件迁移、载体迁移、格式迁移、版本迁移、访问点迁移等。然而，传统的迁移方式存在一些问题，从而产生不同程度的失真，如果某一步骤存在错误、遗漏或其他情况，就会影响以后的迁移，或导致部分失真。与传统迁移技术相比，按需迁移指可以解释或读取特定文件格式的编码只执行一次。该方法还无法准确地保持和提供可信赖的还原机制，同时，需要迁移时就使用相应的迁移工具，也会造成相关费用的提高。

2. 环境封装技术

环境封装是在对数字资源进行包装的过程中，将该数字资源所需的运行环境，如动态链接库、运行环境等一起打包，从而实现在其他环境下运行该程序包。环境封装包括在 XML 中包含原始文件、在描述文件中包含指向软件的链接、包含软件本身 3 种情况。封装由于刷新元数据存在困难，而且其使用的软件在使用时也无法保证能够获得，因此实际上这种策略还停留在讨论阶段。

3. 数据仿真技术

仿真其实是生成一套软件，用于模拟保存、访问数据的硬件或软件，有时只是模拟硬件或软件的一部分功能，按预期重现数字对象的原始操作环境，其优势在于与操作平台无关。通用虚拟计算机（UVC）是由 IBM 公司提出的新的技术方法，是一种新的用于还原数字对象的方法，它并不依赖现有的平台和格式。一个虚拟计算机可以用于详细说明今天的操作过程，这些过程可能在将来的某台未知机器上运行。这种方法唯一的需求就是要有 UVC 仿真器。在保存实践中，首先要编写一个基于 UVC 的格式解码程序，用于被保存内容格式解码和呈现，该解码程序运行在仿真的 UVC 平台上，把保存内容转换成逻辑视图（LDV），LDV 是数字对象的结构化描述，通常按照一个特定的构建，如果未来有人想要浏览被保存的内容，就可以编写一个 UVC 仿真器，然后运行解码程序生成 LDV。同时，根据保存的 LDS 再开发一个浏览器，这样就实现了对重点内容的保存。

4. 开放描述技术

开放描述是指信息系统通过计算机可识别的开放语言和规范方式来描述自己系统各个层次的内容。尤其是自己的数据格式、组织体系和管理机制、所形成的描述文件及其定义语言置于本系统公知位置，或递交公共登记系统，第三方系统能识别、理解本系统的格式和规则，并在此基础上实现系统间的互操作。数字资源的开放描述可以将数字资源的存储、描述、组织、传递方式以第三方可以获取的形式描述，从而实现第三方或未来对该类资源的使用。

5. 数据考古技术

数据考古是从损坏的媒体、损坏或过时的硬件或软件环境中恢复数据内容的方法与手段，即从原始的字节流中恢复数字资源的原貌，并保证数字资源的可读性与可用性。数据考古是具有挑战性的技术，如果已经无法获取数字资源的原貌，就无法评估数据恢复的成果。因此，在正常的数字资源保存过程中，不首先推荐使用这种技术策略，而是采用更为实际的运作方法。该方法仅在其他方法无法发挥作用的情况下使用。

6. 数据转换技术

广义的转换包括格式的转换、程序的转换、字符编码的转换、媒体的转换、操作系统的转换、硬件系统的转换等。转换的方法有以下 3 种：第一，把特色型数字资源的格式转换为通用的文本格式；第二，利用通用的、开放的数据库管理系统；第三，采用或开发对应的转换软件。转换技术应用的关键是对数据进行重定格式或转换时应考虑时机的把握、实体类型与格式标准的选择，因为这些问题都会给数字资源的可靠性带来一定的影响。

7. 数字图形输入板技术

数字图形输入板技术能同时保存软件和硬件，降低迁移费用，同时具备自含动力源，能将所保存的信息直接显示在自含屏幕上，并能执行原处理器软件说明，对原程序和数据通过仿真加以存储，缓存器可根据用户对原文献的要求实时显示有关数据。数字图形输入板的实体异常坚固、耐寒、耐高温、防水及抗重力。但是，数字图形输入板的开发费用较高，仅适用于对政府法律文献、政府报告、珍贵艺术品的保存，其存在的数字资源与引起错误结果的软件同归档等问题也需要加以解决。

8.数据更新技术

数据更新是指通过复制将数据流从旧的存储介质转移到新的存储介质上，保护数据本身少受存储介质质量恶化的影响。更新是目前使用得最为广泛的数字资源保存技术，但是只有当原数据格式没有淘汰时才能被读出，而且如果新、旧软硬件环境不能兼容，则无法利用，就失去了保存的价值。简单的数据更新也并不能对数据的结构特性、描述的原数据、检索及展示方面的能力进行维护，无法满足用户的检索需求。

（三）安全技术

1.身份识别技术

身份识别技术主要用于正确识别通信用户或终端的个人身份。最常用的方法是给每个合法用户一个"通行证"，代表该用户的身份。通行证一般由数字、字母或特定的符号组成，只有本人和所使用的信息系统知道。当合法用户要求进入该系统访问时，首先输入自己的通行证，计算机会将这个通行证与存储在系统内有关该用户的资料进行比较验证。如果验明他为合法用户，就可以接受他对系统进行访问；如果验证不合法，信息系统就会拒绝该用户对系统进行访问。

2.仿写技术

将数字信息文件设置为"只读"状态，在这种情况下，用户只能从信息系统中读取信息，而不能对其做任何修改，可以有效地防止用户更改数字信息内容，从而达到保护其真实性的目的。另外，数字信息的存储，如果采用一次写入光盘，由于它是使用不可逆记录介质制成的，可以有效防止用户更改数字系统内容，从而保证数字信息的真实性和可靠性。

3.系统还原卡技术

使用系统还原卡后，尽管用户可以随意对系统中的数字信息进行增、减、改，但一旦系统重新启动，数据又会恢复到原来的状态，用户的操作不会留下任何痕迹，从而保护了系统中数字信息的原始性。

第三节　高校图书馆特色数字资源的系统

一、特色数据库系统框架研究

（一）特色数据库系统框架设计原则

图书馆事业是一项古老而常新的事业，而特色资源建设是信息时代赋予图书馆的责任和机遇，也是网络环境下图书馆仍然充满生机和活力的佐证。同时特色资源又在一定的历史条件下，随着时间的推移逐步积累沉淀，形成优势，具有相对独立的稳定馆藏，一旦形成特色，就要巩固、健全和发展，尤其是在新的网络环境下，更应该坚持走特色建设的道路，以促进图书馆事业快速、健康地向前发展。

1. 实用和特色原则

从本质上说，数据库只是工具层面的东西，实用和具有特色才是其目的。建设特色数据库，应体现现有图书馆的特色。所以在确定选题时应注意：特色资源建设的项目选题是否注重面向地方社会经济和教学科研发展的实际需要，同时也从读者使用、读者数量和特色资源质量的角度，优先保障重点学科，最大限度地满足用户需求。

2. 共享和先进原则

所谓信息资源共享，是指在特定的范围内，在平等、自愿、互惠的基础上，通过建立图书馆与其他相关机构之间的各种合作和协作关系，利用各种方法、技术和途径，共同分享和利用信息资源。特色数据库是文献资源保障系统建设中的重要内容，在用户信息需求不断增长及网络数字资源迅猛发展的形势下，要满足用户的信息需求，扩大自身生存空间，必须走共建共享的道路。图书馆进行数据资源建设时，要根据现有的资源状况结合馆内优势和特色，在对信息资源进行深度开发的基础上建设具有自己学科特色的专题信息资源数据库，以实现资源优势互补和最大限度地实现信息资源的共享。建设数据库时要考虑数据库是否代表当地水平，在国内外有无较高学术价值；能否在较长时间内保持国内领先地位，对某重点建设项目、重点学科建设的文献保障，是否具有填补空白的作用；对社会发展和经济建设有无促进作用。图书馆之间必须加强沟通和合作，通过交流达成资源共建共享之共识，通过合作进行大规模的数据库建设，避免重复建设。打破各部门各自为政的局面，实行分工协作，联合建库。在建库过程中，一定要采取先进的规范和技术，按元数据标引格式规范、文献著录标准、检索功能等一系列标准要求来建库，最终达到与全国图书馆资源共建共享的目标。

3. 标准化和通用性原则

数字资源的加工和数据库的建设存在着一系列的数据格式标准和元数据规范。建库前必须注意：为了实现资源有效共享，各承建单位在项目建设中必须遵循通用性与标准化原则，遵守网络传输协议、数据加工标准和有关文献分类标引、著录规则等要求，采用规范化的特色库援建模式和标准化的数据格式、数据库结构及检索算法，确保数字化产品的通用性和标准化，从而为共建、共享创造条件。根据国家有关文献著录和标引原则，统一的著录标准、标引方式，按照《中国图书馆分类法》（第五版）对文献进行分类，对《中国文献编目规则》进行著录，并按照《中国分类主题词表》进行主题标引。尽量增强文献标引的深度和广度，扩大检索点，设立途径的检索方式，完善索引，规范机读格式，努力提高建库质量。除采用已有的国家标准外，还要注意同国际接轨，加强国内外检索的通用性。

4.系统性和准确性原则

信息资源建设过程中要注意文献信息资源的系统完整和各类信息资源之间的相互联系，保障重点学科，也兼顾其他学科，逐步完善学科覆盖面，形成合理的信息资源建设体系。同时，也要考虑准确性，加工数据时应采取科学、严格的质量管理办法，而且一定要采用准确的原始信息即一次文献，尽可能避免其错误，提高引用率和检准率。从可持续发展的角度来说，特色资源数据库还需经常更新和维护。平时要多收集数据库在使用过程中的反馈信息，及时对数据库内容进行替换、删除、修改和整理，确定合理的更新周期，使用户尽早获取最新信息，以保持特色资源的生命力。

5.安全性与可靠性原则

图书馆在进行数字资源建设时，要对大量的数字资源进行加工、存储、传递和管理，并利用网络对众多的终端用户提供各种信息服务，因此系统的安全性十分重要。在建设过程中既要选择技术成熟、性能安全可靠的信息存储设备，又要采用先进的网络管理系统，确保网络系统的安全性和数据的可靠性。

6.分工协调原则

从全局出发，统筹规划，分工合作，合理布局，有重点地进行资源建设，体现整体优势，以管理中心为基础构建二级联合保障体系，形成具有较强整体功能的信息资源体系。

7.产权保护原则

建设一个数字图书馆必须尊重信息资源知识产权。数据库的建设是一项系统工程，知识产权保护是其核心内容之一。知识产权保护贯穿于数字资源加工、组织、管理、传播和使用的各个环节。特色文献数据库的建设应根据不同类型文献对应的法律形态，充分尊重不同著作权人的授权意愿，采取区别对待的原则，为信息资源的有效共享与利用奠定基础。特色数据库的建设必须严格遵守国家知识产权保护法，所有数据来源要产权清晰，发布的一切信息必须符合知识产权保护的要求。

（二）特色数据库系统总体框架分析

1.资源存储层

资源层用于对图片、视频、课件、论文、文档等资源进行存储。资源存储层需要存储的有资源本身和资源元数据库。资源本身按类型可以分为视频库、图片库、音频库、文本库等类型。不同的资源类型将以不同的物理方式进行存储，视频库、图片库、电子书库将以文件方式存储于文件系统中，而文本库则存储于关系型数据库中。本系统将利用分布式存储方式对视频、音频、图片进行管理。资源元数据库是将每一种资源类型的资源实例进行著录后存储于关系型数据库中。资源元数据揭示资源的外在特征和内容特征等信息。

2. 资源管理层

资源管理层提供资源上传、加工、著录描述、自定义分类体系、资源分组等资源管理功能。资源上传是指用户通过各自的客户端将各种类型的资源上传到平台服务器上进行管理。资源加工是通过技术手段将资源按视频、图片等资源按资源管理要求和展示需求进行加工。资源著录描述是对各种资源元数据标准的各项内容进行描述,系统提供的元数据标准按教育资源描述相关标准,进行统一管理。同时,系统通过数字资源采集定制,将所采集到的资源进行统一整合及规范化的编目。系统还提供统一的格式转换与标引工具——该工具具备数据上传、类目设置、分类排序、数据自动校验、目录生成、数据统计等基本功能,并具有能根据用户需要增设主题词(或关键词)及分类号的标引功能;用户可以根据实际需要自行设置实体分类方案。

数字化加工:目前,高校图书馆的特色数据库主要管理对象还是以纸介质或光盘、录像带等形式的资料为主,如何在短时间内将大量的信息资源进行数字化加工与处理就成为数字资源管理的关键所在。本系统提供完整的资源数字化加工系统工具。系统把高速扫描技术、OCR 技术、图像压缩技术和全文检索技术有机结合成数字化加工软件。它依托高速扫描仪,将印刷文献、图片、视频等传统媒介档案信息快速、自动转换成数字化文本、影像文档。实现资源数字化、管理自动化,满足"全文检索,原件显示"的应用目标。

资源著录:本系统采用工作流的方式管理资源,标引流程。对于资源的上传、著录、审核、发布流程可进行自定义。每个流程完成后自动转到下一流程,在任一流程所做的操作都会记录在管理元数据之中。同时,可为每个资源库或者每类资源定义多套不同的著录模板,选择不同的元数据著录方案,可自由增减著录项。

数字资源发布:本系统提供基于机构内网或 Internet 的信息发布平台,适时动态地发布文字、图片、视频等各类信息。例如,多栏目信息发布系统,利用数据库和动态页面生成技术,将动态数据库中的信息按事先设置生成不同的栏目;支持分布式、多数据库的信息发布;引入 library 2.0 和 Web 2.0 的理念,以社区化的方式进行管理,读者可上传资源,进行评论,甚至生成自己的资源库。

数字资源内容检索与服务:除信息的发布浏览系统外,平台还具有全面的内容检索功能:支持跨服务器、跨库的分布式数据库查询和异构数据库关联检索,提高数字资源利用效率,方便与其他机构之间进行信息资源的共享;提供内容检索服务,实现对文件、元数据、图像、视频、音频等多种信息的内容导航与检索;档案资源库所有著录字段支持任意词检索、短语检索、渐近检索、表达式复合运算符检索、句子检索功能;支持档案资源库内关联检索和跨数据库关联检索,相关性排序输出;同义词扩展检索,利用后控词表,提高查准率。

数字资源展示:对数字资源全方位展示是数字资源平台所应具有的基本功能。在本系统中,提供了丰富的数字资源元数据及数字内容的展示,实现了电子书、期刊等电子文档的原版显示与浏览,图片、视频等多媒体资源的展示与播放,为读者提供良好的可视化访问体验。

辅助信息服务：图书馆等资源机构可以通过特色资源库信息服务系统，选择多种方式进行辅助信息服务。推送信息。用户在自己的网络阅读平台提出订购要求，利用自动拉取技术，定题定期通过网络频道主动把需要的资料信息送到用户的邮箱或文件夹中。在线全文信息服务。采用 B/S 应用模式，不论读者身在何方，均能方便有效地浏览、检索系统提供的各种信息资料库；有条件地允许与外部机构之间的信息共享服务。

数字版权保护：本系统中可定制版权保护解决方案，实现对数字资源版权的合理保护，如基于视频的保护方案、对图片的版权保护方案。对于读者，系统提供可配置的分级管理机制，使得不同级别的读者拥有不同的资源访问及下载权限。

（三）特色数据库系统的特点

特色数据库系统有以下特点：

①共享性。

②完整性和安全性。完整性是指数据的正确性和相容性，是为了防止数据库中存在不符合语义的对象，防止错误的信息输入和输出，避免垃圾进垃圾出，造成无效操作和错误结果。为此可以采用 3 种手段：加强语义完整性约束；加强并发控制；后备恢复。安全性是指保护数据库内的数据。近年来，利用计算机犯罪的日益增多，为防止数据库被恶意破坏或无意非法存取数据，一般采用 3 种技术：授权技术，规定哪些用户能对哪些数据施加哪些操作，规定用户的权限表；识别技术，识别某一个用户及其权利、口令、钥匙、用户所在位置、指纹、声音等；密码技术。

③有效性或可用性。在数据库内的数据可以按不同用户的需要，给予定义或再定义，灵活使用。

④可发展性。数据库不断扩大，比文件系统便于发展。

⑤数据独立性。程序不依赖数据表示的变化而变化。数据库系统是实现有组织地、动态地存储大量关联数据，方便用户访问的由计算机软件、硬件资源组成的系统，它与文件系统的重要区别是数据充分共享、交叉访问，以及应用程序有高度的独立性。

二、特色数据库系统详细功能设计

（一）资源管理功能

资源管理功能模块，包括实现资源的自定义分类功能；将系统内各种类型的资源按某一主题方式进行分类、分组管理；对频道基本信息、前台频道展示模板的设置及频道资源管理；提供对资源各个环节的统计功能等。

1.自定义分类体系管理

资源分类是按照一定的分类体系，如学科分类体系等对资源进行分类。资源分类是资源组织的一种重要方式，它不仅有利于对资源进行学术研究，也对用户的访问使用起到了重要的作用。本系统中，实现了资源的自定义分类功能。系统管理员可以设置多种分类方式。具体的功能包括添加自定义分类、修改自定义分类、删除自定义分类。删除自定义分类的前提是该分类及其子分类下不存在任何数字资源。

2. 资源分类管理

资源分类管理即将资源归入相应的分类，在具体实现上有两种途径：一是根据资源分类下载资源；二是将资源进行分类。资源分类管理实现的两种基本功能：添加分类下的资源和删除分类下的资源。

3. 资源分组管理

资源分组是将系统内各种类型的资源以主题方式进行组织、分组。同一资源可以属于多个分组，每个分组可以包括多类资源。系统实现添加、修改、删除、禁用资源分组等功能。

4. 频道管理

频道的概念用于前台资源展示系统，也可以理解为资源包的分类体系。频道可以有多个级别，一级频道代表了各个资源包，二级频道是该资源包下的分类，以此类推。在本系统中，频道的基本信息包括频道名称、频道级别及显示模板等。频道管理功能有添加频道、修改频道信息、设置频道模板。我们可以以课程或者某一个专题设置为频道，如可以将某一次学术会议的视频设置为一个专门的频道，从而组织资源。

5. 频道显示模板设置

频道显示模板即前台频道展示时使用的页面模板。通过页面模板，管理员用户可以较为方便地控制页面显示，在更换时也较为容易。系统提供了显示模板的添加、修改功能。频道显示模板设置的一般流程为，采用页面编辑软件诸如 Dream weaver、Edit plus 等设计好页面源文件，然后在系统中管理界面进行设置。

6. 频道资源管理

频道资源管理即对频道分类体系中各个分类下拥有的资源进行管理，它与资源分类管理相似。通过本项功能，系统将各种数字资源以集成的方式呈现给用户。一个资源可以属于多个频道，一个频道也可以拥有多种资源、多个资源。在后台频道资源管理功能中，实现对添加频道资源、删除频道资源及频道资料显示顺序设置等功能。

7. 资源统计分析功能

系统提供对资源各个环节的统计功能，主要包括如下几个方面：

①资源数量统计。统计各种资源库中的资源数量、所占存储空间大小、存储空间分布。通过资源数量统计识别各库资源量与预计量的对比分析等。

②资源存储统计。统计各种资源库所占存储空间大小、存储空间分布文件类型等，据此实现资源存储空间报警等相关分析功能。

③资源著录统计。系统中已著录资源量统计、待著录资源量统计、著录人员工作量统

计。资源著录统计分析，可为资源著录任务分配提供依据，起到决策支持功能。

④资源分类统计。按资源分类体系和资源类型进行资源统计，并将已有资源量与预计资源量进行对比分析。

⑤资源分组统计。统计资源分组下各库资源量。

⑥资源访问统计。对每一个资源实例进行资源访问统计，由此得出资源的受欢迎度、资源建设方向等相关分析。

在资源统计分析呈现方式上，有如下几类展现方式：HTML 页面表格展示；二维或者三维图形展示；Fash 展示。

（二）外部资源采集管理

外部资源采集管理功能模块，主要根据用户定制收割参数，完成网络信息、博客信息、视频信息的定制抓取及其他异构系统的元数据收割，将抓取回来的数据，与系统中已有数据比较，进行自动排重。

①外部资源收割管理：主要完成根据用户定制收割参数，从外部收割各类相关资源。

②关键词管理：支持用户自定义收割关键词，并能由关键词构建逻辑表达式。

③收割参数设定：完成资源收割的基础信息定制，包括服务器参数定制、收割数据格式、文件大小、发布时间、数据来源等。

④网站信息定制抓取：根据收割参数，完成网络信息的定制抓取。

⑤博客信息定制抓取：根据收割参数，完成博客信息的定制抓取。

⑥视频资源定制抓取：根据收割参数，完成视频信息的定制抓取。

⑦其他异构系统定制收割：根据收割参数，完成其他异构系统的元数据收割，并采用合理的技术方案，实现异构系统资源迁移。

⑧自动排重：将抓取回来的数据与系统中已有数据进行比较，自动排重。

（三）视频库管理

视频库的管理流程包括对视频进行上传、加工、著录、审核、发布、播放等。

1. 视频上传

视频上传功能属于系统资源上传功能之一。资源上传是通过客户浏览器端将以文件形式存在的资源上传到服务器端统一管理。资源上传是系统中的一项基础性公共功能，其具体功能如下：

①单文件上传，即通过浏览器将单个文件上传到服务器上进行存储。

②批量上传。实现在浏览器中进行大文件批量上传功能。

③压缩文件上传及自动解压。压缩文件上传后在服务器端自动解压。

④分布式存储分配。文件上传时根据服务器端压力或者通过用户选择的方式分配存储服务器。

系统拥有足够的资源上传容错能力，资源上传出错情况及系统中相应的处理方式如下：

①单文件上传过程中出错。该情况发生时，服务器端并未存有文件，即上传失败，系统中不需要做特别处理。

②批量上传过程失败。在该情况发生时，服务器端可能已存有相应的资源，即已上传成功的资源，对于已上传成功的资源不需要重复上传。在用户上传时，可以查看有上传而未著录的资源，给用户上传提供参考帮助。

③压缩文件上传错误。压缩文件上传失败说明服务器端未能成功接收到压缩文件，则不会运行解压程序，也不需要特殊的处理。

2. 视频加工

日常的教学资源视频源格式可能有多种，例如 av、mpg、mvb、dat 等。

本系统为了展示的需求，同时也为了保护视频资源版权等，将对视频进行加工处理。系统视频加工功能有如下几种：

①视频格式转换。在服务器端利用视频转换系统将各种格式的视频转换为 v 流媒体格式。

②视频分辨率转换。视频源文件分辨率一般都比较大，由于前台展示的限制和网络带宽的限制需要将视频分辨率进行转换，以使前台播放一致且较为流畅。

③视频截取。同一个视频内可能有多个片段，系统提供人工参与下的视频截取功能，截取视频片段。

④视频加盖水印。为了保护视频版权，需要在视频上加盖相关标识，在前台视频播放时，用户看到的都是加盖有水印的视频。

⑤视频截图。为了前台展示需要，系统提供如下几种视频截图管理功能：一是系统自动截图，截取某一时刻点的图片；二是指定时刻点截图，由用户指定在某一时刻点进行截图；三是上传截图，上传截图是指先由用户在线下通过软件截取视频中的图像，然后再通过上传功能上传到服务器，以上传的图片作为视频截图。

3. 视频著录

视频著录即对视频资源实例的各种属性进行描述，从信息组织的角度来理解，可以看到是对资源的各项元数据进行描述，它揭示了视频的外在特征及内容特征。视频著录在教学视频管理中是一个重要的资源管理环节。系统中提供了相应的著录功能，主要有以下几种：

①单视频著录，即只针对一个视频资源进行著录，其基本方式是根据视频的一些外在信息和视频的内容，对该资源的数据项进行描述。这些数据项来源于视频资源库字段。

②视频批量著录。该功能用于对一批具有共同属性的视频资源进行共同著录。例如数个视频资源同属于某个学术会议或者某门课程，则它们具有共同的时间、主办单位、来源、专辑等，则在批量著录时，即可对这些视频资源进行批量著录。

③视频分节著录。所谓视频分节著录即对视频资源所提示的内容进行进一步细分，有可能同一个视频中有多个节目或片段，则在分节著录中对这些片段进行内容上的描述。因

此，系统提供了视频分节管理功能。另外，系统还可以根据视频分节信息，对视频进行加工，截取出对应的视频片段，形成该视频的子资源。

除了完整的视频著录功能，系统中还提供了一些辅助管理功能。

①视频著录任务分配，即将未著录的视频分给相应的工作人员，并对其著录任务进行管理和审核。

②视频著录任务管理。该功能项是提供给著录人员使用的，著录人员登录系统后可以查看自己的著录任务。在该任务列表下，著录人员逐项完成视频著录。

③视频著录修改。系统提供了著录修改功能，对已著录的视频信息进行修改完善。

4.视频审核

在视频审核环节，管理员将审查视频资源著录情况、基本资料是否完备、视频文件是否正确、资源是否已正确分类等。根据以上基本信息，管理员审核资源是否通过。对于未审核通过的资源，由著录人员或相应操作人员进行修正后，再提交审核。系统提供单项审核功能、批量审核功能。

5.视频发布

对于审核通过的视频资源，管理员可以选择是否进行资源发布。已发布资源将能为前台注册用户所访问，而未发布的资源，前台用户是无法访问的。系统提供的视频发布功能有视频发布、取消视频发布、视频发布顺序等相关功能。

6.视频播放

在视频播放中，将展示视频基本信息，即视频的著录信息，同时将通过前台植入Flash播放器控件的方式实现视频流媒体的功能。本系统将采用RED5作为流媒体服务器，播放器作为播放终端，实现通过浏览器即可播放视频的功能。在视频播放环节，系统将做好视频的访问控制，主要手段有两种：一是采用流媒体的方式防止直接下载；二是通过Flash播放器中加入相应代码实现客户端观看控制。通过以上两种方式屏蔽视频真实地址，从而实现视频保护功能。

（四）检索功能

系统在提供按分类体系进行浏览的同时，还提供了丰富的检索功能，以实现快速查找资源。系统主要检索功能有以下几种：

1.简单检索

简单检索是指对特定资源库中特定字段进行检索，在执行简单检索前需要先选择资源库和该资源库的字段。简单检索字段限定性比较强，能够较为精确地查找到具有某一属性的资源。

2. 高级检索

高级检索是指在特定资源库中对多个字段进行限定性检索。高级检索执行过程中需要先选择资源库和设定资源库字段，该方式能够从多个维度、多种资源属性对资源进行检索，其限定性比简单检索更强。

3. 单库全文检索

单库全文检索功能是指对某一特定资源库重要字段进行全文检索，在执行前需要先选择一个资源库。单库全文检索功能能够在某一资源库中较为全面地找到与关键字相关的所有资源。该检索途径为用户提供了更为方便的检索服务，检索较为精准全面，同时也易于用户使用，对用户的检索技能要求较低。

4. 跨库全文检索

跨库全文检索功能是对多个资源库的重要字段进行全文检索，在执行前也需要先对资源库进行设定。跨库全文检索功能能够在多个资源库中较为全面地找到与关键字相关的多种资源库资源。该方式为用户提供了一次性查找多种资源库的便利性。

5. 热点检索

根据用户的检索提问频率，为用户推荐热点教学资源，实现热点检索。

6. 相关检索

采用基于教学本体的相关检索技术，对用户提问进行智能分析，实现相关检索。

（五）用户交互功能

用户界面设计的质量直接影响着用户对数据库的评价，因此在界面设计上添加了用户辅助著录及审核、用户评论及审核、标签管理和用户收藏管理等功能。这些功能对征求用户意见，跟踪用户需求，实现优质高效的数据库建设是非常必要的。

1. 用户辅助著录功能

用户辅助著录功能是指前台注册用户通过前台界面对资源的基本信息进行修改，从而辅助管理员对资源进行著录。辅助著录功能只有登记用户才有使用权限。

2. 用户辅助著录审核

注册用户通过前台提交辅助著录后，需要由后台管理员对其进行审核，判断辅助著录的可靠性和真实性。若审核通过，则由辅助著录信息代替原著录信息；若审核未通过，则抛弃该辅助著录意见。

3. 用户评论

注册用户浏览相关教学资源后，可以发表一些个人评论。该功能只有注册用户才能使用，而非注册用户只能查看他人评论，无法添加评论。

4.用户评论审核功能

前台用户提供评论后，需要后台管理员审核通过后方可在前台显示。审核时，需要就评论的内容进行判断，若评论合法合理则予以通过，否则，可以删除。

5.社会化标签管理

社会化标签也称作大众标签，是用户对资源进行的大众分类，或者个人描述。本系统中加入该 web 2.0 元素，增加资源描述功能。注册用户登录后可就某一资源添加自己的社会化标签。

6.用户收藏管理

注册用户可以根据自己的兴趣爱好添加收藏资源，该权限只有在注册用户登记后方可使用。系统提供了用户添加收藏资源、修改收藏资源、删除收藏资源。需要注意的是，这里的所有操作都不是对资源本身进行修改和删除，而只是收藏信息。

三、核心功能模块技术的实现

（一）资源采集功能

资源采集功能能够针对特定的网站，分析其网页结构特征，从中摘取相应的数据，能够实现模型化、结构化的资源采集。该程序利用了 CNKI 检索结果列表页面中的一些结构特征，得到论文的部分元数据信息。

（二）资源添加功能

资源添加功能用于向特色数据库系统中添加各种特色信息资源，其实现方式是将特色资源对象的元数据信息存储在 JCR 内容仓库中。以视频添加为例，通过获取元数据信息和资源实体的比特流，分别存入 JCR 内容仓库中和服务器文件系统中，资源对象的元数据对应于 JCR 内容仓库中的对象属性。

（三）资源著录功能

资源著录功能是指对特色资源库中的特色资源对象进行规范化的元数据描述。在实现过程中，通过资源对象所使用的元数据模型解释用户的著录请求，得到资源对象的实例，传入内容仓库中修改相应资源对象的属性值。

（四）资源检索功能

资源检索功能实现了对资源元数据描述的全文、多属性检索，能够灵活地根据用户请求进行资源检索。资源检索功能的核心程序，其底层实现中利用了 jackrabbit 的 Xpath 检索语法。

系统开发完成后，特色数据库系统能够实现模型化、结构化的资源采集功能；能够向特色数据库系统中添加各种特色信息资源；能够通过资源对象所使用的元数据模型解释用户的著录请求；实现了对资源元数据描述的全文多属性检索，能够灵活地根据用户请求进行资源检索。

第四章　高校智慧图书馆的资源共享

便捷的网络及信息资源的数字化、信息技术的普及和应用等都为各种资源的共享打下了坚实的基础。当然，在校园里，图书馆的资源共享也不例外，当然也包括各高校智慧图书馆之间的资源共享。高校图书馆内部及外部都要建立稳定的合作关系，目的是为了更好地实现图书资料的资源共享，这也将是以后图书馆发展不可阻挡的趋势。本章分为图书馆的资源共享概述、大数据下的高校图书馆资源共享、高校图书馆信息共享空间服务模式建设 3 部分。主要内容包括图书馆资源共享的特点、我国资源共享发展概况、大数据下高校图书馆数字资源共享问题的解决策略等方面。

第一节　图书馆的资源共享概述

一、概念的提出

作为从事知识服务的核心社会机构，图书馆长期以来都高度重视图书馆之间的共享问题，这是整个业界的理想，因为没有哪一个图书馆能够收集全部的文献资源。有了这样的理想，也就会有各种各样的实践。19 世纪末，一些西方国家的图书馆以"馆际互借"的方式共享馆藏文献，以"联合目录"的方式共同揭示各馆收藏文献，"资源共享"作为图书馆领域的一个概念被正式提出。20 世纪 70 年代，在美国召开的第一届 ALA（American Library Association）大会成立了"协作委员会"，负责推进图书馆之间的合作，并将资源共享的馆际合作作为一个讨论主题，使资源共享正式走上历史舞台。随后，联合国教科文组织（UNESCO）和国际图联（IFLA）联合提出了"资源共享理念"，旨在馆际互借、互通有无，通过协作提高开发和利用文献信息资源的综合能力，实现资源的合理配置和有效利用。

二、资源共享的发展

进入 20 世纪后，世界经济文化迅猛发展，纸质出版物涌现，图书馆行业渐渐认识到，只有依靠图书馆之间的相互合作和"资源共享"，才能满足读者的信息需求，这个共识促进了"资源共享"的发展。

最初，小规模、短距离的图书馆间协作是"资源共享"的运行模式，如藏书的协调分工和馆际互借。19世纪中叶，德国的默尔首次提出图书馆之间藏书建设分工协调的思想，在此基础上普鲁士的10个大学图书馆划定了各自的藏书采购范围，彼此建立馆际互借关系。1917年，为了促进和完善馆际互借，美国图书馆学会制定了世界上第一个馆际互借规则，其后英国、苏联等国图书馆也制定了相应的规则。1938年，国际图联制定了国际馆际互借规则，国际互借业务也开展起来。到20世纪40年代，英国几乎全部公共图书馆、主要专业图书馆和许多大学图书馆都参加了馆际互借。

20世纪70年代以来，联合国教科文组织、国际图联等国际组织共同致力于全球范围内的文献资源共享。1971年，IFLA首次提出"世界书目控制计划"（Universal Bibliographic Control，即"UBC计划"），旨在使用世界通用的标准与规范，建立一个世界编目网，共同交流书目信息；与此同时，IFLA又提出了"世界出版物的收集利用计划"（Universal Availability Publications，即"UAP计划"），旨在建立一个具有文献出版、发行、采购、存储等基本功能的国内书目系统和馆际互借网络，最大限度地为读者提供所需要的文献资源，其最终目的是实现全球文献资源共享。1977年，"发展中国家图书馆资源共享会议的预备会议""国际书目（UBC）协调会议"都将资源共享作为议题。

互联网的蓬勃发展开启了人类文明的新时代。20世纪末，随着计算机、通信技术、网络等技术的发展及广泛应用，联机检索系统迅速发展，欧美一些发达国家的图书馆衍生出馆际间的多种合作方式。例如，美国的OCLC、Ohiolink、RLIN，英国伦敦与东南亚地区的图书馆协作网LASER及德国的联合编目系统统一"资格认证中心"；到1990年，全球已有644个联机检索系统，数据库4465个，如DIALOG、ECHO、BLAISE等，资源共享探索进入了网络时代。

随着互联网的日趋深入，图书馆的建设和发展也进入了数字时代，以数字化的方式保存人类文化遗产已成为不可逆转的发展趋势，全世界产生了众多的"数字图书馆计划"，如1995年美国国会图书馆实施的"美国记忆项目"（American Memory Project）；2000年中美两国大学和科研机构联手筹建的"全球数字图书馆"（Universal Digital Library，UDL）项目；2005年美国国会图书馆与联合国教育科学文化组织联合推出的"世界数字图书馆"（World Digital Library，WDL）；2007年欧盟数字内容计划委员会负责实施的"欧洲数字图书馆"（Europeana Digital Library，DEL）……这些具有代表性的数字图书馆项目，目的都在于将人类的宝贵文化遗产进行数字化典藏并共享给全球用户。20世纪初，美国大学图书馆就积极探讨资源共享，20世纪70年代，美国图书馆联盟达到建设高潮，图书馆联盟旨在利用馆际互借和文献传递系统，快速共享成员馆的纸本资源和电子资源。"法明顿计划"是美国著名的以馆际互借和共编书目为特点的图书馆初级联盟。随着计算机及网络的发展，美国国家采购与编目计划（National Program for Acquisitions and Cataloging，

NPAC）、国际图书馆联盟（International Coalition of Library Consortia，ICOLC）等相继出现，图书馆联盟模式多样化，如联机计算机图书馆中心（Online Computer Library Center，OCLC）、环太平洋数字图书馆联盟（The Pacific Rim Digital Library Alliance，PRDLA）、美国数字图书馆联盟（Digital Library Fedora，DLF）等。据国际图书馆联盟2002年统计结果，美国拥有世界上最多的图书馆联盟，占总量的57%，目前，美国图书馆联盟拥有200多个图书馆联盟体。在资源共享实践中，日本所取得的成绩也令人瞩目。1986年，日本建立了全国性综合信息共享系统NACSIS（National Center for Science Information Systems），参与系统的各大学图书馆输入馆藏资料，编制综合目录，形成了NACSIS-CAT，进行校际馆际互借及资源共享。截至2009年3月，该系统参加馆总数达到1224家，其中，日本的国立大学图书馆86家，公立75家，私立547家，海外机构107家，NACSIS-CAT书目数据突破1亿条。截至2017年，共有86所国立大学图书馆、3166所公立大学图书馆、508所私立大学图书馆、73所短期大学、57所高等专门学校图书馆、15所文部省所辖机关（包括资料馆、研究所、图书室等）、13所公立机关图书馆、113所其他性质的图书馆使用NACSISO。

网络时代的"资源共享"，图书馆改变了"资源共享"思路：不再局限于自身的固有资源，呈现出向外扩伸趋势，跨区域、数字化、多样化；从用户角度出发，关注资源的利用率，注重用户需求和满意度，从被动等待服务转为主动提供服务。区别于以前的"馆际互借""联机检索书目"，向纵深方向发展，在内容上侧重于数字资源共享，如联合编目、电子图书、多媒体数据库、在线信息咨询等；在共享方式上除了邮寄、传真，更多的是依靠E-mail、在线网页、即时通信软件等。

三、图书馆资源共享的特点

现阶段，我国图书馆资源共享的方式依然沿用传统的链式管理，以采购、贮藏、上架、流通为主，以文献图书数字信息化为辅助手段。在网络信息科学技术不断发展的背景下，文献图书数字信息化所占比重正在逐渐提升，在传播媒介方面更为丰富，除了传统的图书馆场所和网站主页外，相应的云端存储、移动端APP等共享途径也在崭露头角。目前，图书馆资源共享网络辐射特点日趋明显，信息节点分布更为平均，体现了我国精神文明建设覆盖面的拓展。同时软硬件两个层面，多维度的图书馆共享体系的形成，全面提升了公民接受与获取信息的能力。

四、我国资源共享发展概况

晚清时期，随着洋务运动和戊戌变法的兴起，一股强劲的西方新思潮涌入了古老的东方文明古国，西方图书馆"平等、开放、公开利用"的理念冲击着中国古代藏书楼"重藏轻用"的旧观念，清末公共图书馆运动随之兴起。1902年，我国近代第一个正式的公共图书馆——皖省藏书楼创办；1902 年，倡导"存古开新"的古越藏书楼，成为我国第一个向社会开放的私人藏书楼，由此推动了我国近代藏书楼向公共图书馆的转变，促进了近代图书馆的兴起。随后，1904 年，我国诞生了第一所官办的公共图书馆——湖南图书馆；1909 年国立北平图书馆的建立，更标志着我国图书馆事业完成了由藏书楼向近代图书馆的转变。

民国时期，中国图书馆事业经历了从"古代藏书楼"到现代图书馆的彻底革新。归国的新派知识分子发起了"新图书馆运动"，"平等、开放、公开利用"的西方图书馆理念广泛传播，公共图书馆遍地开花。从民国初年全国仅有的十几所到 1916 年各省图书馆及通俗图书馆总数达 260 所，1925 年全国各类型图书馆已达 502 所，1936 年更是发展到1502 所，公共图书馆的繁荣兴办促进了藏书思想的进一步开放，体现了近代图书馆面向公众、服务社会的作用。此外，1909 年，我国第一所图书馆学专业教育学校——文华图书馆学专科学校成立；1915 年，民国政府先后颁布了《图书馆规程》和《通俗图书馆规程》，这是民国政府颁布的第一批关于图书馆事业的法律文件，这些文件为民国图书馆事业的发展提供了司法上的保障与支撑。1925 年，我国第一个官方图书馆学协会——中华图书馆学协会的成立，以及诸多海外归来的图书馆学专家都为近代图书馆的发展奠定了坚实的基础。

民国时期图书馆之间的"馆际互借"是我国"资源共享"的最初表现形式。1925 年，中华图书馆协会创办的《图书馆学季刊》"时论撮要"专栏中刊载的国外学者亚勒蒂的《各图书馆购借书籍之合作》一文详细介绍了美国图书馆馆际互借的成就。与此同时，我国进步图书馆学专家严文郁先生也在此期刊上撰文介绍了"馆际互借的意义及形成之大概"，由此，"文献资源共享"崭露头角。在 1929 年金陵大学召开的中华图书馆协会第一次年会上，"馆际互借提案""馆际互借书籍细则"被提出并决议一致通过。1939 年，民国政府教育部颁布的《修正图书馆规程》中第一次明确规定了地方图书馆"阅览部"的工作职责是"办理馆际间之互借与邮寄"，馆际互借正式成为各图书馆的业务之一；从 1934 年起，国立北平图书馆馆务报告中开始有了馆际互借的数据记录；民国史料中所见最为规范的馆际互借章程为无锡、太原两市图书馆协会的馆际互借章程。当时，中华图书馆协会和地方图书馆协会推动了民国图书馆馆际互借业务的成熟与发展，图书馆界"文献资源共享"得到了稳定而持续的发展。

中华人民共和国成立后，图书馆行业得到高度重视。20 世纪 50 年代，我国先后颁布了专门的馆际互借条例《高等学校图书馆馆际互借办法（草案）》《全国图书协调方案》，标志着我国文献资源共享工作的正式开启。随后，国家科学规划委员会成立了北京、上海两个全国中心图书馆委员会和 9 个地区性的中心图书馆委员会，共同编制联合目录，开展馆际互借等工作，为后期资源共享的开展奠定了基础。20 世纪 80 年代，资源共享发展逐渐深入；1986 年中国图书馆学会学术委员会召开"全国文献资源布局学术研讨会"；1987 年华东师范大学图书馆系等召开了"现代图书馆资源建设和资源共享国际研讨会"；

1987 年由国家科委和文化部发起，成立了由 11 个部委参加的全国部际图书情报协调委员会，负责协调编制联合目录、开放馆际互借等工作。20 世纪 90 年代，随着计算机的逐渐普及和互联网的发展，我国资源共享从传统走向现代，出现了图书馆协作网络建设和联机检索系统。1998 年，国家图书馆牵头建设了"全国图书馆信息咨询协作网"；1999 年，国家图书馆主办了"全国文献信息资源共建共享协作会议"；1999 年，教育部发起了"中国高等教育文献保障系统"（CALIS）。这一时期，资源共享从理论走向实践。

2000 年至今，通过多年的探索实践，我国信息资源共享服务体系已经较为成熟，在国家层面上，除了稳步推行的 CALIS 项目，2000 年成立的中国国家科技图书文献中心（NSTL），2002 年文化部、财政部开始启动实施的全国文化信息资源共享工程，2004 年教育部启动的中国高等人文社会科学文献中心（CASHL）项目都发展良好。同时，全国范围内也出现了区域内资源共享工程，如江苏省文献资源保障系统、吉林省文献信息资源共享平台、天津市文献资源保障系统、重庆市科技文献共建共享平台等，让人欣喜的是，图书馆行业内也发起了专业特色资源共享平台的建设，如全军医学图书馆资源共享工程、北京地区财经类院校资源共享平台。

五、图书馆资源共享的现实启示

（一）努力发展图书馆联盟

图书馆资源建设和共享是一项整体性较为突出，而且资金投入较大的工程，通过单一渠道或单一团体承担发展建设的责任则相对吃力，且实效性极为有限。因此，我国应提高对图书馆联盟发展的重视程度，在现有基础上进一步借鉴国外先进经验，拓展覆盖面，形成稳定长久高质量的图书馆联盟。图书馆应逐步摆脱传统计划经济模式和现有行政管理支持的影响，积极拓展建设经费渠道，与社会团体和企业、个人进行深入的沟通交流，获得相应的资金支持，为图书馆联盟的长期稳定发展打下基础。

（二）完善图书馆资源建设与分享制度

我国图书馆资源建设和共享多为政府职能部门分管，其管理权限多为行政管理，在具体实施操作过程中所依据的也是指导意见或者行政管理规定，并未形成系统化的法制体系和管理流程。因此，提升我国图书馆资源建设与共享水平，应将这项工作与法制建设相结合，深入研究当前我国图书馆建设发展的现实需求和实际情况，形成一系列的保护性法律条款，对图书馆资源建设和共享活动进行科学的管理，使图书馆在工作中的实际问题有法可依，有效应对各种情况。同时，体系化制度的构建能够进一步促进图书馆发展规划科学性的提升，有效激励相关管理部门和工作人员的工作热情。

（三）实现图书馆资源建设与共享的可持续发展

发展战略对图书馆联盟是非常重要的，因为详尽、周密、科学、个性的发展战略对图书馆建设来讲极为重要，是下一步工作开展的基础。国外的图书馆不仅制定自己的发展战略，管理部门还会专门制定联盟的长期和短期发展战略，有效地指导联盟工作。我国的图书馆联盟也应该经过认真考察、仔细分析，制定可行的发展战略，并且要结合我国具体国情，制定出具有中国特色的战略。

第二节　大数据下的高校图书馆资源共享

一、高校图书馆联盟的数字资源具有大数据特征

一是随着高校图书馆数字化建设的深入及在 Web 2.0 时代用户对高校图书馆的文献资源数字化需求的提高，单个高校图书馆的数字资源虽然不具备"大数据"的特征，但高校图书馆联盟的数字资源已经具备了"大数据"的特征。二是高校图书馆的数字资源总量在不断地增长之中，伴随着高校图书馆的数字资源用户的增加，用户信息以及访问信息，高校图书馆对用户进行服务的信息也是在不断产生非结构化数据，高校图书馆联盟的数字资源和服务信息产生的非结构化数据是个海量的数据集。三是随着信息技术的发展，用户对高校图书馆数字资源信息服务的要求也在不断地提高，不再仅仅局限于对数字资源的查询、查找等一些常规的信息服务，转向更深层次的对数字资源的数据挖掘与数据分析。高校图书馆联盟必须根据用户的需求做出数字资源的信息服务策略的改变，以迎合用户对数字资源的信息服务要求。

二、大数据下高校图书馆数字资源共享的优势

（一）技术优势

云计算技术已在高校图书馆得到应用，而大数据的处理以云计算技术为基础。应用云计算技术中的虚拟化技术可屏蔽服务器、网络、存储等物理设备间的差异，可解决物理设备之间无法共享的问题。将高校图书馆联盟现有的硬件设备整合在一起，对硬件设备进行统一调配。利用云计算技术中的虚拟化技术将各高校图书馆的硬件设施都利用起来，降低了高校图书馆联盟的硬件建设成本，为实现数字资源共享提供了硬件保障。借助云存储技术，将分散存储在不同高校图书馆的数字资源进行整合与存储，数字资源由云端统一存储和管理，同时，将用户需要的数据进行动态部署，加快了信息服务的进程。采用合理的网

络协议，对云计算网络进行严格监控，并由高校图书馆联盟的技术管理人员进行统一管理、维护和监管，提升高校图书馆数字资源的安全程度。

（二）数字资源优势

大数据的主旨思想是将分散的数字资源集中起来，进行数据挖掘和分析，发挥其数据量大的作用。高校图书馆数字资源包括电子图书、电子期刊、各种数据库、音视频资源在内的海量数字资源。单个的高校图书馆的数字资源达不到大数据的标准（1PB 以上），但对于高校图书馆联盟，大数据的范围是高校图书馆联盟的全部数字资源。在大数据时代，要对高校图书馆联盟的全部数据进行分析和利用，利用云计算和可视化技术得出精确的结果，并预测未来趋势。

（三）海量数据产生的优势

用户对高校图书馆的数字资源的使用，产生许多的交互数据，使得高校图书馆的非结构化数据快速增加。移动图书馆为高校图书馆的数字资源提供了基于移动网络平台的信息传输途径和服务渠道，同样地，以微博为代表的个性化信息服务，也会产生大量的交互数据。将这些数字资源分布在不同的高校图书馆管理系统中，形态不同，组织方式各异，各种数字资源的整合在同一个云平台中，而云计算技术为大数据的发展提供了技术支撑，云计算技术突破了传统图书馆发展局限，通过云计算技术把这些数据集中起来，形成高校图书馆联盟大数据的数字资源体系。同时，云计算具有超强的数据处理能力，并具有对数字资源进行动态分配的能力。

三、大数据下高校图书馆数字资源共享问题的解决策略

（一）高校图书馆数字资源共享的建设策略

1. 管理层面

大数据共享建设是一项有规划和有可持续发展机制的系统化工程，必须有良好的建设策略。为此，高校图书馆数字资源共享需要根据大数据时代的要求，高校图书馆联盟要建立大数据管理机构，其功能主要有以下几种：①主要负责制定和发布大数据建设和数据共享细则、标准；②负责数据存储，以及处理数据版权事项等工作；③负责数据的管理、使用和分析等工作。同时，各高校图书馆设立大数据基层管理部门，这是大数据组织机构的基层管理单位，主要负责落实高校图书馆联盟数据管理机构对大数据的规划和要求，组织本图书馆完成基础数据的收集、录入、审核等工作。同时，在高校图书馆联盟数据管理机构指导下统一进行数字图书馆建设与管理，从而整体推进高校图书馆数字资源共享建设。

2. 技术架构层面

大数据技术是指从各种类型的大数据中，快速获得有价值的信息的技术。构建图书馆

大数据技术架构，研究解决大数据采集、存储、处理、分析和应用的相关问题。搭建合理的大数据技术架构是基础性工作，也是整体性工作。大数据技术架构，自底向上，第一层是大数据的采集工作，即对结构化、半结构化、非结构化数据的采集；大数据技术架构的第二层是大数据的存储工作，可以采用云存储、NoSQL、HBASE 等技术对数据进行存储；大数据技术架构的第三层是大数据处理工作，即大数据的集成、数据建模、重复数据删除、数据加密、数据备份等工作；大数据技术架构的第四层即大数据的应用，包括信息检索、数据挖掘、数据可视化、学科化服务、知识服务等。

3. 建设统一的大数据平台

高校图书馆联盟要建设统一的大数据平台，整合各高校现有的数字资源，进行统一的管理和调配。大数据平台数字资源的采集要充分利用云计算技术，整合各高校图书馆现有的网络、硬件设备和数字资源，初期对分散在各高校图书馆的数字资源的数据进行抽取和偏目，数字资源存储在各高校图书馆，随后逐步将数据集中存储到大数据平台，最终建立一个各高校图书馆保存数字资源、数据查询、数据分析的云端平台。大数据平台采用面向服务的架构，将各类数字资源以按需获取、个性化定制的信息服务形式提供给用户，有助于解决高校图书馆数字资源建设中存在的诸如资源利用率低、信息孤岛、数据安全等问题，促进高校图书馆数字资源共享，从而为需要数据服务的用户提供信息服务。

（二）高校图书馆数字资源共享的运行策略

1. 数据运行方面

数据是大数据平台的基础，数据的规范性、准确性及及时性的更新，对高校图书馆数字资源共享大数据平台作用的发挥有着重要影响。所以，要建立制度化、系统化的数据维护规则，确保数据来源、审核和使用的各个环节有序进行。

2. 技术运行方面

技术运行维护的对象主要是高校图书馆联盟数字资源的硬件设备、软件系统和数据存储。对硬件的采购，要制订性价比高的采购计划。在平时，重视对硬件的维护，同时，建立灾害备份管理中心，以确保大数据平台运行安全可靠。软件系统方面，要对数据管理系统的使用友好性、管理数据的方便性、数据运行的快速性等进行及时评估。听取管理者和用户的反馈意见，以便对系统进行升级或更换，优化运行效率。数据保存维护方面，要注意数据存储与使用的合理匹配，保证数据存储的安全和快速，确保用户查询数据高效、准确。

3. 网络运行方面

在建立统一的高校图书馆联盟大数据平台的基础上，利用技术力量对网络进行维护，加强对大数据平台的网络管理，建立网络规划，并组织精心实施，避免因网络的重复建设而导致人、财、物的浪费。同时，建立网络监控技术系统，对网络运行中存在的问题及时发现，及时维护，避免因网络问题造成数据丢失或数据查询困难。

4. 绩效管理和评估反馈方面

建立绩效评估机制，对大数据平台的使用效果和情况定期进行评估，防止因各高校图书馆各自的利益而消极规避高校图书馆数字资源的共享，确保各高校图书馆的数字资源共享长期开展，因此，建立绩效评估机制也可调和各高校图书馆间的利益矛盾。建立评估反馈制度，高校图书馆联盟管理机构要对大数据平台的数据使用情况和安全性进行监控，定期提出指导意见，并进行反馈。同时，大数据管理机构要收集各高校图书馆和用户对大数据平台的反馈意见，发现问题要及时研究，找出解决问题的方法，及时进行修正。

（三）高校图书馆数字资源共享的安全策略

1. 数据的安全制度建设

在进行大数据平台建设时需要从国家层面制定数据的安全法规，对高校图书馆联盟数字资源共享安全进行法律保护。同时，对建设大数据平台标准的安全运行机制、数据标准等进行统一规定，越详细、操作性越强的规定，越能减少高校图书馆成员馆在沟通中产生的歧义，以便数据运行安全平稳。还要制定高校图书馆联盟数字资源安全检查制度，从而使对高校图书馆联盟的数字资源保护有章可循，确保在制度上减少高校图书馆联盟数字资源安全的制度漏洞。

2. 加强安全监控能力建设

加强日常对大数据平台运行情况的检测，对传输中的数据、正在运行的进程进行监控，共享的数字资源要进行定期安全扫描，确保运行状态安全。

在建设高校图书馆联盟数字资源大数据平台标准的前提下，对大数据平台的各高校图书馆的节点配置安全措施，如果某节点出现安全报警，则将发生问题的节点与整体进行隔离，确保大数据平台的主体安全。同时，要对大数据平台本身的安全监控数据进行整理和分析，如发现问题，尽早采取相关处理措施。

3. 提高数据安全防范意识

重视保护和挖掘大数据价值的同时，高校图书馆联盟的数据管理人员要具有保护数字资源的敏感性和责任感的意识。高校图书馆联盟的数字资源是一座巨型的宝藏，通过挖掘分析可以对学科的发展方向进行分析、评估和预测，将对学科建设和发展发挥巨大的作用。加强数据管理人员安全素质培训，培养数据管理人员的安全大局观和理念，只有具备数字资源安全的大局意识，才能全面推动高校图书馆数字资源共享建设的科学发展。

大数据技术可以忽略数据类型、时间和空间的限制，建立高校图书馆联盟数字资源共享机制，实现数字资源的联通和集中。同时，通过数字资源共享，大数据技术可以大大提高数字资源的价值。利用大数据技术建设高校图书馆联盟大数据平台，实现高校图书馆之间的数字资源的共享。在大数据时代，高校图书馆联盟数字资源共享建设应从3个方面着力：①建立一套完善的运行机制。大数据建设是一项系统工程，必须建立一整套的运行机制，以促进数字资源建设过程中各个环节的有序进行，并搞好顶层设计，实现真正意义上的高校图书馆联盟数字资源的整合。②制定一套规范建设的标准。制定各类数据的规范建设标准，实现各类数字资源管理系统的网络互连，为高校图书馆联盟数字资源共享奠定基础。③搭建一个共享平台。有共享平台，才有数据流动和共享的舞台。通过建立大数据平台，将各类数据整合与集成，实现各高校的数字资源共享。

第三节　高校图书馆信息共享空间服务模式建设

一、信息共享空间的模式、原则和目标

随着计算机技术、多媒体技术、网络技术、现代通信技术的发展，人们的学习方式和接受信息的方式发生了重大变化，学习环境更多的是强调协作性和共享性。在这种环境的要求下，高校图书馆以"用户为中心"的信息服务模式即基于用户的信息需求、以满足用户信息需求为目标的信息服务工作模式应运而生。20 世纪 90 年代初，美国高校图书馆界为了满足高校这种研究和学习的需求，发展了一种新型服务模式——信息共享空间。最初的信息共享空间，只是一个供学生写论文和编程的电脑学习室。经过多年的发展，现在信息共享空间已经发展成为一个可以为用户提供各种信息集成服务的场所，成为美国高校图书馆备受用户欢迎的主流服务模式，其发展为构建我国高校图书馆的信息共享空间，在理论与实践方面提供了相应的指导。

（一）信息共享空间的模式

尽管信息共享空间已经成为美国高校图书馆的主流服务模式，但对于信息共享空间模式的研究，学者和专家各有自己的观点，其中代表性较强的有两层次模式和三层次模式。

1.Donald Beagle 的两层次模式

美国北卡罗来纳州大学的 Donald Beagle 是两层次模式的主要倡导者，他在自身实践的基础上，于 1999 年提出了 "Information Commons" 这一概念，认为信息共享空间是以数字化信息资源环境为背景、为信息供需双方特别设计的一个协同工作空间，它可以使用户与馆员、用户与用户之间进行显性和隐性知识的交流，通过对组织、技术、资源和服务进行有效整合，实现用户的信息交流。他将信息共享空间划分为虚拟空间和物理空间。

虚拟空间（virtual space），主要是指数字资源的网络环境，使用户通过友好的图形用户界面（GUI），利用搜索引擎从各个工作站点获取数字信息服务，服务的内容不仅包括本馆的馆藏书目信息，还包括各种数字信息资源。

物理空间（physical space），通过对馆内的工作场所及提供的各种服务进行组织，为虚拟的数字资源环境提供物理空间上的支持。

2. Bailey 和 Tierney 的三层次模式

Bailey 和 Tierney 认为信息共享空间由宏观、微观和综合 3 个层次构成。

宏观信息共享空间（macro-commons），是指对全世界的信息，特别是网络信息资源建立起来的共享空间，这是一种广义的概念。

微观信息共享空间（micro-commons），是指一个拥有计算机或数字技术，以及各种外围设备、软件支持和网络基础设施高度集中的场所。

综合信息共享空间（integrated commons），能够集成各种数字信息资源，为研究、教学和学习提供相应的信息空间。

此外，Jim Duncan 和 Larry Wood 也提出了三层次的概念，即物理层、虚拟层和支持层。将信息共享空间分为物理层、逻辑层和内容层 3 个层次，并分析了不同层次上存在的应用壁垒。如对上网计算机的管理、为各种软件设置许可协议和序列号及对数据库的访问采用 IP 地址限制，对图片等多媒体加入 DRM 控制等均妨碍了信息的自由流动和共享。

尽管学者和专家提出的模式不尽相同，但基本的思想是一致的，即信息共享空间是为用户提供一站式服务和协作学习环境的场所，它整合了图书馆中的各种软、硬件资源，数字信息资源及图书馆人员，为用户提供了一个可以进行信息检索，并能进行交流、学习和协作的空间。

（二）信息共享空间的原则

对于构建信息共享空间的基本原则，在 2005 年 3 月上海召开的"第三届中美图书馆合作会议"上，美国图书馆专家 Roberta Seal 将其归纳为 4 个方面：普遍性，即每一台计算机都有相同的检索界面及其辅助检索数字资源的软件设备；适应性，旨在满足所有用户的各种需求；灵活性，适应需求变化和技术变化的需要；群体性，有助于进行共同合作的场所。根据国外信息共享空间的理论和实践研究，笔者认为其基本原则主要由以下 3 方面构成。

1. 需求动态性

随着用户信息意识的增强，用户的需求呈现动态多元化发展趋势。首先，获取信息途径多元化，用户除自己查找、借阅，更多的是依赖馆员的主动传递；其次，由于学科的交叉渗透及边缘学科的兴起，用户信息需求内容多元化，服务知识化。这就要求信息共享空间能够及时对用户的信息需求做出反应，采用先进的信息服务技术来满足用户的动态需求。

2. 服务集成性

信息共享空间是图书馆中研究、教学、学习和消遣的场所，应该为用户提供集参考咨询、多媒体服务、研究型服务和技术服务于一体的集成信息服务。用户通过集成服务机制"一站式"地获取所需信息，且是以最小的代价在最短的时间内获得。

3.知识共享性

信息共享空间能够满足用户的个性化信息需求，为用户提供能够协作和自由交换信息的共享平台，这在传统图书馆服务中是不存在的。在这样一个协同工作的空间中，用户可以通过直接与用户、工作人员、技术专家进行交流获取信息，也可以利用信息共享空间中配备的各种信息设备获取网络信息资源。它是用户获取知识、共享知识及进行知识创新的重要场所。

（三）信息共享空间的目标

不管信息共享空间采取哪一种模式，它在高校图书馆中的应用要实现的目标都包括以下方面：一是提供一站式、个性化服务，以满足用户的信息需求和知识学习，允许用户自由选择并获取硬件设备、软件资源、多媒体及网络信息资源，充分发挥图书馆资源的有效价值。二是用户可以从图书馆员、计算机专家以及多媒体工作者那里获得各种帮助和咨询服务，在信息共享空间工作人员的指导下进行学习和研究，充分体现图书馆以"用户为中心"的服务思想。三是强调集中式学习或研究，为用户相互合作的工作方式提供一个良好的学习和研究、交流的空间。四是培养用户检索、评价和使用信息的能力，从而提高用户的信息素养。五是作为协助用户学习和进行知识管理的工具，以提高用户进行知识创造的能力。

二、面向集成服务的信息共享空间的构建

（一）信息共享空间的战略规划

信息共享空间提供的信息服务模式，应该是各部门之间以整体优化的方式来提供的服务功能。因此，在战略规划上要强调各部门之间在功能上的协作，减少组织管理层次，使组织机构体系逐步呈扁平的网状管理结构，以促进部门之间的沟通和协作，使高校图书馆的管理工作更加高效化。

信息共享空间的信息服务充分考虑了用户的需求特点，以分布式多样化数字信息资源的整合为出发点，充分体现了高校图书馆的服务特征。

（二）信息共享空间的构建要素

1.物理空间

对信息共享空间来说，首要的就是为用户提供一个舒适的学习和交流的物理空间。空间的构建可以是多媒体的电子教室、供小组交流的讨论室、提高研究水平的咨询区、进行独立创作的单独研究室等。在卡尔加里（Calgary）大学的图书馆中，就设有一个大的教学区和10个大小不等的合作学习研究室，为老师的教学和学生的协作式学习提供了便利的条件。

2. 资源

信息共享空间是整合信息资源、各种软硬件设施于一体的综合性服务模式。除了提供传统的馆藏资源（如印刷型图书、资料和工具书）外，信息共享空间必须具备丰富的电子资源（如电子期刊、电子图书）、专业数据库、多媒体文件及网络等信息资源。

（1）硬件方面

不仅具有计算机、通信设备（有线连接和无线连接），同时要提供复印机、打印机、扫描仪、摄像机、投影仪等外围设备。硬件设施还包括在物理空间中配置的各种舒适的桌椅、沙发等家具设施和宽敞的休息室。

（2）软件方面

要求具备获取电子资源的软件，同时也要提供各种办公软件和多媒体播放软件。信息共享空间的工作人员必须不断地更新各种电子资源，根据用户实际需求增设各种软、硬件设施，这样才能保证信息共享空间成为知识管理及提高用户信息素养的一个重要场所。

3. 服务

在数字化环境下，要求信息共享空间提供的服务是集传统的图书馆服务与数字信息服务于一体的集成服务。通过对信息技术、信息资源、服务功能、服务人员、服务机构等各种信息服务要素进行整合，实现整体功能的优化，使用户得到动态的、全方位、多层次、多元化的信息服务，用户在信息服务台就能够获取一站式的信息服务。

服务功能主要包括文献借阅传递服务、信息检索服务、数字参考咨询服务、信息发布推送服务、知识导航服务、馆际互借、实时咨询和用户教育培训服务。具体到不同的服务，又可以进行多元划分，如信息检索服务可以分成光盘检索、联机检索、数据库检索、OPAC 检索和智能代理检索；知识导航服务可以具体为分类导航、学科导航、主题导航和资源类型导航；用户的教育培训，可以是检索培训、图书馆利用培训和信息素养培训。

同时，要加强与国内外公共、高校及科研院所图书馆的合作，在联合采购、联合编目、馆际互借、公共检索、资源导航、合作咨询、联合培训等方面充分共享资源，以提升高校图书馆的综合服务能力。

4. 人员

信息共享空间在空间、资源和服务上的实现，需要相应的信息共享空间工作人员的支持，因此，人员也成为信息共享空间的构建要素。

信息共享空间人员的构成主要包括以下人员：①参考咨询馆员，负责资源使用方面的参考咨询；②信息技术专家，负责计算机软、硬件和网络技术的支持；③多媒体工作者，为教师开发多媒体教学软件，并能指导学生进行多媒体的制作；④指导教师，利用各种资源进行教学和研究，并能对学生进行一对一的指导。

信息共享空间这一服务模式，对人员素质的要求较高，不仅要求工作人员具有与自己的服务相关的技能和技术，还要具备很强的学习能力、领悟能力和实践能力，要能随着信息技术的发展和用户的需求，不断更新自己的知识结构，提高服务水平。因此，图书馆要对工作人员进行定期培训，不断提高他们的综合素质。

（三）信息共享空间的效果评价

在构建信息共享空间之后，最重要的一步就是对这一服务进行评价，建立起以用户为中心的信息共享空间服务质量评价体系，保障信息共享空间的有效运行。评价内容具体应综合考虑信息共享空间的 4 个构建要素：物理空间、资源、服务和人员。

具体方式可以是向用户发放反馈表格，进行网上调查，或是两种方式结合，正确地了解、分析和评价用户对服务质量的感受和要求；也可以采取收集人员培训结果和信息共享空间工作人员在实际工作中的切身体会等方式。

根据评价结果，可以发现服务中存在的不足，不断改善服务设施，改进工作方法，提高服务质量，从而更好地满足用户的需求。

第五章　高校智慧图书馆的学科服务建设

信息社会的发展使图书馆面临新的挑战与机遇，学科化服务是新时期高校图书馆为适应时代和高等教育改革发展需要的一项创新服务。如何从传统的资源主导服务向以用户为中心的学科服务转变，是高校图书馆亟待解决的新课题。本章分为高校图书馆的学科服务概述、高校图书馆学科服务智慧化建设的意义与内涵、高校图书馆学科服务智慧化建设的框架内容 3 部分内容，主要包括高校图书馆学科服务的概念、高校图书馆开展学科服务的必要性、智慧化学科服务建设的必要性等方面。

第一节　高校图书馆的学科服务概述

一、高校图书馆学科服务的概念

学科服务是以用户为中心、按照科学研究发展以及创新对知识信息的需求规律，而不再是按文献工作流程来组织信息服务工作。学科服务是新时期高校图书馆为适应高等教育改革发展需要的一项服务，体现了大学图书馆管理创新、服务创新的努力目标，有利于图书馆的信息服务有机地融入高校教学科研工作中，值得积极稳妥地推广。

（一）高校图书馆学科服务的内涵

学科服务从内容到业务流程开展都是以用户需求为导向，提供个性化信息服务。与图书馆基础性流通服务相比，学科服务更加专业化和知识化，因为能够提供学科服务的人员都是经过专业培训的学科馆员。学科馆员首先要具备相应的学科专业背景，其次经过图书情报、文献检索和参考咨询等专业的培训，是搭建在高校院系和图书馆之间的桥梁。

早在 20 年前，国内部分高校就开始探索在图书馆里开辟高水平的信息服务渠道。清华大学、北京大学、西安交通大学、南开大学、武汉大学等 30 余所重点高校陆续开展制定了成立学科馆员服务团队等工作和学科信息服务制度开展学科信息服务，为其他高校图书馆增强服务内容和水平提供了理论和实践经验。之后很多高校在图书馆里都组建了类似的学科馆员队伍和学科服务板块，为广大教学和科研人员提供高质量的信息服务，取得了一定的成效。

学科化服务是近几年提出的新的信息服务概念，在国内最早见于中科院文献情报中心的内部资料。2006 年中国科学院国家科学图书馆李春旺指出：学科化服务就是按照科学研究（例如学科、专业、项目）而不再是按照文献工作流程来组织科技信息工作，使信息服务学科化而不是阵地化，使服务内容知识化而不是简单的文献检索与传递，从而提高信息服务对用户需求和用户任务的支持力度。其内涵可以理解为：以用户的知识需求为导向，开发知识资源，集成学科专业属性的知识产品，面向学科提供知识内容服务；是提供增值的知识资源，集学科化、知识化、个性化为一体的服务模式。

学科化信息服务通常采用知识化组织模式（knowledge model，k 模式），它以用户为中心，面向服务领域及服务机构，组建一个个灵活的学科单元，将资源采集、加工、重组、开发、利用等工作融于每个学科单元中，整合传统图书馆职能部门，使信息服务由粗放型管理转向学科化、集约化管理，为用户提供更深入、更精细的服务。

（二）高校图书馆学科服务的特点

1. 学科化服务是面向学科用户的个性化服务

学科化服务重点是根据用户需要，为用户的问题提供解答方案，是以用户为中心的个性化服务，其信息服务是因人而异的。它及时了解对口院系学科用户的科研课题进展和知识需求情况，研究学科前沿问题与发展动态，根据用户需要有针对性地提供决策依据。

2. 学科化服务是主动式的服务

在学科化服务中，学科馆员要发挥主观能动性，不能局限于本馆内等、靠、要，而是主动与对口院系进行沟通与交流，与之保持密切联系，深入学科用户的科研课题或教学中，不断了解其服务需求，挖掘用户的实际和潜在需求，将用户感兴趣的信息提供给用户，并为用户提供方案和对策。

3. 学科化服务是一种交互式的服务

学科化服务是一种交互式、动态的服务，并不是基于图书馆的固有资源，而是以用户需求为中心，跟踪用户的学术交流过程，将服务渗透于用户解决问题的整个过程中，与用户互动协作，服务内容与整个学术交流过程紧密结合起来。

二、高校图书馆开展学科服务的必要性

（一）高校学科发展的需要

学科建设和发展是高校培养人才的基石。学科含金量和专业实力是衡量一所大学综合实力的关键因素，高校的重点工作除了教学科研外，加强学科发展成为最重要的基础工作。图书馆具有先天信息资源优势，可以为学科建设人员提供全面的支撑服务，协助教学科研

人员日常教学实践和课题研究工作，产出更多高质量的成果。图书馆这个职能是高校其他任何业务部门不能替代的。

（二）用户对信息的需求具有明显的学科性

高校图书馆的用户主要是教学、科研人员和学生，他们关注相关学科领域，其信息需求具有明显的学科性。图书馆的服务应具有相应的学科针对性。据统计，现在共有学科知识之间频繁地相互应用，这迫使高校图书馆的用户改变了知识结构和需求，高校教学和科研人员为了完成某一项目，一般都需要了解多个学科领域的成果与方法。面对高度竞争的就业环境，高校学生也需要积极汲取各学科领域的专业知识。经常利用网络信息的用户希望将分散在本领域和相关领域的学科知识加以集中组织，从中提炼出有利于运用的、具有创新思路的知识因素。他们也希望获得更多的与学科专业领域内学者和同事交流的机会，并及时掌握本专业各方面的发展动态，而不致落后于时代。所以，针对用户需求各异的特定信息，需要进一步加强以学科化服务为组织的建设，更大、更广、更便捷地满足用户教学科研工作的需求。

（三）学科化服务是加强高校图书馆资源建设的必然要求

学科化服务的最大特点是高校图书馆既是服务的主体，又是服务的受益者，读者既是服务的客体，同时又对服务主体的建设起指导作用。通过图书馆与读者的互动和沟通，图书馆可以加强各类资源采购的针对性，避免采购的主观盲目，提高馆藏资源的利用率，充分体现"读者至上"的服务宗旨。高校图书馆通过学科化服务的开展，将特定的读者与图书馆紧密联系为一个整体，并形成一个互动的良性循环，不仅为读者提供个性化的专业服务，满足读者的需求，同时还促进了图书馆自身馆藏资源和人力资源的建设，推动图书馆的改革迈向个性化、科学化和系统化的发展进程。

（四）学科化服务是信息时代图书馆事业发展的需要

高校图书馆在网络的冲击和用户信息习惯的改变下日渐式微，迫使图书馆不得不主动地创新其服务，通过提炼和加工各种信息资源，为用户提供更高层次的研究型与增值型知识服务。要充分体现图书馆存在的价值和意义，就必须实行学科化服务，这是图书馆顺应时代发展和用户需求的必然选择。实施学科化服务，高校图书馆不仅是服务的主体，也是服务的受益者，学科馆员深入用户的教学科研之中，将图书馆与用户紧密相连，不仅满足了用户的个性化信息需求，使用户获得了专门化的学科服务，同时也推动了图书馆馆藏资源建设和人力资源建设，促进了图书馆事业的发展。因此，构建学科化服务制度是高校图书馆生存与发展的需要。

（五）学科化服务是高校图书馆自身可持续发展的必然要求

创新是高校发展的一大主题，也是高校图书馆事业发展的必然要求。虽说高校图书馆被有识之士喻为"大学心脏""学校总体水平的重要标杆""三大支柱之一"等，但是事实上在高校中并没有其应有的地位，自身的建设和发展并没有与学校的建设和发展相适应。目前，高校图书馆专业人员不足，服务水平、工作热情不高，收入颇低，正有被逐渐边缘化的危险趋势。实行学科化服务是顺应时代发展，内强馆员素质，外塑服务形象，实现高校图书馆可持续发展的必然要求。

（六）图书馆发展进步的需要

高校是传播知识和教育树人的场所，图书馆是教育资源的核心。图书馆充分利用资源优势，开展信息处理、加工和传播工作，为学校教书育人提供保障。传统意义上图书馆的职能比较单一，没有充分挖掘信息资源，信息整合能力有限。近年来，普通高校教学和科研事业在不断发展进步，对支撑发展的信息资源需求越来越丰富，许多图书馆基础性服务工作已不能满足高校工作的需要。在数字化和信息化的今天，图书馆必须改革创新，加强自身建设，开展专业信息服务，跟上学校发展步伐。

（七）信息需求的发展

网络和信息的软硬件不断进步，信息数据无穷无尽的时代已经到来。如何搜寻自己需要的信息成为信息用户的需求之一，其次用户更需要专业化、个性化和多样化的信息资源。随着高校的发展，越来越多的读者需要图书馆更专业化的个性信息服务。图书馆的学科服务就是个性化的专业信息服务，是解决用户以上问题的很好的平台。

三、学科化服务的价值分析

学科化服务本身具有研究性、学术性和知识性3个方面的特点，可见，学科化服务更能为学校的科研教学提供专业的服务，发挥图书馆的教辅功能。

（一）有利于提高图书馆的使用价值，创造最大的社会效益

从狭义上说，图书馆的价值不在于其自身的"经济产值"，也不在于其"收藏价值"，它必然通过一定的使用价值体现出来。诺贝尔经济学奖获得者哈耶克教授认为，"社会经济问题简单地说，是一个任何人都能够得到部分信息资源的情况下如何利用信息资源的问题"。学科化服务是学科馆员利用其自身的图书情报知识和专业知识，以用户为中心，对馆藏信息或网络信息资源进行采集、选择、加工、重组、开发和利用，为用户提供深层次的服务。这一过程促进了信息资源价值的转化，甚至一些隐性知识也能被发现和广泛利用，由此可见，馆藏资源或网络资源将会得到更充分的利用，以更大程度地提高图书馆的使用价值。

（二）有利于提升图书馆服务的整体水平与服务质量

学科化服务必须通过建立完善的服务模式来实现，这对图书馆来说是一场全新的变革。一方面，图书馆要建设有保障的"物"的基础，包括图书馆硬件设施的不断更新，新技术如通信技术、计算机技术、网络技术的引进和更新，制定相关制度等。另一方面，学科化

服务特别强调团队协作，这里面既要求学科馆员在学科知识和服务技能上的自我提高，也要求具有很高的责任感和协作精神，某图书馆学家就提出"一般意义上的学科馆员将不复存在，取而代之的是一种拥有新组织机构，基于功能化的学科馆员团队"。因此，我们可以预见，加强这样的规划和队伍建设，必然会大大地提升图书馆服务的整体水平和服务质量。

（三）有利于提高读者价值

众所周知，图书馆读者价值的产生、转化与实现过程就是读者从图书馆获得的知识所产生的效益转移到社会各个领域。开展学科化服务要求学科馆员直接参与到读者的科研过程中，与重点学科用户融为一体，形成互动关系，侧重于通过全过程的信息集成服务，加强信息服务的广度和深度，以获取读者的满意，读者满意度的提高是实现读者价值的集中体现。由此可见，要提高读者的价值就要切实地开展学科化服务。

（四）有利于提高图书馆馆员价值

馆员价值是指图书馆向馆员提供的价值，主要表现在满足馆员物质、精神的需要上。提高馆员价值的目的在于使馆员对图书馆有更高的忠诚度和更好的工作效益，为社会创造更大的价值，提高人力资源服务的"投资回报率"。开展学科化服务令学科馆员大有用武之地，更多的馆员全面投入到学科服务的工作中，从单纯的知识提供者转变为信息资源的建设者。在这个过程中，学科馆员要随时与学科用户进行交流，进行信息与思想的碰撞。例如，大学健康科学中心图书馆聘请生物学博士做学科馆员直接参与生物科学项目的工作，组织、维护生物信息科学相关的数据库等等。所以，学科化服务模式一方面为馆员提供了一个很好的实现自我价值的平台，另一方面也促进了馆员自身素质的自我提高和知识更新，其价值是显而易见的。

四、国内高校图书馆开展学科服务现状及问题

经过 20 多年的发展，学科服务制度已经成熟，取得了良好的效果。其他普通高校在模仿和借鉴的基础上，也开展了类似工作，但由于我国高校发展的不平稳，在开展这项工作时存在以下问题：

（一）学科服务团队水平偏低

人才是开展工作的核心，学科馆员队伍是开展学科信息服务的基础。目前，我国有1800 余所高校，但只有 30 余所"985"高校配备了专业的学科馆员队伍，其他高校虽然也在开展学科服务工作，但人员都是院系的兼职人员，至多只能叫图书馆的"院系联络员"。这些人员具有一定的学科专业背景，但没有经过图书情报的专业培训，也不具备信息服务的能力和意识，不能在院系和图书馆中间发挥最大的沟通作用，导致学科服务停留在书目推荐和信息采访交流的基础阶段，影响了工作的效果。

（二）缺乏共享机制

学科化服务的一切工作都是以图书馆的资源为基础的，这就要求高校图书馆具备丰富的馆藏和现代化的网络设备。否则，学科化服务就相当于无米之炊。例如，美国的大学图书馆不仅具有丰富的馆藏资源、发达的网络信息技术和数字化建设，而且已经形成了图书馆的联合体，国际馆际间、图书馆与出版社之间也开始联合。这些形成了数字资源与智力资源的高度共享，为学科馆员的服务提供了便利的服务平台。而我国由于经费等原因，除少数重点大学图书馆外的馆藏资源，外文资源严重不足，而且国内馆际通用的标准和运作方式不一，没有形成一个全国规模的图书馆计算机网和国家信息网，很难满足学科馆员的需要。

（三）沟通障碍

所谓沟通障碍，是指信息在传递和交换过程中，由于信息意图受到干扰或误解，而导致沟通失真的现象。在人们沟通信息的过程中，常常会受到各种因素的影响和干扰，使沟通的效果受到影响。管理学的研究表明，组织中的问题是由于沟通障碍造成的。学科用户与学科馆员之间的沟通是开展学科化服务成功与否的关键因素之一。面对面的沟通方式已经无法满足用户的需求，大多数学科用户都忙碌于教学与科研，没有很多时间与学科馆员进行面对面的交流与沟通，而且这种传统的沟通方式容易受到用户的心理因素和学科馆员的沟通技巧及双方的语言能力、兴趣爱好、知识素养、社会经历等方面的影响。

（四）管理模式简单

现在许多大学图书馆采取了"学科馆员—图情教授"相结合的工作模式，在对口院系聘请一名图情教授来协助学科馆员的工作，如清华大学、上海交通大学等。图情教授主要是对口学院的教授、主管教学和图书资料工作的负责人、资料室的负责人等。虽然图情教授能弥补学科馆员专业方面的不足，但是他们本身的工作也很繁忙，协助图书馆工作的时间和精力难以得到保证。另外，图情教授一般只对自己的研究领域熟悉，不能代表院内其他同人的研究方向。如果学科馆员仅以他们的研究领域作为选择专业资料的主要参考依据，难免会以偏概全。所以"学科馆员—图情教授"相结合的工作模式只能是一种暂时的变通方式，是学科馆员发展尚不成熟的一种表现。目前高校图书馆设置了采购、编目、流通、阅览、期刊、检索和办公室等部门。这种管理模式使得部门设置界限突出，缺乏横向联系和配合，造成部门之间和服务空间封闭，资源配置的系统性及科学性差。其结果是导致本应相互依托的"学科馆员"与"专业书库"各自独立，难以开展学科化服务。如学科馆员一般归属参考咨询部，文献资源和网络资源等又归属不同的部门，各部门之间缺乏横向的沟通与交流，给学科馆员开展工作带来很大的不便。从发达国家和地区的成功经验看，"应由学科馆员承担专业文献资源的建设、管理和服务工作，并通过专业文献这个基点紧紧跟踪学科前沿课题，围绕教学和科研课题搜集整理资料，配合对口院系开展定题跟踪服务，从而充分发挥其学术价值和服务价值"。

（五）服务体系不完整

因为大多高校没有专业的学科服务团队，服务制度不健全，导致服务平台欠缺。服务主观性强，没有客观的指导和制度保障，导致服务体系不完整。成熟的学科服务平台，应该有学科服务网页、资源使用指南、用户培训和完整的服务工作规范等，才能保证该项工作很好地执行并取得成效，但目前大多高校还达不到这些条件。

（六）服务内容和形式专业化低

学科服务具体来说有学科咨询、科技查新、文献传递、教育培训、学科信息资源开发整合等内容。服务针对性强，单次服务面向个人或某个教学科研团队。目前，多数高校图书馆开展了学科服务，但服务主动性不强，院系个别教授或研究生有信息需求后，图书馆会开展相应咨询和引导工作，但大多并无专业的学科馆员给予深入的科技查新和信息处理等服务，服务内容单一，专业性低；同时，面对庞大的学科信息资源，专门从事信息整合和开发的人员少，缺乏优秀的学科数据库，资源没有得到充分开发，造成极大的浪费。

五、对策建议

高校图书馆向数字资源型转变是大势所趋，针对性强的学科服务必然是图书馆对外的重点工作之一。若想保障这项工作有效开展，克服以上现状和问题，可以采取以下对策建议：

（一）培养专业化的学科馆员服务团队

学科馆员是专门从事学科信息服务的图书馆馆员，具有很强的专业性和技术性，是图书馆信息服务团队的核心力量。组建合格的学科馆员队伍可以通过馆内选拔并精心培训或对外招聘等方式进行。内部选拔学科馆员时，要从应试者的学历背景、职称、专业特长和思想道德水平等方面进行考查。馆内人员有限时可以考虑从外部进行引进。队伍组建好了就要开始专业性的培训教育，可以外请专家或外出进行相应课程和实践能力的培训。另外，与学科服务先进单位开展交流，互通有无，可以很好地提升团队的建设水平。在保证人员到位的条件下，应该给予一定的制度保障和激励措施。按照科学管理的方法，对图书馆每季度或每年的学科信息服务效果进行综合评价，包括馆员自评互评、用户评价、满意度调查等。用评价的结果作为考核的依据进行奖罚，找出优点和不足，不断促进自身的进步，保证学科服务水平的不断提高。

（二）充分开发馆内信息资源

目前，普通高校的馆藏量纸质都逾百万册，各类电子数据库更是每年都在引进和更新。对广大的师生读者来说，信息不是不够用，而是不知如何去组织和检索，图书馆许多资源被无形搁置和浪费。图书馆方面也还没有走出"重藏轻用"的老观念,对于资源整合和组织度不高,只是基础性的分类,没有深入挖掘关联数据和建立知识的网络。图书馆可以充分利用计算机和数据库开发人员的优势,将馆藏数据在中图法分类的基础上,进一步开发出符合自身特点的数据库。可以结合本校的特点,专门开发出特色的馆藏数据库,比如医学信息库、农业或水利检索数据库等,不仅方便了读者,而且也是图书馆开展学科服务的软件基础。可以借鉴中国知网的"知网节"这一特色功能,在数据库的每个数据里都可以加上相关的信息链接,以便用户进行知识的挖掘和拓展。

(三)完善学科服务平台

学科服务工作开展得好坏,归根结底要看图书馆有没有一个完整的学科服务平台,包括数据库、人员和制度等。信息开发人员可以将学科服务中的信息检索、科技查新、知识拓展链接、定期服务、专利申请、课题项目辅导等功能集于一体,整合在一个大的平台上,挂在图书馆的学科服务网上,方便师生查询利用。为保证平台的顺利安全运行,应规范平台的使用对象范围和相关制度。同其他的网络平台一样,学科服务平台也一样要有一定的范围用户权限,每名用户应实名注册登记,并规定不允许短期内大量的数据复制下载等,保证知识产权的安全。部分项目(比如定题服务、专利申报等)应采取有偿服务的模式。

总之,高校图书馆引领知识经济时代信息服务行业的前沿,应不断提升读者服务水平,丰富用户的服务内容。学科服务是高水平的综合性信息服务,能很好地配合高校教学科研等核心工作,提升学科服务水平对推进高校教育事业的进步意义重大。

第二节　高校图书馆学科服务智慧化建设的意义与内涵

一、智慧化学科服务建设的必要性

学科服务的内容,最初主要是馆藏建设与发展、学科联络,最近则是强化与专业学习、科研、教学紧密相连的用户信息素养教育。近几年来,随着出版业数字化、信息服务网络化、学术交流虚拟化的发展越来越快,高校图书馆的学科服务面临的挑战和机遇也越来越多。

从1987年在《赣图通讯》上有正式介绍"学科馆员"专业队伍的建设开始,到目前已经经历3个发展阶段和2次跨越。3个发展阶段即介绍、宣传和尝试阶段(1987—1999年)、高校实践和快速发展阶段(1999—2005年)、学科化服务实践与学科馆员制度阶段(2006年至今);2次跨越即第一次是从传统以图书馆端为标志的服务模式转向将服务推向客户端的模式,具有变革性;第二次是图书馆服务的整体迁移,并探索嵌入用户科研过程的学科化服务,具有深入性。近年来,"学科服务"逐渐取代"学科化服务",成为学科馆员服务和学科服务的统称。

20 世纪 90 年代以来，随着外部环境和信息手段的迅速发展变化，高校图书馆的服务一直保持着创新与改革。从文献来看，陈汝龙在 1995 年较早地论述了信息化发展，促进了学科馆员的专业化、集成化服务；张晓林分别在 2000 年和 2003 年给出了数字化、网络化的现代信息环境下，高校图书馆应提供什么模式的信息服务。之后关于大数据对高校图书馆服务影响的文献日益增多。教育部曾在 1987 年颁布《普通高等学校图书馆规程》，在 2002 年对其进行了修订，明确了信息时代高校图书馆的性质、服务方向及其地位，明确了"信息化"服务的中心任务，体现了高校图书馆在信息时代及网络环境下的特征及作用；随着改革推进及信息化、网络技术的发展，图书馆的信息服务环境发生了变化，2015年再次颁布新的修订版，修订原因之一就是"文献资源服务数字化和校园信息化的发展大大扩展了图书馆功能，需要做一些引导性的规定来指导高校图书馆工作"。

（一）智慧化学科服务有助于开拓图书馆新业务

大数据环境带来了网络数据技术的快速发展，给图书馆也带来了巨大的冲击，引发图书馆的转型与变革。数字图书馆的建设、开放信息获取平台开始成为主流，移动用户数量的快速增加，使得高校图书馆的嵌入式服务模式不断深入推进，北京大学图书馆强调"融入教学、嵌入科研"，初景利教授提出 8 个方面的"嵌入"，包括目标嵌入、功能嵌入、流程嵌入、系统嵌入、时空嵌入、能力嵌入、情感嵌入和协同嵌入。

学科服务成为图书馆今后最为重要的发展方向，涉及参考咨询服务、专题信息服务、信息素养教育服务、教学支撑服务、知识发现情报分析服务、知识产权信息服务、知识资产管理服务、数字学术服务、科学数据服务和学科知识服务工具的利用，图书馆的服务已经不再以传统的书本资源借阅作为主业，开始从"图书资源中介"走向"教学科研合作伙伴"。借助资源导航信息检索、数据利用与处理工具、大型数据库等方式，高校图书馆的服务内容从传统的文献信息服务转向数字知识服务，提供更多的情报分析与知识发现，强调数据素养教育与创新挖掘能力的提升，服务深度不断增强，重视个性化服务和基于科学研究的服务。

（二）智慧化学科服务便于满足用户的潜在需求

图书馆服务的受众群体是用户，对用户需求的了解和把握是满足用户需求的重要前提。学科服务的创新建设，激励学科馆员深入院系基层和科研一线，通过不断的互动与合作，直接观察与引导用户需求。从学科服务角度而言，学科馆员只有深入用户的科研与教学过程，才能真正体现图书馆员的价值与作用，学科服务的效果才能与用户需求保持一致。

学科馆员参与科研项目的整个过程，可以了解科研工作者对与信息资源相关的特定研究需求，尤其是数据资源的获取。学科馆员可以利用自己的信息数据专长，通过协同合作，帮助科研工作者获得基金。在不断的合作过程中，可以根据科研需求，衍生出新的用户服务，满足用户的潜在需求。

（三）智慧化学科服务有助于加快图书馆转型

传统图书馆以文献服务和信息服务为基础，而在大数据环境下，知识的产生、存储与使用均发生了巨大的变化，科学研究的学科跨度越来越大，越来越多的知识以数字形式存在，高校图书馆提供的文献数据库已经不能满足用户的需求；同时，用户获取科研知识的途径与方式越来越多样化，Google 搜索、百度搜索等各种各样的方式已人人皆知，并且可以对知识进行组织、分析、重组与推送。知识服务时代的到来，极大地推动了图书馆转型。

学科馆员进行学科服务，通过融入学生的学习环境、教师的教学环境和科研人员的科研环境，帮助他们解决学习、教学与科研中出现的问题，发现其中隐含的知识或模式，以实现服务的升级与更新。2003 年起，中国科学院国家科学图书馆实施"资源到所，服务到人"，2006 年实施"融入一线，嵌入过程"，建设专职学科馆员团队，深入科研一线，提供到所、到组、到人的信息服务、知识服务。2013 年，北京大学图书馆借助机构调整，建立学科资源建设与学科服务双轨制的学科馆员组织模式，由学科资源建设团队（学科采访馆员）和学科服务馆员团队组成；学科资源建设通过选择和购买文献资源支撑学校的教学、科研、学习和管理，学科化服务则以个性化、针对性强的特点满足读者的学习与科研需求。

目前很多高校图书馆都开始注重学科服务创新，建设智慧化学科服务体系，但也仅仅说明知识服务取得了一定的进展，现实中仍存在很多问题需要解决与克服。随着学科服务的创新越来越深入，当图书馆的各个层面、各个环节都具有了这种观念与意识并做出相应调整与改变，图书馆的资源越来越得到数字化和网络化的加工、开发与利用，图书馆的转型就实现了。

二、智慧化学科服务的内涵意义及特征

随着大数据对社会各方面的影响不断深入，用户信息行为与科学研究环境出现很多新变化，实体图书馆作为文献信息媒介的作用不断弱化，图书馆不再是用户获取科研数据库的唯一途径。仅仅以沟通联络为特征的学科服务已经无法满足大数据环境下科研教学需求，智慧化学科服务由此产生。有人将学科服务在大数据时代的发展称为"嵌入式学科服务"或"泛在化学科服务"。我们认为，智慧化学科服务是大数据环境下高校图书馆的发展方向与重点，是图书馆服务面向网络时代和大数据环境的业务转型与升级，是智能化技术、图书馆业务与学科馆员智慧结合的产物，是图书馆服务发展的必然选择和发展趋势。它要求图书馆使用数字化、网络化、智能化的信息科学技术与手段，将图书馆的信息资源进行互通互联，为用户提供更加高效和便捷的服务；要求图书馆建立专业化、个性化的服务链条，提供精准、到位的集成知识资源；要求学科馆员充分利用信息知识和工具，帮助用户挖掘、组织海量信息的潜在规律，嵌入科研过程提供知识增值服务。简而言之，智慧化学科服务就是"智能化技术＋学科馆员智慧＋图书馆业务与管理"的总和。

（一）智慧化学科服务的内涵建设意义

张晓林最早提出学科服务的概念，他认为："学科服务是按照科学研究（例如学科、专业、项目），而不再是按照文献工作流程来组织科技信息工作，使信息服务学科化而不是阵地化，使内容服务知识化而不是简单的文献检索和传递。"

根据张晓林所提出的概念，我们可以从以下几点来分析学科服务的内涵：第一，学科服务强调的是以用户为中心，摆脱了以图书馆为中心的地理限制，使信息服务有机融入用户物理或虚拟空间，是一种服务空间的延伸。第二，学科服务采用的是知识化的组织形式，面向服务对象，将信息资源进行"采集、加工、重组、开发和利用，并将其中各个环节融于每个学科单元之中，使信息服务由粗放型管理转向学科化、集约化管理"。第三，学科服务以为用户构建一个适应其个性化信息需求的信息保障环境为目标，"主要以学科为单元提供集约化的深入信息服务，以及以此为基础的机构重组、资源组织、服务设计、系统构架的全新运行机制"。

学科服务作为一种先进的办馆理念和全新的服务模式，必然要走内涵发展的道路，即应从主要走外延扩展的道路，逐步转变为更多地重视内涵建设和充实的道路上来，把以往的数量型、规模型、速度型转到以质量型、品位型、效益型为重提升服务质量的轨道上来。高校图书馆走内涵建设的道路，提高服务质量，具有十分重要的意义。

首先，加强学科服务内涵建设、提升服务质量是高校图书馆发展的必然趋势。20世纪80年代以来，走内涵发展的道路开始成为中国图书馆界的主导思想，作为高校图书馆主要服务内容的"学科服务"，在用户日益发展的纵深和精细的学科信息的大量需求下，必须要走内涵建设之路，以达到在海量信息与用户需求之间建立起对口服务机制，为教学科研提供强有力的学科信息保障。

其次，加强学科服务内涵建设，提升服务质量，是高校图书馆创新服务的必然产物。高校图书馆要不断创新服务，积极拓宽服务范围，深化服务层次，以满足教学和科研发展的需求。"构建立体化的学科服务体系，进行学科服务，是高校图书馆服务创新的必然产物，是具有专业需求的用户群体的必然要求，是传统参考咨询向纵深发展、向主动服务方向发展的必然结果。"

最后，加强学科服务内涵建设，提升服务质量，也是高校图书馆向研究型图书馆转变，更好地为教学和科研服务的必然趋势。学科建设对高校发展具有非常重大的意义。中国科学院院士、中国科技大学校长朱清时曾经说过："学科建设是创建一流研究型大学的关键。"

高校图书馆要适应高等教育的发展，本着成为一流的研究型图书馆的目标，适时调整服务方向和服务内涵，推动高校学科建设和图书馆自身的发展。

（二）智慧化学科服务的主要特征

1. 知识共享化

建立在智能化基础上的学科服务，使用互联网技术将图书馆相互分割，并将资料文献进行加工整理，实现读者用户与数据平台的相互智能连接，实现知识信息共享。智慧化学科服务可以为用户提供全方位和一体化服务，通过知识与管理共享平台，解决读者各种各样的问题，同时为读者查找数据资源节约更多的时间，提供更加便捷的优质服务。

2. 需求个性化

每个研究个体的研究领域都不尽相同，其对文献调查梳理和学科前沿、发展动态的需求有区别化的差异，这就要求学科馆员针对每一个用户对文献资源数据的需求提供个性化、差异化的学科服务。科研教学用户的需求不是基于图书馆现有资源的存在，而是针对自身的特色化需求而要求学科馆员提供个性化服务。

3. 服务精准化

面对浩如烟海的数据资源与信息，如何快速、准确地查找到文献资源和得到指导服务是衡量现代高校图书馆服务质量的重要标志。智慧化学科服务就是借助智能技术，建立更加灵敏的管理与反馈机制、更加智能的信息数据系统，以及更加完善的服务与科研跟踪体系，为科研与教学用户提供更加精准的服务。

4. 渠道多元化

智能化学科服务重视人性化和人文关怀，强调对用户提供的服务及其服务效果，秉持"用户在哪里，服务就在哪里"的工作态度，为科研教学用户提供多元化服务渠道。他们可以到馆进行咨询、培训或提供需求，也可以在线或通过网络平台进行信息资源的获取与申请数据处理指导，学科馆员也可以深入教学与科研一线进行专门化与针对性服务，让用户能够随时享受到智慧化学科服务带来的便利性。

第三节　高校图书馆学科服务智慧化建设的框架内容

一、基于资源搜索与使用的参考咨询服务

大数据具有开放性、跨界连接性和易获得性，大数据挖掘和分析可以为图书馆参考咨询服务提供一定的参考和良好的预测依据。在大数据环境下，紧跟教学科研需要，借助大数据分析技术（包括机器自主学习分析、数据挖掘统计分析），有效了解科研教学用户的数据信息需求及存在的问题，及时解答相关问题并提供最优化的数据利用解决方案。

二、基于数据获取与处理的数据素养服务

大数据时代数据不再仅仅是最终目的和结果，数据价值主要在于它的使用，而非占有数据。为此，在大数据时代，学科馆员应努力为用户提供基于数据获取与处理的数据素养服务，帮助高校师生挖掘数据的潜在价值，提高数据的利用效率。数据素养服务主要体现在数据解读、数据管理、数据利用、数据评价等，强调对数据的操作和使用，另外还包括数据的伦理道德修养、数据存取等。学科馆员要具有高效发现、评估与使用信息和数据的意识和能力。

三、基于文献信息与数据的学科支撑服务

在大数据时代，随着数字图书馆的普及，高校图书馆借助学校网络、数据服务商等的网络技术优势和电子资源优势，开始向用户提供越来越多的资源与信息。但要想真正对学校的教学与科研机构提供定位准确的信息资源，必须要创新服务内容与模式，充分利用现代信息技术和学科馆员的专业素质对图书馆的服务进行提升与拓展。大数据时代的智慧化学科支持服务就是高校图书馆根据学科教学与科研计划、安排，有组织地帮助教师、学生和科研人员改善与提升教学、学习、科研过程与水平，实现教学、科研目标及世界一流学科建设目标。

四、基于数据挖掘与分析的决策支持服务

在大数据时代，科研数据成果的统计与整理对学校的学科建设与发展起到至关重要的作用。进行学校的资源配置和发展方向决策时，需要大量信息分析和知识服务。高校图书馆的决策支持服务，是以管理部门的需求为目标驱动，以图书馆丰富的文献资源、数据资源为基础，图书馆员利用专业的文献搜集技能和情报分析方法，对多渠道信息进行筛选归纳、数据统计、综合分析，形成系统的决策知识产品，供管理决策者在短时间内全面掌握信息，主要包括以科研数据收集和整理为主的基础数据服务、以事实查询为主的进阶检索服务、以综合研究报告为主的全面分析服务、以前沿性预测为主的深层挖掘服务。

五、基于数据服务与反馈的个性化服务

个性化服务是大数据环境下学科服务的必然趋势，是满足科研工作者和师生多样化、专业化科研教学需求的高层次学科服务模式，能够帮助用户在有效的时间内得到精准正确的信息资源。其主要任务是构筑一套追踪用户需求、了解用户研究方向、推送数据资源服务的反应机制，打造图书馆资源与用户之间的沟通桥梁，随时随地解决用户咨询问题，主要内容包括个性化数据信息追踪推送服务、科技查新与论文创新服务、数据资源的跨库检索服务等。

第四节　高校图书馆学科服务指挥化建设的模式与途径

一、学科服务及国内运作模式

随着国内图书馆学科馆员制度的引入，学科服务成为图书馆读者服务的一项重要内容。与传统的参考咨询服务相比，学科服务是一项开拓性的主动参与式的创新服务。它要求学科馆员深入用户的科研或教学活动中，帮助他们发现和提供更多的专业资源和信息导航，为用户的研究和工作提供针对性很强的信息服务，是图书馆创新精神和个性化服务特征的具体体现。

当前，国内比较突出的一种学科服务运作模式是"学科馆员—图情教授"模式。一方面，图书馆针对院系安排具有对口专业知识背景且具有较高信息素养的资深馆员担任学科馆员。每名学科馆员对口一个或几个院系，向对口学科读者群体开展全方位、多功能的服务。另一方面，为了配合学科馆员更好地开展学科信息咨询服务，图书馆在对口服务院系聘请1名热心图书馆事业、全面了解本学院（系、学科）研究工作现状及发展方向的资深教师或领导作为联系人。这部分人称为"教师顾问""图情教授"或"信息教授"。实践表明，这种具有中国特色的"学科馆员—图情教授"工作模式在学科服务运行中收到了良好的效果。图情教授通过向学科馆员提供所在院系、学科的学科建设、研究动态、新增专业及其信息需求，弥补了国内学科馆员专业性不足的缺陷，帮助学科馆员顺利开展工作。然而这种服务模式也存在明显缺点，如学科馆员在工作中过于依赖图情教授，工作重心仍旧在图书馆，没有主动深入所服务学院的教学、科研活动中去，工作开展仅限于一些基础性的工作，而对一些深层次的知识服务多拘泥于形式，没有实质性服务。基于此，本书提出一种新的服务模式构想，试图将图书馆的深层次学科服务落到实处。

二、图书馆学科化服务模式的构成要素

人们普遍认为信息服务机构应面向学科，设立学科馆员岗位，发挥学科馆员的作用，构建学科化服务平台，建设学科信息环境。通常高校图书馆学科化服务模式是由学科化服务用户、学科馆员、学科化服务智能化平台、信息资源库和共享知识库等构成。

（一）学科化服务用户

用户是图书馆工作的基本要素之一。学科化服务的用户是指通过知识媒介接受知识、获取知识的人或组织。高校图书馆学科化服务的用户以教师和学生为主。教师兼具教学和科研的双重职责，需要学科、专业的教学科研工作信息；学生以"学"为主，主要需要所学专业的学科信息，但部分研究生也需要一定的科研信息。在学科化服务模式中，用户不

仅是学科信息的需求者和消费者，还是高校图书馆学科化服务的促进者和激励者，并将成为未来学科知识的创造者和学科信息产品的提供者。

（二）学科馆员

国内没有对学科馆员的统一、规范的定义。学科馆员是学科化服务的重要组成部分，是学科化服务的主导。学科化服务要求学科馆员不仅要有图书情报知识，还要具备相关学科知识的背景，为用户提供个性化的知识服务，要参与到学科化服务的全过程。学科馆员需要收集、整理、组织和开发学科信息资源，解答来自用户的学科知识疑问，把繁杂的信息进行分类整理后提供给用户。

目前，学科馆员制度的主要特点是由学科馆员主动地为用户提供信息或服务。工作主要包括宣传推广资源与服务、资源保障与信息需求分析、个性化信息服务、学科情报研究、信息推送等。

（三）学科化服务智能化平台

学科化服务智能化平台是学科化服务模式不可缺少的重要组成部分。它不仅是用户和学科馆员沟通交流的桥梁，也是一个以用户需求为驱动的平台。通过这一平台，学科用户接收获取学科化服务，馆员提供服务。学科化服务的组成部分、提供的学科服务内容都体现在这个平台上。

（四）信息资源库

信息资源库包括实体馆藏和虚拟馆藏。信息资源库是学科馆员开展工作的物质基础，也是学科馆员的首要资源。信息资源库的组织管理大多严格按照学科分类进行，以网络为依托，以元数据为加工规范，内容包括馆藏资源库、各种信息检索系统、学科专家库及网络资源，以及文献、事实、数据等人类显性知识，如学术和学位论文，工作报告，实验数据和结果，软件产品及相关资料，各种观点、看法、思想、经验、诀窍的总结，科研活动中创造的其他智慧产品和数字化对象等。

（五）共享知识库

共享知识库是指以特定学科或专题内的专家、纸质文献、数据库数据和网络信息资源为知识来源，以知识单元为基础存储对象，利用计算机来表达、存储和管理的关于特定领域的知识的集合。共享知识库是学科化服务模式中重要的组成部分，知识库中的知识既包括学科馆员在解决知识服务用户提出问题的过程中搜寻到的显性知识，也包括学科馆员运用自身的隐性知识、结合从信息资源库中获取的显性知识所形成的、能够解决用户特定问题的新的知识成果。这些知识被捕获、录入知识库，并经过加工、整理、评价、排序等程序构成知识库的主体，以便在合适的时机提供给新的读者用户或者进行进一步加工，形成新的、更高层次的知识产品。

国外没有明确的"学科化服务"这一说法，但对学科馆员的研究比较早，研究的层次也比较深，重点放在学科馆员的研究上。学科馆员制度的实行，充分体现了学科化服务的思想。学科化服务的服务主体是学科馆员，学科馆员制度属于学科化服务的范畴。学科化服务在国外，尤其是欧美等国家起步较早，发展迅速，有许多值得我们学习借鉴的地方。

国内对学科服务的研究比国外晚了几十年，1998年清华大学图书馆率先设置学科馆员，推行学科馆员制度；上海交通大学图书馆等一些重点大学图书馆先后开始实行这一制度。随着学科馆员制度的逐渐开展，一系列面向学科专业、教学院系的服务实践以及基于网络建设学科导航库、学科平台等形式就都将学科化服务的思想和理念体现了出来。近几年来，对学科化服务的研究逐渐增多，我国大部分高校图书馆都认识到开展学科化服务的重要性，纷纷实（试）行。有的院校设立了学科分馆，收录相关学科资源馆藏，具有较强的专业特色。采用统一的模式向读者提供开放服务，实行管、藏、借、阅一体化的管理模式，除了为相关院系师生提供借阅服务外，还为校内其他读者提供阅览服务，如北京大学图书馆、中山大学图书馆、湖南大学图书馆等。

构建合理的学科化服务模式是开展学科化服务的关键。随着信息环境的网络化和数字化，信息服务理念不断地加强和完善，基于网络的学科化服务模式应该是一个动态的、个性化的、以用户需求驱动的，集相关的学科信息资源、信息组织与传播模式、开放协作式资源建设与管理模式、信息个性化定制与一站式、全方位的服务为一体的学科化服务模式。

三、学科化服务模式的构建原则

（一）资源特色化、功能化

图书馆应以"质量立馆，人才兴馆，特色强馆"为开展工作之基石，特别是要形成自己的特色，找到自己存在的特殊价值。资源建设是图书馆工作的物质保障和重要基础，因此馆藏资源特色化建设就显得非常重要。实体资源采购要与时俱进，及时收集学科用户的需求信息、科研动态，以重点学科建设为契机，不断丰富馆藏实体资源。另外，在虚拟资源建设方面，要有一个长期的规划，开发、挖掘特色资源，使其有序化，做到人无我有，人有我优，形成有较高共享价值的特色化资源。另外，要加大特色数据库等功能库的建设，跟踪学科国内外发展动态，及时整理、分析、组织数据，为学科用户的教学科研提供便利的有特色的资源平台。

（二）服务人员专家化、团队化

学科化服务对学科服务人员的要求非常高，除了必需的深厚的学科专业知识外，还必须有丰富的图情、计算机网络、人文、外语等知识，是综合性的专家型人才。同时，还能综合利用自己所掌握的知识给服务用户提供问题的解决方案。

学科馆员单枪匹马地提供服务已经不能满足用户的较高需求，这就要求我们树立团队意识,加强团队合作,协同完成较大较难项目,充分发挥每个成员的能力,将复合的知识产品提供给用户或者组织。

(三)服务内容知识化、创新化

学科馆员在开展学科化服务时,要用最快、最短的时间提供给用户最新最具知识性的服务内容。专业化的学科馆员根据用户的需求,有针对性地搜索提炼各种相关信息,经过不断的创造、加工、提炼、浓缩,结合自己的专业知识,注入新的思维和想法,形成创新性的知识内容提供给学科用户。

(四)服务过程全程化、一体化

学科化服务的过程中,从用户需求的调查分析到最终的提供解决方案,需要学科馆员与用户之间相互融合,学科馆员全程参与、全程跟踪,发现问题、解决问题,学科馆员急用户之所急,想用户之所想,在自己服务范围内与用户协同配合,开展学科化服务。

(五)服务人文化、个性化、多元化

学科化服务必须体现"以人为本"的服务理念,以用户为核心,最大限度地挖掘满足用户的需求,针对用户的个人习惯、癖好、行为、特点等诸多个人不同的实际情况及个人的研究项目特点、进程和方向,采取主动式、引导式、创新式、多元化的学科服务方式,彻底改变传统的、单一的、被动的服务方式,极大地满足用户多样化、个性化的需求。

与传统的参考咨询服务相比,学科化服务是一种新的服务模式和新的服务机制,是一项主动参与式的创新服务,是从学科角度构建完整、系统的知识服务模式,为学科用户提供专业化知识服务的一种服务方式。高校图书馆开展学科化服务,是图书馆创新精神和个性化服务特征的具体体现,是适合读者需求、适合图书馆发展的服务模式。从调查情况看,目前的学科服务应注意以下问题:

1.加强学科馆员队伍建设

培养一支高水平、高素质的学科馆员队伍,他们要既有较深的学科背景,又有专业的文献利用、检索能力,以保证学科服务质量。

2.形成以用户为中心、学科馆员为主导的服务模式

学科馆员应深入科研一线,紧紧跟随学科前沿,了解学科对口院系科研动态,充分了解用户需求,并参与专业文献资源的建设、管理和服务工作。

3.网络服务方面

网络服务方面应将各种学科化服务内容集中在一起,整合形成统一的服务界面,为读者提供一站式的服务平台,充分利用 web 2.0 技术,如维基、博客、新闻聚合系统,以及网络通信工具等开展实时咨询,以收到良好的效果。

4. 要注重读者信息素养的培训

读者信息素养是影响学科化服务能否顺利开展的因素之一，很多读者缺乏相应的文献利用检索技能，如许多新技术（博客、维基、RSS 等），目前了解和会使用的读者很少。因此，必须重视对读者进行信息素养的培训。只有将学科馆员的信息使用能力转化给用户，学科化服务才会产生更大的价值。

四、高校图书馆学科服务模式

（一）"学科馆员制"与"教师顾问"

"学科馆员制"源于 1981 年美国卡内基–梅隆大学图书馆的"跟踪服务"（track service）。所谓"学科馆员"，就是指以学科用户为对象，凭借较深的对口专业背景和图书情报学知识及信息处理技能，主动上门为用户提供高水平、深层次的专业文献信息服务，承担图书馆与学科或院系之间密切联系的"桥梁"和"纽带"作用的图书馆高级专业服务人员。目前，我国高校图书馆实施学科馆员的基本模式是指定几位或数位不同专业背景的学科馆员，分别负责某一学科或几个学科的文献信息资源（包括图书、期刊、电子文献、数据库等）的资源采访和知识信息服务。服务方式如下：为相关学院师生进行信息素养等图书馆业务工作培训，帮助师生充分利用图书馆的资源和服务；加强图书馆与各院系的联系和沟通，了解师生信息需求；负责相关学科专业的资源建设，包括资源采访和数据库维护等；与学科专业教师进行深度合作，为科研教学搜集学科文献信息，提供文献传递、科技查新服务等。随着学科馆员制的不断发展，正逐渐形成"学科馆员—咨询馆员—馆员"的服务团队和梯队模式。"教师顾问"是"学科馆员"基础上的一种服务模式，是在各院系或分馆聘请图书馆教师顾问，工作职责包括资源建设、建议与反馈、查新专家顾问等。

网络信息时代，高校学科馆员与教学科研用户之间从相对独立的合作到项目、课题的协作，正转向建立紧密的战略伙伴关系，但同时也面临着缺乏合理的组织机制、馆员专业能力有待提高、用户认同度较低、工具的缺乏等问题。

（二）信息共享空间

信息共享空间起源于 1992 年美国爱荷华大学图书馆成立的"信息拱廊"（Information Arcade，简称 IA），之后发展为"信息空间"（Information Commons，IC），即指经过特别设计的一站式服务中心和协同学习环境。目前，在国内多以物理空间和虚拟空间无缝对接为基础，首先划出专门的物理空间，然后在空间内划出参考咨询区、文献资源区、个人学习区、小组讨论区、休闲阅览区、视听演示区等，形成一个全方位的学习和交流互动空间。此外，国内高校图书馆信息共享空间还延伸出了另外两种学科服务模式：学科信息共享空间（Subject Information Commons，SIC）和 IC 2。IC 2 是上海交通大学首创的一种服务模式，以"学科服务"为主线开展工作，鼓励读者参与，支持协同研究，目的是"启迪创新、鼓励参与、促进交流"，目前在该校的实施方式分为 IC 2 创新支持计划和 IC 2 人文拓展计划，服务内容包括 living library、学科建设及科研绩效分析服务、学科馆员与用户恳谈会、科研创新跟踪项目、艺术走进校园等。

信息共享空间作为一种现代化的学科服务模式，能够为用户提供便捷的信息服务，但是对馆员素质、场地、设施、环境有较高的要求，将原本分散的各类资源和服务都整合在一个空间时，要防止简单的合并或杂烩，真正做到物理层、虚拟层和支持层的无缝对接。

（三）学科博客/微博服务模式

学科博客（Subject Blog）的发展源于从 2002 年开始的图情博客，是 Web 2.0 技术下开展学科服务的主要途径之一，一般利用 Blog、RSS 等 Library2.0 技术，根据博主的专业能力和读者的信息需求来建立学科服务。多年来随着网络的发展迅速繁殖，据统计，截至 2009 年 12 月 31 日，去除死链接、仅注册没有发表文章的空博客，经过搜集、整理、汇总后可访问的图情博客共有 891 个。通过学科博客，博主可以通过信息发布、新书通报、资源导航、转载学者观点、问答等方式进行学科服务。微博（MicroBlog）源于美国的推特（Twitter），2009 年起，国内新浪微博等先后崛起，之后不少高校图书馆加入微博行列，建立官方微博，以通过这种传播手段，搭建更为顺畅的信息交流和资讯互动平台，同时提升社会认知度。但是，浏览大量的图书馆微博发现，基于信息表现形式与传播方式的特性，图书馆的微博多以发布信息和通知为主要内容，尚未形成学科服务的主要途径。

学科博客是一种在累积性、共享性、操作性和稳定性等方面具有良好表现力的学科服务模式，但是综观国内近千个学科博客，在互动有效性、即时性、权威性、多样性方面仍需进一步发展。

（四）学科服务平台

学科服务平台是学科馆员制基础上的网络服务平台，由学科馆员精心组织、整合和揭示学科资源和服务，为学科用户提供多样的专业资源和个性化服务。狭义的学科服务平台方式是指有学科馆员联络方式列表形式的静态网页。广义的学科服务平台内容包括（学科）网络资源导航、（学科）馆藏资源指引、学术热点追踪、资源荐购、学习社区等资源。学科服务平台的建立，可以避免用户因查找某一学科的资源而迷失在信息的海洋中，极大地提高了用户的资源搜索效率，但是通过考察国内数所知名高校图书馆学科服务平台，发现存在着学科服务平台仅限于某几个学科、学科馆员推荐的资源采用自定义分类导致信息不健全等问题。

（五）嵌入式学科服务

所谓嵌入式学科服务，就是以用户为中心，打破时间和空间的局限，有机地融入用户的物理空间和虚拟空间，将图书馆的学科服务融入用户的教学、科研和学习活动中，为用户构建一个适应其多元化、多层次信息需求的信息保障环境，采用知识化组织模式采集、加工、重组、开发和利用信息资源，并以学科为单元提供嵌入式学科服务，而且在此基础上通过机构重组、资源组织和服务体系构架等形成全新的运行机制。中国科学院国家图书馆一直在致力于嵌入式学科服务研究与实践，初景利教授在山东大学建校 110 周年学术系列活动上谈到，嵌入式学科服务的最突出特点在于其"嵌入性"，也就是强调在"资源到所，服务到人"的基础上"融入一线，嵌入过程"。嵌入式学科服务涵盖目标嵌入、功能嵌入、流程嵌入、系统嵌入、时空嵌入、能力嵌入、情感嵌入 7 个方面。

嵌入式学科服务在主动服务方面先行一步，紧紧把握用户的资源需求，注重用户的认可度，需要图书馆在馆员能力、岗位设置、馆员协同机制、业务调整方面加强规划和提升。

五、高校图书馆开展学科化服务需注意的几个问题

在开展学科化服务过程中，以下几个重要的问题需要注意，关系着高校图书馆开展学科化服务的效果和成败。

（一）形成以读者需求为中心，以学科馆员为主导的理念

面向用户。用户需求驱动下的服务模式是高效的合理的服务模式，欧美等发达国家很多大学在这个方面都有成功经验。例如在美国，很多高校图书馆都开展面向用户的个性化定制服务和主动推送服务，这些服务现在都非常普及，几乎所有大学图书馆都有电子教程网站，提供帮助读者链接网络课件和教学资料网页的服务等。在图书馆的各项实际工作中，应该借鉴，急读者之所急，想读者之所想，贯彻以读者为中心的服务理念。

学科馆员是学科化服务的主体，是人力资源保障，我们要以学科化服务平台、学科导航等作为服务窗口，形成以学科馆员为主导的学科化服务模式。学科馆员要负责实体资源的选择和建议，虚拟网络资源的选择、整理、分析、组织和评价，根据学科建设和学科用户的需求主动积极地参与用户的教学科研，提供便捷、高质、高效的个性化服务。所以，在开展学科化服务工作中，我们要牢固树立以学科馆员为主导的服务理念，建设学科馆员服务团队，深度挖掘并发挥学科馆员的积极作用。应用技术图书馆是一个不断增长的有机体，在新的环境下，图书馆的发展也在不断地壮大，引入了很多资源和新的服务，我们在学科化服务模式中引入技术，构建一个以用户为中心，双向互动和共同参与的平台，拓展图书馆服务的广度和深度。

（二）应用 Web 2.0 技术

Web 2.0 技术在实现 Library 2.0 中发挥着非常关键的作用，可以满足用户和学科馆员之间的互动和合作，打造以用户需求为驱动的信息服务环境。构建学科化服务模式中的学科化服务平台时尤其需要这一技术。

（三）应用营销策略，做好宣传推广工作

从目前图书馆服务被用户知晓的情况来看，仍然需要进一步做好营销工作，将图书馆

的服务宣传推广给每个用户，这就要求学科馆员利用沟通技术和营销策略，对用户进行广泛的发动、宣讲和推介，让用户在繁多的服务项目中或者信息资源中很快找到自己需要的信息，并利用他们的潜在影响去动员其他用户，实现图书馆学科化服务的价值。

（四）建立完善的管理保障机制

优化学科化服务，需要建立并完善管理保障机制，以免出现不利于学科化服务持续、稳定发展的问题。开展学科化服务的高校图书馆应建立馆领导负责的学科化服务工作委员会，致力于图书馆各部门之间、图书馆与学科机构之间的协调与合作，负责制订服务计划，确定学科馆员的任命、继续教育、考核和激励措施，评估服务实施效果，组织交流和宣传学科化服务等。

六、高校图书馆加强学科化服务的途径

（一）加强学科服务团队建设

团队工作是提供优质服务的保障。高校图书馆学科服务团队绝不是单纯由学科馆员组成的，还负责图书馆与各对口院系、学科专家、教学科研人员之间的密切交流和合作。在学科服务中，院系师生、学科馆员、信息资源之间需要建立有机联系，图书馆通过对信息资源和服务进行有机整合，通过学科馆员的桥梁发挥作用，构建一套比较完整的学科服务体系，为院系师生在教学和科研的各个阶段提供具有针对性的配套支持与服务。加强学科服务团队建设，要求图书馆努力营造一种学科服务氛围，强调各主体的协同服务。除学科馆员外，还应建立一支基础雄厚的学科服务支撑团队，其中既包括承担科技查新、代查代检、馆际互借等服务的参考咨询馆员，还应包括信息技术部、采编部、流通部等部门的馆员以及其他院系的科研人员，让数字技术人员、学科馆员、学科专家、学者直接参与学科服务，相互之间密切合作，体现服务的整体性，同时提高学科服务团队的协同服务能力。

（二）构建基于网络技术的学科服务平台

学科服务平台是联系学科用户和学科馆员的桥梁，是双方互动交流的空间和场所，也是学科服务系统的外在表现形式。学科服务的进一步深化，需要本着资源、技术、服务相统一的原则，以网络技术平台作为支撑，构建面向用户的集成化学科服务平台。网络集成化学科服务平台应是一个既能揭示馆藏学科资源实体，也能链接虚拟学科导航资源，既是学科资源的组织管理平台，又是学科信息的发布平台，同时是馆员、用户共同交流的平台。Web 2.0 的风潮席卷全球，其核心技术如 Blog、RSS、WIKI、AJAX 等技术，为学科服务提供了基于技术和理念的诸多可能。Web 2.0 最本质的特性就是互动性，注重用户的交互作用，学科馆员在 Web 2.0 技术环境下可与用户充分沟通交流，为用户提供专业化、个性化和集成化的学科服务。例如，上海大学和华东师范大学等图书馆就开展了数字资源 RSS 订阅服务，图书馆将提供 RSS 订阅服务的数据库进行整理，并揭示给广大读者。

上海交通大学图书馆开展了14个相关学科的学科博客服务，并附有相关的博客地址链接，以"关心您所关注的学科热点，提供您所需要的学科服务"为主旨，并使用文献计量学分析做学科统计、分析工作，并包含学科常用资源的介绍和链接，构建学科馆员和相关学科科研人员的沟通交流平台。河北科技大学图书馆构建了基于校园网的"学科化信息资源服务平台"，提供专题服务网关等功能。一些高校图书馆还建立了自助式学科服务平台，提供个性化服务，中国知网、万方以其提供个性化增值服务功能已成为众多高校的首选。例如东北大学图书馆虚拟参考咨询个人主页界面，读者可以凭账号和密码登录该系统，既可以通过学科分类导航树对相关学科进行表单咨询、实时咨询、问题征答等，还可以查看"我的问题""我的专家""个人信息"等个性化信息。

（三）建立学科服务融合互动机制

建立富有生命力的互动机制是开展充满活力的学科服务的基石。在泛在知识环境下，学科服务要摆脱传统被动的服务理念，从用户的立场和需求出发，加强与各院系的联系，将学科服务的各个环节融入一线，嵌入研究过程中，提供学科化、个性化、知识化、泛在化的服务，为学科研究提供全方位的信息保障环境。学科馆员要走出图书馆，走进各院系，通过与全校各学院合作，完善各学科专业文献资源的建设，提高学科建设水平。例如，图书馆定期根据学院所属学科类别向学院专业文献建设教师提供电子书目、纸本书目，方便学院专业文献建设教师选书。学院专业文献建设教师可在这些书目外提出本学院所需专业图书采购书单，让图书馆采购，也可在学院专业之外推荐其认为图书馆应购入的中外文图书。图书馆及时答复学院专业文献建设教师选书、订书和荐书要求，并为学院专业文献建设教师履职提供方便。学科馆员还应参与院系组织的有关学科活动，及时了解相关学科的发展动态，及时通报和推送图书馆的最新资源和服务项目，主动承担科技查新、代查代检工作，开展定题和跟踪等个性化学科服务。

（四）创新学科服务管理体制

学科服务的持续发展需要创新管理体制。高校图书馆需建立科学的管理体制，包括经费保障体系、人事管理机制、资格认证制度，以形成学科馆员的选拔、评价和相应的学科规范。我国高校图书馆的学科馆员专职的较少，一般都兼职图书馆其他部门的工作，学科馆员一般隶属于信息咨询部、读者服务部或是参考咨询部，绝大多数学科馆员都没有专门的考核办法，工作量也不是很精确。而国外大学图书馆对学科馆员的岗位职责、权利义务、绩效考核都有明确的规定，已形成了一整套完善的管理体系。例如马萨诸塞州阿莫斯特大学的图书馆，其学科馆员隶属于学科联络馆员规划部，由该部门的领导核心联络馆员咨询队来管理学科馆员岗位。

我国高校图书馆学科服务还需借鉴国外经验，创新管理体制。例如，对学科馆员实现资格认证，持证上岗；建立以用户为主的学科馆员考评制度；建立相关的培训机制，使学科馆员的参考咨询向更深层次的用户服务模式发展。

第六章　高校智慧图书馆建设知识服务模式创新

在知识经济社会的浪潮中，人们逐渐倾向于寻求更加便捷、个性化、准确的知识服务，而高校图书馆也正在努力转变，确立自身区别于传统图书馆的新的核心竞争力，主动为用户提供"人性化"的知识服务。高校图书馆服务的发展趋势必将是追求能够随时随地、准确、具体地为用户提供其所需要的知识。本章分为重点读者服务模式创新、移动服务模式创新、嵌入式服务创新以及个性化服务创新4个部分，其主要内容包括个性化服务"重点读者"的缘起、图书馆开展移动化服务的方式、高校图书馆嵌入式服务的产生等方面。

第一节　重点读者服务模式创新

一、个性化服务"重点读者"的缘起

（一）确立条件，选定对象

根据图书馆的具体情况，我们拟定了重点读者的条件。

①承担学校重点学科、重点专业、重点实验室和精品课程建设的人员；

②取得省部级科研成果并继续承担省部级以上重要科研课题的人员；

③具有博士学位或取得硕士以上导师资格的人员；

④有突出贡献的中青年专家和拔尖人才。

图书馆主动到教务处、科研处、人事处调查了解重点学科及精品课程授课人、重点课题主持人、硕士以上导师等的有关情况后，向他们发放重点读者服务表，征得本人同意并填表后，他们就成了"重点读者"服务对象。图书馆为其建立档案数据库，每人发放一张电子服务卡，对"重点学者"学科、专业、课题名称、研究方向、文献资料的需求情况，姓名、职称、单位、住址、联系电话、E-mail等进行登记，以方便服务。图书馆还随时挑选新的符合条件的重点读者，及时将那些年轻有为的读者纳入，同时也剔除落伍者，实行"重点读者"动态管理。

（二）项目管理，定向服务

确立"重点读者"服务项目卡。首先，向建档的"重点读者"发放"绿色"借书证，凡持有"绿色"借书证者，图书馆所有服务部门都要为其开"绿灯"，允许他们自由出入馆内所有主、辅书库和样书、报刊、阅览室等，可借阅所有纸质型和电子型文献，借书册数由原来每人 10 册增加到 30 册，借书期限由原来的 3 个月延长到 6 个月并可根据需要继续顺延；其次，采编部门可依据自身工作规律对"重点读者"采取特殊的"时间差"服务，即编目人员根据自己的工作情况在分编与入库的"时间差"期间，向"重点读者"推荐和提供短期借阅新书；最后，与"重点读者"保持密切联系，随时掌握和了解他们在学科建设、课题立项和专业研究方面的进展情况，特别是阶段性的文献需求，便可以根据实际需要，有选择、准确、及时地为他们提供定向服务，使有效信息不失时机地实现其"广、快、精、准、新"的价值，促使"重点读者"顺利、保质保量地完成所承担的教学、科研和生产任务。

（三）信息资源，共建共享

充分利用现有馆藏，不断充实、强化和完善与"重点读者"需求相关的文献资料的收藏。"重点读者"长期处于教学、科研、生产第一线，并经常参加一些学术性会议，对本专业本学科发展的前沿学术动态了如指掌。他们所需文献不仅面广，而且内容专深，形式多样。因此图书馆在文献采购上，一方面要将书刊预订书目及时送交"重点读者"，由他们推荐、圈定所需的文献资料，以提高采购质量；另一方面让"重点读者"向图书馆提供所需文献目录，划拨给他们一定的采购资金，依据自身需要代购自用，用完后作为馆藏入库。在文献经费上向"重点读者"倾斜，通过多种渠道保证文献采购能做到采齐、采全。在文献档次上定位于研究级藏书，国内外权威性的专业论著和期刊，学科发展过程中各个阶段有影响的论著和刊物，"重点读者"所关注的学科前沿的论著和论文，应做到优先采购；同时还注意文献信息产品的多载体化，除纸质型文献外，引进光盘文献、全文期刊和学位论文数据库等，为"重点读者"提供有力的信息资源保障。上述形式既体现了尊重"重点读者"之意见，又体现了与"重点读者"和谐交流，真正实现了信息资源的共建共享。

二、个性化服务"重点读者"的途径

（一）主动跟踪，参与服务

主动跟踪，积极参与是个性化服务"重点读者"的重要方式。以某校（临沂大学）为例，现有"重点学科"10 个、"重点实验室"8 个、"重点课题"15 项。如国家级课题"沂蒙山区资源开发和利用"是笔者所在学校科研服务沂蒙经济的一个突出特点和优势，笔者所在学校图书馆长期以来致力于本系列课题的服务，近几年先后有 8 位同志参与了该项目的定题跟踪服务，定期编印《研究参考》，累计提供专题资料 60 余份，参考文献索引 2000 余条，应科研人员要求提供了数百份原始文献，还编写了相应的文摘，撰写了综述和研究报告。"沂蒙山区资源开发和利用"项目以沂蒙山区动植物资源、生态工程和旅游开发为主要内容进行了深入研究，并取得了令人鼓舞的成果。这些科研项目大多属于应用开发项目，通过成果转化取得了显著的经济效益，为沂蒙山区的经济发展做出了巨大贡献。

（二）馆际互借，中介服务

信息资源的网络化趋势，促进了馆际互借的迅速发展。由于"重点读者"的文献信息需求我校图书馆不可能完全满足，为此，我们和北京大学、清华大学等十几所高校图书馆建立了以专业为核心的"馆际互借"业务，为"重点读者"提供代查、代检、异地复制等服务。当"重点读者"有需求时，我们利用 E-mail 向北京大学、清华大学等图书馆馆际互借服务中心发出请求，告知所需的书刊或其他文献的题名、作者、主题和关键词，通过邮寄或电子邮件获取资料后，再通过上门 E 或 -mail 发送传递给"重点读者"。

（三）电子邮件，推送服务

用电子邮件等方式主动将所需的文献信息推送给"重点读者"。如及时推送新到馆的中、外文献信息，定期提供专业核心期刊目录，定期收集提供反映国内外学科最新动态的专题书目资料，编印提供有关书目、索引等资料。我们开展了"期刊目次和期刊全文传递服务"，让每个"重点读者"圈定最需要的 6 种专业期刊，新刊一到馆，就将目次发送至其电子邮箱内，若需要原文，可通过电话或 E-mail 提出请求，工作人员马上将期刊原文通过 E-mail 传递或复印纸质递送；充分利用已有的数字资源做定向的信息推送服务，针对"重点读者"的文献信息需求，从这些数据库中获得有关的原文数据，通过 E-mail 推送或打印发送给"重点读者"。

（四）信息检索，代理服务

对于"重点读者"来说，一方面他们的时间比较宝贵；另一方面虽然他们具有专业特长，但在信息检索方面往往不如图书馆专业人员使用检索工具和文献数据库那样得心应手。特别是在当前网络环境下，信息浩如烟海，"重点读者"想省时、省力地获得称心如意的资料，往往需要借助图书馆专业人员的帮助，请其代理检索有关信息。

（五）请求呼叫，专线服务

为"重点读者"建立了"服务专线 110 电话"和"服务专用 E-mail 信箱"。由于笔者所在学校校园虚拟电话和校园网络均为免费使用，这就为"重点读者"服务创造了便捷条件，实现了供需双方远程的直接交流服务。一方面图书馆可以通过电话或 E-mail 直接向"重点读者"介绍与其学科建设、业务教学、课题研究相关的馆藏文献，特别是新到馆未分编的图书，可以优先供其借阅，与他们约定送书上门的时间等；另一方面"重点读者"的信息需求，可以随时通过拨打"服务专线 110 电话"或"服务专用 E-mail 信箱"传递给图书馆，图书馆将在最短的时间内，利用馆藏和网络资源为"重点读者"查找，查找结果通过 E-mail 推送或派人亲自送到其家中。

（六）数据挖掘，定制服务

数据挖掘对"重点读者"显得尤为重要。数据挖掘也称知识发现，是从大量的内部数据库中获取人们感兴趣的知识。这些知识是隐含的、潜在的，是尚未被发现的知识、关联、趋势等信息，获取这些知识的目的是帮助信息用户寻找数据间潜在的关系，发现被忽略的要素，而这些信息对预测趋势和决策行为是十分有用的。数据挖掘不仅能对过去的数据进行查询和遍历，并且能够对将来的趋势和行为进行预测，还能自动探测以前未发现的模式，从而很好地支持"重点读者"的决策。而提供给用户高质量（内容上相关、知识含量高）的信息则是个性化信息服务的目的。数据挖掘对个性化信息服务的支持正体现在对用户需求信息的深层分析上。

第二节　移动服务模式创新

一、图书馆开展移动化服务的方式

在移动互联网技术的带动下，图书馆基于移动互联网已经开展了多种服务，主要包括3种方式。

（一）以手机短信的方式

短信服务是图书馆开展移动服务最早的方式，2003年，北京理工大学图书馆和上海市图书馆率先开通短信服务，以短信接收通知，实现图书的预约、催还、续借等。部分高校图书馆还实现了手机短信与图书馆自动化系统的对接，使用户可以进行图书的查询、预约等操作。

（二）服务移动软件开发

图书馆通过开发APP、智能机器人等方式建立图书馆的信息服务新模式，以满足用户多样化和个性化的需求，如在手机应用平台上搜索"图书馆"的APP有数百个、清华大学推出可实现自动学习和回复用户的智能机器人"小图"。

（三）服务嵌入手机中的第三方应用（如微信、微博）

由于微信具有高用户群体、高可开发性等特点，大多数图书馆建立了公众号或企业号，并将图书馆服务的宣传推广、馆藏的咨询回复等服务嵌入，拉近图书馆与用户的距离。

图书馆一直紧随互联网大环境的变化和用户需求，依托移动互联网平台和技术，置身用户应用环境的变化，不断对服务方式做出改变，使用户借助移动智能终端，更便捷地享受图书馆服务。

二、移动环境下高校图书馆用户信息需求

（一）移动环境下大学生的信息需求

大学生是高校图书馆用户的绝对主体，这些媒体口中的"90后""00后"大学生被研究者称为"Google一代""Y一代"。他们伴随着通信、计算机和网络成长，手机、电脑、网络已与他们的生活密不可分。移动网络对大学生的影响是全球化的。3G与WLAN的普及与发展，已使大学生越来越依赖手机开始一天的学习与生活，他们通过移动网络读新闻、收邮件、听音乐、看视频，通过手机登录微博、QQ、微信、LINE等与他人进行信息沟通与交流，因此4G、5G的实行与推广只会加深大学生对移动网络的依赖程度。智能手机与平板电脑的区别在日益弱化，移动环境下大学生的信息需求也有其新的特点。大学生的信息需求主要包括学业信息需求、就业发展信息需求以及休闲信息需求等。移动环境下大学生的信息需求是全天候的，他们需要随时随地获取信息（如大学生对图书馆文献或数据库的查询，借阅信息的查询，文献的预约、续借与挂失等），大学生通过移动网络对时效性信息的需求也很强烈。移动环境除了能够帮助大学生明确信息需求，方便、快捷地主动获取所需信息，更有助于其对隐性的信息需求（信息需要）进行挖掘。移动网络使学生更乐于被动地接收信息，他们通过微博、微信等移动平台浏览推送信息，在这样的过程中隐性信息需求被转化为明确信息需求，促使其产生一系列的信息行为。

（二）移动环境下高校教师的信息需求

在大学课堂上，高校教师不再单一地传授理论知识，而是将理论与实践相结合。与大学生群体更乐于被动地接收信息不同，传道授业解惑的高校教师的信息需求更偏向于主动获取，他们的信息需求主要包括对学科专业知识的需求、对实践技能的需求以及对时事信息的需求。移动网络的发展与推广使高校教师的信息需求同样具有全时性与即时性。由于工作繁忙，教师更希望能够按需随时随地地获取信息，并且非常需要即时获取学科专业的最新动态与科研成果。为了使"90后""00后"大学生的课堂更加和谐，高校教师也需要了解更多的时事要闻与新闻动态。总之，高校图书馆通过移动服务才能真正实现用户任何时间、任何地点随时获取信息的愿望；用户通过高校图书馆的移动服务才能尽情享受移动互联网所带来的全新的图书馆移动服务体验。

三、高校图书馆移动服务模式的嬗变

（一）高校图书馆短信服务模式

短信是高校图书馆最早利用移动技术为读者提供服务的方式。短信服务模式对网络接入环境要求不高，不需太高的移动终端的软硬件配置，短信服务成本低廉，因此短信服务

模式成为当前高校图书馆最为广泛的服务模式。但"门槛"低也就意味着短信服务只能承载少量的信息，无法承担大数据的工作。因而，目前我国高校图书馆的短信服务主要包括查询个人借阅信息、预约和续借、查询图书馆 OPAC 以及通过短信接收图书馆主动发布的各类信息等。

（二）高校图书馆 WAP 网络服务模式

WAP 即无线应用协议，它是一种全球性的开放协议。WAP 使移动 Internet 有了一个通行的标准，把目前 Internet 上 HIML 语言的信息转换成用 WML 描述的信息并显示在移动电话等手持设备上，因此 WAP 网站成为当今高校图书馆移动信息服务最主流的服务模式。借助 4G 的优点，高校图书馆能够充分揭示馆藏资源与服务并将 WAP 网站设计得更加友好与人性化。例如，通过 WAP 平台发布图书馆的各类公告、新闻动态、书刊推荐等，支持用户进行在线资源检索，为用户提供移动阅读等信息服务。

（三）高校图书馆客户端 APP 服务模式

客户端 APP 即客户端应用，就是可以在手机等移动终端上运行的软件。伴随着 3G、4G 的全面推广、Web 2.0 的发展以及智能手机等移动终端的迅速增长，客户端 APP 应用软件成为移动网络发展的重点。客户端 APP 操作简单，内容丰富，功能强大，能够实现 WAP 方式不支持的功能，避免高校图书馆用户繁复的网址输入，能够带来前所未有的用户体验，因此，客户端 APP 成为当今最先进的一种高校图书馆移动信息服务模式。4G 等高速移动网络为高校图书馆客户端 APP 提供了生长所需的更肥沃的土壤，能够推动客户端 APP 向着更多类型、更多内容、更多功能等方向发展。

（四）高校图书馆微信公众平台服务模式

虽然客户端 APP 的优点很多，但其研发的工作量和投入经费巨大，还需要针对不同的移动终端操作系统如 IOS、Android 等进行开发，这使许多经费有限的高校图书馆都望而却步。微信公众平台的出现成为高校图书馆开展移动信息服务的一个新选择。微信是 APP 软件的一种，但它不是图书馆自主研发的 APP，而是腾讯公司推出的一种免费即时手机通信软件，微信公众平台是在微信基础上推出的新功能模块，是一个开放的平台，个人和企业可以通过微信公众平台打造一个微信公众号，群发文字、图片、语音、视频、图文消息。高校图书馆可以通过平台提供的 AP 接口技术，根据自身与用户需求进行二次开发，为用户提供更快、更全、更多的移动信息服务内容。例如，清华大学图书馆的微信公众号定期发送"清图微报"，通过指令式互动支持查询图书馆的书展、讲座、馆藏、个人借阅情况、座位实况等信息。目前，我国微信用户已超过 10 亿，无论是高校图书馆的大学生还是教师都已将微信作为他们日常交流的主要手段，因此高校图书馆通过微信进行移动信息服务具有良好的用户基础。通过微信公众平台，高校图书馆可以跟每一位用户进行实时的交流与沟通，并且能够根据用户的不同需求推送信息。目前，微信公众平台提供的移动信息服务内容主要包括图书馆馆藏图书的查询、续借、推荐，读者讲座、培训、活动通知、定位服务、实时咨询与反馈等。

（五）高校图书馆移动信息服务云平台模式

移动互联下用户对信息资源内容与个性化服务水平的要求进一步增强，高校图书馆移动信息服务的基础就是资源建设，为了弥补单一馆藏的不足以及避免资源的重复浪费，构建安全、可靠、高效、统一的用户云平台至关重要。从宏观上建立国家级的共享移动资源内容，通过汇集各高校图书馆订购的馆藏资源构建电子资源内容云，建立高校图书馆间的虚拟"地球村"，使各高校图书馆能够资源共享，共同使用移动数字云资源库。高校图书馆通过云内容按需为用户提供全天候的移动服务。当前高等教育文献保障系统（CALIS）的 e 读平台已经初步具有了上述功能。

除此之外，美国国家标准与技术研究院（NIST）从用户云服务体验角度将云服务划分为 IaaS、PaaS、SaaS 三种服务模式。高校图书馆可以依据本馆的用户类型、用户规模与用户需求重点突出某一种云服务模式或将几种云服务模式相融合构建本馆个性化的云服务模式平台。在移动环境下通过云内容与云服务模式的实现，高校图书馆能够真正实现电子借阅等移动信息服务内容。

四、高校图书馆移动服务创新

（一）移动借阅服务

手机阅读这种碎片化的阅读模式，作为移动阅读的重要组成部分已经超过了传统纸质阅读与电脑阅读，冲击着整个阅读市场。移动网络与智能手机的普及为移动阅读带来了更多机会，高校图书馆用户无疑是移动阅读的重要人群，因此高校图书馆应该发挥自身阅读资源丰富的优势，建设本馆特色资源（学位论文、会议论文、专利文献等）保障体系（如东南大学图书馆数字化著名书画家田原先生的画作），大力发展移动借阅服务以满足用户的移动阅读需求。

（二）视频教育服务

视频教育由来已久，但受限于软硬件，原来的视频教育都是通过电视或电脑来实现的。随着网络、家庭与公共场所 Wi-Fi 上网的普及，用户通过手机等移动终端在线看视频的网速限制已经得到初步解决；智能手机与移动设备的性能提升也为移动视频播放创造了条件；移动视频客户端的优化，给用户带来了更好的视觉体验。当前的视频教育已经移植到手机等移动终端上，4G 网络可以保证视频更加清晰，内容更加丰富，传输更加及时，真正地实现高校教育视频的实时发布。与国内的商业网站提供的教育类视频相比，高校图书馆在视频教育的来源与内容方面占绝对优势。高校图书馆的视频教育主要包括 3 种：第一种是高校学科的专业课视频；第二种是高校图书馆自身用户的培训视频；第三种是高校图书馆的可视化参考咨询。通过 4G 等移动互联网，高校图书馆可以随时随地根据用户需求提供各类视频教育资源，努力构建独特的移动视频教育服务平台，提升本馆的移动信息服务水平。

（三）移动付费服务

前几年，阿里巴巴和腾讯两大公司的打车 APP 软件硝烟四起，通过疯狂的补贴举动开启了国内移动支付的大门，可见移动付费市场的潜在威力。高校图书馆是公益事业，不会以营利为目的，但是借助移动网络以及移动付费平台进行移动支付可以为用户利用高校图书馆的特定服务提供方便，免去需要用户亲自来图书馆交费的繁复，实现高校图书馆各项移动信息服务的实时交互。

（四）移动社交网络服务

社交网络服务（SNS）是为一群拥有相同兴趣与活动的人创建的在线社区，现已成为移动互联网最普及的应用，是当前高校图书馆用户最主要的沟通与交流方式。社交网络不仅用于日常信息的即时交流，随着数字出版的发展，科研成果的发布已不再局限于期刊发表，越来越多的学术成果开始通过开放获取（OA）平台和社交网络进行快速传播与评价，引发了科学计量学的新革命，即基于使用学术社交网络的学术影响力评价理论——Altmetrics 应运而生。可见，社交网络对于大学师生，尤其是高校教师而言，更有助于学术交流。为了满足用户的上述信息需求，高校图书馆的移动服务需要将各种 So Lo Mo（ Social 社交 +Local 本地 +Mobile 移动）应用整合到自身服务中，如提供热门社交网络入口，开通微博、微信等社交网络服务。

（五）个性化推送服务

随着科学研究进入第四范式即基于数据密集型计算、科学记录及其交流与出版达到一个尖峰，大数据时代已真正来临。高校图书馆拥有大数据，首先就是图书馆大量的结构化的馆藏数据资源，其次就是图书馆大量用户的非结构化数据。伴随着 4G 的普及，高校图书馆的数据会随之激增，因此需要图书馆具备处理大数据的能力。通过对大学生和教师大数据的分析与挖掘，高校图书馆便可以准确推测用户的信息需求，做到真正意义上的个性化推送服务。虽然此项工作才刚刚起步，但是利用大数据分析并推广移动服务是高校图书馆今后的工作趋势。图书馆的服务本质和社会使命可以用"5A"来概括，即任何用户（Any user）在任何时间（Anytime）任何地点（Anywhere）均可以通过任何设备（Any Device）获取图书馆拥有的任何信息资源（Any information resource），这也是高校图书馆的服务根本。移动互联网技术与 So Lo Mo 的发展使高校图书馆 5A 级服务的梦想正稳步走进现实。当前我国高校图书馆的移动服务已经开展了多年，由于各种移动终端、移动网络并存，我国高校图书馆的移动服务模式仍处在各种模式并存的状态，发展还比较缓慢，普及率也不高，但 4G 等移动互联网为高校图书馆的移动服务带来了新的契机，高校图书馆应紧扣国家大力发展移动互联网的时代脉搏，时刻保持技术敏感度与服务竞争力，开发符合本馆用户信息需求的移动服务模式与创新服务内容，并将理论付诸实践。

五、高校图书馆移动服务模式发展趋势

可以预见，实时性、智能化、个性化和多元化是未来图书馆移动服务的本质与核心，单一的移动服务模式势必无法适应图书馆移动服务的发展趋势，图书馆应该选择符合本馆实际的服务模式开展几种或融合的移动服务，为用户提供高效、安全的使用环境，以满足用户需求的复杂性、多变性、动态性和敏感性。从上文的比较分析中可以看出，图书馆移动服务随着新媒体技术和移动互联网的融合发展而不断发展革新，服务模式从短信服务到WAP网站服务再到移动图书馆APP服务直至微信图书馆服务，但短信服务和WAP网站服务由于受技术、经费、用户体验、实践应用等方面的制约而逐渐被越来越多的图书馆弱化，而移动图书馆APP在技术和功能上经过十几年的发展和完善已日趋成熟，界面设计灵活，布局清晰，操作方便，只要一键登录便可进行资源统一检索、查询并能在线阅读全文，在资源的利用上具有无可比拟的优势，用户在进行信息获取和分享时更加灵活方便，在诠释"移动的图书馆"上更具专业性和完整意义。但微信图书馆具有开放性、低成本、易交互、易推广、高黏性、体验良好等优点，同时可以根据本馆需要进行二次开发，它更侧重于信息交互功能，更能适应时代的发展。倘若两者可以进行有效的互补和进一步融合，必将带给用户更丰富的服务体验。因此，许多图书馆都同时选择这两种服务模式。但随着微信图书馆功能的进一步丰富和完善以及技术开发水平的不断提高，完全可以将移动图书馆的现有功能（资源检索和在线利用）整合进微信图书馆，从而开发出基于微信的移动图书馆，真正做到保障用户可以随时随地通过移动设备方便浏览或获取信息资源，真正实现一站式应用图书馆，这是图书馆移动服务模式未来发展的必然趋势。

第三节　嵌入式服务创新

一、高校图书馆嵌入式服务的产生

随着网络技术、通信技术、信息技术的快速发展，传统的用户教学、科研、学习方式等发生了前所未有的变化。泛在信息环境下，用户对图书馆的信息服务提出了新的要求，驱动着图书馆服务从内容到形式发生变化。一是用户的服务需求的驱动。泛在信息环境下，用户不受时空限制、高效地获取知识信息变得更为迫切，知识信息获取的手段和途径更加多元，呈现出泛在服务趋势。高校图书馆的泛在服务要根据用户需求定制服务；要人性化，

简明化，智能化，并提供足够多的辅助，保证用户享有各项服务；要随时随地融入用户环境中，实现嵌入式的无缝用户体验。二是用户学习方式的驱动。泛在信息环境下，用户的学习方式呈现出多元化特征，多种新型学习方式盛行，尤其是泛在学习的出现，对高校图书馆的服务提出了更高要求。高校图书馆应与各种新式学习紧密融合，根据用户的学习特点，嵌入用户环境中，创造各种学习环境，实现用户学习方式上的按需、即时、适量的高效便捷服务。三是学科服务延伸的驱动。学科服务的开展不仅要提供有较强针对性、指导性和辅助性的知识信息产品，而且要构造良好的交互渠道、协作机制等。学科服务和嵌入式服务是相辅相成的，学科服务为嵌入式服务提供高质量的知识产品；同时，嵌入式服务是学科服务的延伸。高校图书馆的服务必须更进一步，开展各式各样的嵌入式服务，以提升学科服务的价值。图书馆嵌入式服务正是在这种背景下应运而生，并取得了长足发展。

二、高校开展图书馆嵌入式服务的必要性

（一）高校学科建设的需要

教育部于 2006 年发布的《国家重点学科建设与管理暂行办法》中要求国家重点学科必须具备的基本条件之一是："教学、科研条件居国内同类学科先进水平，具有较强支撑相关学科的能力，有良好的图书文献和现代化信息保障体系。"足见高校图书馆丰富的馆藏资源及开展嵌入式学科服务对高校学科建设的重要性和不可或缺性。

（二）数字信息化时代的需要

现今人们对网络的依赖程度越来越大，随着有线网络及无线网络的普及，任何人在任何时间、地点都可以随时获取和利用所需要的信息，因此人们逐渐形成了泛在的学习方式及生活方式。网络环境下，数字化信息正在成为主流信息资源，用户获取的信息资源日益丰富且获取方式更加便捷，对图书馆则日益疏远。图书馆被边缘化趋势凸显，图书馆正面临着用户群减少的危机，并且图书馆作为文献信息中心的作用也日渐被削弱。因此，图书馆应通过开展嵌入式学科服务，主动与用户沟通并寻求合作，提高图书馆的服务意识和服务水平，留住原有用户群并开拓新的用户群。

（三）转变服务理念的需要

嵌入式学科服务既是图书馆为适应数字化信息时代的发展所做的转变，也是根据"以人为本"的服务理念推出的以用户需求为中心的新型服务模式。深化学科馆员服务，建立真正符合用户需求的学科化服务机制，是高校图书馆努力的方向。目前，高校图书馆都不同程度地存在服务理念陈旧、场馆面积较小、设备设施老化、专业人才缺乏及学校划拨资金不足等现象，已无法满足读者专业化、集成化的信息需求。高校图书馆应改变传统的服务模式，将馆员嵌入用户中，为用户提供个性化、学科化、知识化服务，满足用户的个性化信息需求。

（四）创新服务方式的需要

计算机技术和网络技术的迅猛发展导致信息环境发生了根本性的变化，Google、Baidu 等网络搜索引擎和检索工具的发展日益成熟，搜索引擎已经作为用户获取信息的首选，读者逐渐改变了到图书馆学习和查找资料的习惯。为了提高图书馆的核心竞争力，必须采取嵌入式学科服务这一创新服务方式，才能在日益激烈的竞争环境中谋求自身的进一步发展。

三、高校图书馆嵌入式服务的主要方式

目前高校图书馆主要开展以下 4 种嵌入式服务方式：手机短信服务、社区网站服务、e 划通服务以及其他桌面工具服务，如图 6-1 所示。

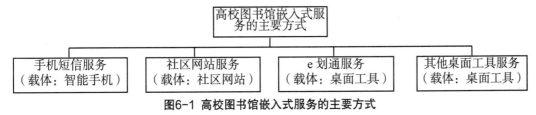

图6-1 高校图书馆嵌入式服务的主要方式

（一）手机短信服务

手机短信服务是一种以智能手机为载体的新型信息服务方式。在图书馆 WAP 网站注册的用户，在安装相关软件之后，就可以根据自己的信息需求来定制频道，对更新的信息资料进行有选择的阅读，或者注销定制服务等。目前清华大学图书馆、合肥工业大学图书馆等很多高校图书馆已通过建立手机图书馆开展手机短信服务。

（二）社区网站服务

社区网站服务是高校图书馆通过 E-mail、QQ 等各种在线交流工具，将信息服务工作拓展到用户的 BBS、Blog、WIKI 等虚拟社区，利用信息共享软件、多媒体资源、知识导航、在线培训课程、知识库等构建丰富的知识体系，营造良好的学习情境，为社区用户自主学习和协作研究提供信息资源。目前国内已有较多图书馆使用这一服务模式，其中以台湾大学图书馆与 Facebook 和 Plurk 合作开展的服务效果最好。

（三）e 划通服务

e 划通是一种个人桌面信息工具，用户在使用计算机工作过程中需要查阅相关信息，不需跳转出当前的工作界面，可以通过直接划选相关词句来自动检索图书馆相关数据，或通过网络搜索引擎自动获取相关信息。目前中国科学技术大学图书馆已经应用了 e 划通服务。

（四）其他桌面工具服务

桌面工具，就是把图书馆应用加到用户使用的软件系统里的工具，如把图书馆的搜索引擎安装在用户自己的个人主页或用户个人的博客上，或者链接到一些大型网站上去，同时还可以安装用于浏览器的不同的专业插件与应用，如校书签、工具条等。

四、高校图书馆嵌入式服务中存在的问题

高校图书馆开展的嵌入式服务虽然取得了一些成效，但从其提供的服务上看，还是被动嵌入学科服务或知识服务，针对性不强，精准性不高，个性化不明显，距离大数据时代的要求还相差甚远。一是嵌入式馆员数据思维意识不强，数据分析能力较弱。目前，高校图书馆嵌入式馆员具备了较高的知识技能与基本素养、科研能力和服务能力，虽然在开展嵌入式服务时能基本满足用户的需求，但服务精准性不高，个性化体现不足。嵌入式馆员信息采集与整合创新意识不强，不能从"散、碎、杂"的信息资源中挖掘数据背后的潜在价值，无法把握数据的走向，更不能根据数据分析的结果，预见性地为用户提供高效便捷的服务。其职业意识、思想观念以及数据开发、应用、分析能力等远不能适应大数据时代的要求。二是嵌入式服务形式单一。高校图书馆由于其主要服务对象为本校教职工和学生，因此，在提供嵌入式服务时，都是基于嵌入该类用户环境中而开展相关的服务。目前，对高校图书馆嵌入政府与社会组织活动服务的理论研究很少，更谈不上开展相关的服务，严重弱化了高校图书馆的社会服务职能。三是嵌入式服务小工具、APP 需优化。当前，有条件的高校图书馆在开展嵌入式服务时，都开发了嵌入常用网站的贴心小工具或针对移动终端的 APP，这虽在一定程度上提高了信息服务水平，但因其个性化不明显，因而受众面较小。四是嵌入式服务仍显"被动"。嵌入式服务以用户为中心，体现的是服务的主动性，而目前开展的各种形式的服务基本上都是"有求而后应"，略显被动，服务质量大打折扣。

大数据时代的到来推动新技术在嵌入式服务中起到越来越大的作用，并为高校图书馆拓展和创新嵌入式服务带来前所未有的机遇。高校图书馆应顺应新技术、新趋势，将基于信息数据分析、数据挖掘、知识发现的大数据技术运用到用户的服务中，开展更精细的服务调研，确定更精确的目标用户，提供更精准的个性化服务。

五、面向用户需求的高校图书馆嵌入式服务模式的构建

依据高校用户信息需求的特点，笔者将高校用户划分为 3 种不同的类型，并对用户需求进行了详细分析，如表 6-1 所示。

表6-1 高校图书馆嵌入式服务的用户类型及需求分析

用户类型	具体人群	用户需求
学习型用户	主要为学生，包括本科生、硕士研究生、博士研究生	学习型用户在校期间以学习和完成课程作业为主要任务，大多未接触过信息素养相关教育，不能有效地利用图书馆资源来完成学习任务，提高学习能力
教学型用户	主要为授课教师	教学型用户在撰写教案和组织课程教学的过程中，需要掌握相关学科资源
科研型用户	主要为搞科研的教师和学生，如教授、学科带头人、博士研究生、硕士研究生	科研型用户需要掌握如何全面获取相关资源，通过有效的组织和利用资源节省科研时间，准确掌握研究领域的发展现状和未来发展趋势，在科研的全过程中随时提高信息素养以适应课题的开展

依据以上分类构建高校图书馆嵌入式服务模式，并将手机短信服务、社区网站服务、e 划通服务以及其他桌面工具服务有效结合在高校图书馆嵌入式服务模式中。

（一）面向"学习型用户需求"的高校图书馆嵌入式服务策略

面向学习型用户需求，高校图书馆可以采取"嵌入式信息素养教育服务"和"嵌入式个人自主学习服务"两种服务策略。

1.嵌入式信息素养教育服务

根据不同年级开展不同内容的普及型图书馆资源有效利用的相关讲座，让学习型用户了解图书馆拥有的信息资源内容，查询、借阅图书等信息资源需要经过哪些流程，办理哪些手续等，重点掌握中文电子资源的使用等内容，图书馆馆员还应与授课教师一起，把信息素养教育嵌入日常教学中，并围绕学习型用户的课程内容来设立不同的信息素养专题讲座。还可以根据学习型用户的需求来进行针对某一方面的信息素养讲座，以提高学习型用户的资源检索水平，帮助学习型用户掌握更多行之有效的检索方法，促使学习型用户的信息查询、资源获取以及知识利用的能力得到有效提升。

2.嵌入式个人自主学习服务

高校图书馆可以通过 Web 2.0 构造学习互动社区，在学习型用户的学习环境中嵌入服务，为学习型用户的自主学习提供针对性强、专业性高的知识信息服务；通过网络教学平台 Moodle、SaKai 等教学软件或学习软件，来拓展学习型用户学习内容的深度和广度；通过 Lib Guides 等学科服务平台来整合各学科的信息资源；通过 Summon、Primo、EDS 等发现系统来实现一站式信息资源的获取和检索。通过以上方式来满足学习型用户在不同时期、不同阶段不断变化的学习需求。

（二）面向"教学型用户需求"的高校图书馆嵌入式服务策略

面向教学型用户需求，高校图书馆可以采取"嵌入式课程教学过程服务"和"嵌入式课程教学互动服务"两种服务策略。

1. 嵌入式课程教学过程服务

高校图书馆努力建设好网络教学平台,将课程所需的各种资源放置其中供大家使用,协助教学型用户直接在网络教学平台上使用已付费的电子图书和期刊论文,以及网络上免费的电子图书和期刊论文;还可以利用数据库 RSS 来提供定制服务,事先把与课程内容有关的检索式输入,将其 RSS Feed 加到网络教学平台中去,便于教学型用户及时获取动态信息,为教学过程做好嵌入式服务。

2. 嵌入式课程教学互动服务

在教学过程中,教学型用户在高校图书馆的协助下,把课程相关信息放置到一些大型、浏览量大的社区网站中,学习型用户在使用社区网站时就可以获取课程相关信息,同时通过 E-mail、QQ 等各种在线交流工具,与教学型用户,或者高校图书馆进行有效沟通,实现课程教学的有效互动。教学型用户可以根据学习型用户的反馈来调整自身的教学计划或内容,高校图书馆可以根据双方用户的反馈来调整课程相关电子信息资源,以最大限度地满足课程教学需要。

(三)面向"科研型用户需求"的高校图书馆嵌入式服务策略

面向科研型用户需求,高校图书馆可以采取"嵌入式学术交流服务"和"嵌入式科技研究服务"两种服务策略。

1. 嵌入式学术交流服务

高校图书馆在学术交流中处于一定的重要地位,其通过提供信息服务来促进学术交流,比如对科研型用户进行学术交流方面的教育宣传,内容包括作者权利管理、版权、机构库建设等问题。同时高校图书馆还积极提倡开放存取交流模式的建立,如与学校其他部门联合建立本地机构库,可以对软件系统进行有效评估,对相关政策进行合理制定与准确解析,对机构库进行大力宣传,对数据质量进行严格把关,对作者行为进行正确引导等。

2. 嵌入式科技研究服务

在科技研究过程中,高校图书馆要全面搜集科研型用户所需要的相关研究资料,如研究文献、调查数据等;要即时跟踪研究领域中出现的新成果、新进展和新思路,并及时反馈给科研型用户,为用户提供最新的、具备研究价值的研究机构、研究项目、研究作者以及研究论文等相关研究资料和资源,为用户提供"选题—立项—研究—结题—成果评价—成果转化"全程式的知识研究服务。

(四)高校图书馆嵌入式服务主要方式的有效应用

手机短信、社区网站、e 划通以及其他桌面工具这 4 种服务方式,在面向用户需求的高校图书馆嵌入式服务模式的构建过程中起到了推动作用。如把各学院、各专业系网站和图书馆网站进行网络链接,把信息素养教育视频、课件或其他课程信息资源上传到网站上,让用户可以随时自主观看，自由下载学习；高校图书馆将图书借阅、讲座培训、在线课程学习等项目，通过手机短信向目标用户进行及时推送；高校图书馆还可以在对纸质资源和网络资源进行整合、建立专题数据库的基础上，运用手机短信、社区网站、e划通以及其他桌面工具来为科研型用户开展嵌入式信息服务，为科研型用户提供专、深、多的科研信息。

六、有效推进高校图书馆嵌入式服务模式的保障措施

（一）转变落后观念，提高正确认识

首先要有效地转变高校图书馆落后的服务观念。图书馆相关人员要重新认识图书馆的角色和功能，对机构组织进行重新组合，对服务形式进行有效转换，对实体空间进行重新改造，对虚拟空间进行合理构建，真正建立一种面向用户需求的嵌入式服务模式。只有完善的理念体系，才能使嵌入式学科馆员有明确的奋斗目标与方向，才能使高校用户的各种信息需求得到满足。其次要转变高校用户的观念，改变图书馆是信息、文献存储机构的片面认识，重新对图书馆的角色和观念进行准确定位，认识到图书馆是高校科研团队的智囊和学生信息检索的重要基地。最后，要加强对自身的宣传力度，增强其在高校师生中的影响力，塑造品牌形象。

（二）完善信息设施，创造服务环境

嵌入式服务工作的开展是建立在一定的物质基础之上的，没有物质基础，就无法建设，更谈不上发展。要想做好嵌入式服务工作，一是必须要及时升级软件，更新信息设备，淘汰落后产品，以保证用户使用的信息查询设备性能良好，增加用户的使用满意度；二是要重视用户的信息需求，及时补充馆藏资料，调整馆藏资料结构，保证用户能够快捷方便地查询信息；三是要创造良好的服务环境，除了配备性能良好的信息查询设备外，高校图书馆还应配置饮水机、打印机等相关设备，改善用户信息查询的环境，把嵌入式服务落到实处。

（三）引进专业人才，建设高效队伍

要想真正做好嵌入式服务工作，就要有专业人才专门管理，这就需要高校图书馆大力引进具备较高信息素养的图书馆专业人才，同时培养已在岗的馆员的专业技能，促使他们尽快适应信息时代的图书馆嵌入式服务工作。除"引""培"两条线外，高校图书馆还可以打破部门界限，与学校其他部门的相关人员组建嵌入式服务工作机构，下设学习、教学和科研3个工作小组，有针对性地为高校用户开展服务。比如教务处在学习工作小组中可以起到教学指导课程建设等作用，科技处可以在科研工作小组中起到科研指导、学术讨论等作用。这样由不同部门组建起来的嵌入式服务工作机构，嵌入式服务工作效率更高，效果更好，更能满足高校用户的信息需求。

（四）健全相关制度，狠抓工作落实

嵌入式服务是高校图书馆馆员与高校用户之间的一种协作方式，这种协作方式要想实现深度合作，就要将其制度化。首先从制度上确定嵌入式服务的重要性以及措施的规范性，将馆员与用户之间的协同合作作为一种常态制度加以落实，在全校范围内实现自上而下的高度重视，同时还可以获取各个部门的支持和配合，进而得到用户群体的信任。相关制度制定后，落实制度也同样关键，千万不要只把制度"挂在墙上"，而要把制度落实到实际工作中去，并在落实过程中不断修订完善。嵌入式服务是高校图书馆发展的未来走向，是高校教学与科研的必然要求，这就意味着我们要想紧跟时代潮流，不落后于人，就一定要克服困难，开动脑筋，创造条件，通过多种手段、多种途径把嵌入式服务真正融入高校用户教学科研环境中去，真正把高校图书馆的作用发挥出来，真正展现高校图书馆信息服务的广阔前景。

第四节　个性化服务创新

一、个性化服务的内涵

郭伟、龙英伟在《高校数字图书馆的个性化服务探析》中总结出：所谓个性化信息服务就是根据读者的知识结构、信息需求、行为方式和心理倾向等，有的放矢地为该读者创造符合他个性需求的信息服务形式与环境，并帮助他建立个人信息系统。个性化信息服务的根本就是要以读者为中心，尊重读者，研究读者的行为和习惯，为读者选择更适用的资源。而高校数字图书馆的个性化服务没有特定概念，简要概述就是按照每个高校图书馆读者的专业、爱好、职业、年龄、特殊要求等开展的信息服务。程广龙在《高校数字图书馆的个性化服务探析》一文中认为，由于高校图书馆用户主要是学生和教师，因此决定了高校图书馆个性化服务有别于一般的个性化服务。它的主要目的是使用户在网络环境下，借助系统提供的各种工具来构建自己的个人馆藏和提高检索效率，以满足用户学习或科研的特定需求，或进一步根据兴趣，推送特定的科研信息给用户。其实，个性化就是要了解每一个人的需求，并以此为依据来提供满足其个性需求的集成性信息服务。

二、高校数字图书馆个性化服务的特征

盛晓云在《高校数字图书馆个性化信息服务研究》中提出高校数字图书馆个性化服务应具有以下特点：

（一）层次性

高校图书馆的用户主要包括本校的教师、科研人员、学生及职能部门和教辅部门的工作人员。教师有教授、副教授、讲师、助教不同的级别，学生有博士研究生、硕士研究生、本科生之分。这种身份的层次性决定了其信息需求的层次性。因此，图书馆在提供个性化服务时，应注意到他们信息需求的层次性，有区别地对待，这样才能保障服务的效果。

（二）专业性

高校老师和学生都具有一定的专业背景，他们对信息的需求主要集中在自己研究或学习的学科及相关学科上。因此，高校图书馆的个性化信息服务应具有较强的专业性。

（三）特色性

一般来说，各高校图书馆彼此之间在馆藏与服务上会有一定的区别，这是各馆的特色。拥有高品质的特色资源与服务，能获得竞争优势，就是拥有更好的生存与发展空间。因此，特色性是提升高校图书馆形象的关键所在。

（四）服务手段多样化

高校数字图书馆个性化信息服务系统是利用各种智能化信息处理技术，如个性化定制、数据挖掘、信息过滤、智能代理检索、人工神经网络等提供智能化、多样化的信息服务，最大限度地满足用户的信息需求。

三、高校图书馆个性化知识服务的模式

（一）为学科带头人、专家与学者开展具有学术研究价值的前瞻性知识服务

知名学者与专家、学科带头人是高校各学科或专业发展的领军人物，他们长期的工作内容与学习收获是对其研究与关注的学科或专业的集中化成果性反映，而且他们的研究与工作对某一学科与专业的发展具有极为重要的指引性作用和研究参考作用。高校知名学者与专家、学科带头人对图书馆的服务要求集中体现在研究型用户的需求层面，即研究型用户是知识需求的主体，需要反映当代学术水平的最新知识、信息，需要反映国内外有关课题的历史状况、当前水平和未来发展趋势等综合性知识，他们所需要的不只是一个个信息片段，而是精练、浓缩的系统化知识，且在不同的研究阶段需要不断地获取与课题有关的大量、系统的知识及实验数据。因此高校图书馆为知名学者与专家、学科带头人开展个性化知识服务极为重要。

与此同时，专家系统数据库绝不仅是单一的知识或信息检索数据库，它还应包括图书馆馆员为知名学者与专家、学科带头人提供服务的过程，即高校图书馆馆员可以通过面对面式的或网络式的交流方式，与学者、专家、学科带头人进行沟通交流，了解学者与专家、学科带头人对他们将要开展的工作或科研所需要的信息、知识的要求，馆员应深入某一学

科中去，配合学者与专家、学科带头人，从他们的课题立项到成果签订跟踪服务，对各专业学科相关的知识、成果评价的知识、权威信息源或载体的知识等进行描述、评价和揭示，对全文数据库进行智能类聚和链接，提供专业细化、面向课题的个性化专题服务。

（二）为高校教师提供定题个性化知识服务

高校教师是高校图书馆读者服务群体的重要组成部分，高校教师有别于其他教学层次的教师，他们不仅承担着大量教学工作，还要从事一定数量的科研工作。因此高校教师在有限的时间内优质完成上述两方面的工作，就需要经常利用图书馆提供的文献、信息与知识资源，及时追踪所授专业或学科的发展动向，掌握先进的理论，实现对广大学生"传道—授业—解惑"与教师自身业务能力提高的双重目标。所以为辅助高校教师提高他们的教学水平与科研能力，高校图书馆责无旁贷地要为教师从事教学与科研工作提供充足的教学、科研信息或知识，提供满足高校教师高等教育教学任务与科学研究所需的知识服务。通过建设与使用学科导航系统，馆员可以根据教师的不同需求，有针对性地为教师的教学科研或自学检索与搜集信息或知识，并利用馆员自身具备的知识服务素养与技能将搜集到的信息或知识分类整理反馈给教师，实现教师自身知识能力的提高。

（三）根据大学生不同学习阶段的要求，实施分层个性化服务

21 世纪高等教育具有个性化的教育特征，特别是在高等教育改革逐渐深入的今天，本科生、硕士和博士研究生在高校学习阶段逐渐由统一化学习，即统一的教学计划、统一的教学目标、统一的教材、统一的学习进度，开始转变为学生可以在低年级阶段统一学习基础课程，随着学习能力的提高、学习兴趣或专业方向的选取，学生再选择具体的学科专业方向继续深造完成高年级或高学历层次课程教育。因此，在这种具有个性化的高等教育学习模式下，学生的学习目的发生了根本性的转变，学生可以按照自己的理想完成学业，从而推动自身发展。

因此，高校图书馆在开展个性化知识服务时应根据高校学生不同学历层次的教学要求为学生提供不同层次的知识服务。

1.为本科生提供有助于其学习能力培养与提高的新知识学习服务

新型的教育模式造就了新的教育群体，当代高校本科生一直是高校图书馆服务的重要对象之一，为满足学生的个性化学习需求、培养大学生独立的学习能力，图书馆在原有为学生提供文献知识服务的基础上，根据不同学生不同的学习需求，利用互联网为学生提供个性化的知识服务。学生将所需信息或知识利用 BBS、E-mail 等网络技术发给图书馆，图书馆馆员根据学生需求，为其搜集、整理资料，回复给学生，与学生进行不断交流。图书馆馆员每一次为学生提供内容的同时，也在运用自身掌握的有关该服务问题的隐性知识为学生挖掘与整合新的知识，为其提供知识服务，从而使每一次知识交流成为上一次知识交流的升华，实现高校图书馆为在校本科生提供的学习新知识服务的目的。

2.为博士、硕士研究生提供有助于开拓其科研能力与水平的研究型知识服务

由于高等教育层次多样，从本科生到硕士研究生再到博士研究生，不同教育阶段对学生有不同的教育目的，尤其硕士研究生与博士研究生阶段，他们不再以学习理论知识作为主要学习目的，而是以探究某学科或专业的发展、创造某一科研课题的社会价值作为其学习目的。因此，高校图书馆为在校硕士与博士提供服务的深度与广度不同于图书馆为本科生所提供的服务，它更应体现在为硕士与博士的科学研究、学术论文撰写等方面所提供的信息与知识资源的深度挖掘、整合上，为硕士与博士提供专业知识或学科知识增值与创新支持服务。

四、高校数字图书馆个性化服务的实现方式

高校数字图书馆的个性化服务主要是以开展个性化信息服务来提高服务质量、效益和水平，充分发挥文献信息资源的优势，为学校的教学、科研提供强有力的信息支撑。高校数字图书馆个性化服务的实现方式有很多，但是综合各个特点可以归结为以下几种：

（一）信息推送服务

信息推送服务是运用推送技术（Push Technology）来实现的一种个性化主动信息服务方式。这里突出的是信息的主动服务，即改"人找信息"为"信息找人"，通过邮件、"频道"推送，预留网页、寻呼机等多种途径送信息到人。例如，中国人民大学信息学院和图书馆开发的"数字图书馆个性化推荐系统"，既能按照用户的定制要求提供资源，同时能跟踪和学习用户行为，自动采集用户兴趣，并动态跟踪用户兴趣的变化，从中分析出用户的新喜好，进行新的推荐。

（二）信息分类定制服务

信息分类定制服务是以读者的需求为服务导向，根据读者的信息需求，对文献信息进行加工、整合并传递。如当读者登录后即可按自身需要，逐级逐项选择需要的类别。选择完成后，读者向系统提交个人的定制内容。数字图书馆的后台数据库将记录读者的选择，当读者再次登录时，系统将读者账号和读者选择进行匹配，自动呈现读者需要的信息，其他不相关的信息将被过滤，不会出现在读者数字图书馆个性化信息服务系统里的相应板块。

（三）信息智能代理服务

用户在检索信息时，有时很难清楚地知道自己的兴趣爱好和需求，或者用户知道自己的兴趣和需求，却不知道如何贴切地表达出来，分类定制的方法让用户填写兴趣表单有时会使用户不知所措。信息智能代理技术就是在读者没有明确具体要求的情况下，能根据读者的需要，代替读者进行各种复杂的工作。信息智能代理服务就是通过跟踪读者行为，主动分析其行为并提取读者的个性化信息，搜集可能引起读者兴趣的信息，然后为其提供信息服务的一种模式。

（四）信息垂直门户服务

垂直信息服务是以用户为中心，在互联网上对某一专题信息进行检索、分类、评价、综述等，以期为用户提供专业、精确、深入的端到端的信息服务。"垂直"是针对一般信息服务工作中的广而不深，特指"专"且"深"的信息。垂直信息服务不再求全求广，但力求做到特定专业领域内信息的全面、深入、精准。垂直信息服务的重心是为专业用户提供高质量的个性化信息服务。

（五）参考咨询服务

参考咨询是针对读者利用文献获取知识有困难而给他们提供相关帮助及解答的过程。随着网络技术的发展，虚拟参考咨询服务得到了更为广泛的运用。它是以网络为传输手段，以数字信息资源为基础，通过电子邮件、实时问答、网上参考工具等形式，向用户提供不受时间、空间限制的参考咨询服务。其形式多样，包括远程参考咨询、实时参考咨询、电话咨询、联合参考咨询、BBS 参考咨询等。

（六）信息帮助检索服务

目前人们更多地是通过研究用户检索行为特点，设计相应的检索智能帮助软件来提供此类服务的。如当用户输入了一个检索词，系统就会将检索词与内部词表中的相关词进行比较，并在界面上显示各种与该词有逻辑关联性的词组，以供用户选择。这样可以通过帮助用户选择更接近自己检索目标的检索词来提高信息查询效率。

（七）数据挖掘服务

数据挖掘也称知识发现，是从数据库中获取人们感兴趣的、隐含的、潜在的知识。数字图书馆的数据挖掘是从数字图书馆数据库、数据仓库和浩瀚的网络信息空间中发现并提取隐藏在其中的信息的，目的是帮助信息用户寻找数据间潜在的关联，发现被忽略的要素，而这些信息对预测趋势和决策行为也许是十分有用的。

（八）信息呼叫中心服务

信息呼叫中心由最初的电话中心发展而来。这种电话中心主要是利用电话、传真等方式来服务客户，处理简单的呼叫流程。数字图书馆呼叫中心引入客户关系管理（CRM），建立客户数据库，对信息统计分析、处理、采集和提炼，使呼叫中心可以得到每一个客户的详细信息，如过去交往记录、客户爱好等，由此为客户提供一对一的个性化服务。

五、高校数字图书馆个性化服务中存在的问题及对策

（一）江芸、王欣的观点

江芸、王欣认为高校数字图书馆个性化服务中存在的问题有以下几种：

1. 封闭性问题

她们认为国内大多数图书馆不允许系统外用户（如非本校用户）使用自己的个性化信息服务系统，缺乏对个性化信息服务的宣传和推广利用。这将影响整个数字图书馆个性化信息服务的开展。所以应当加强建立馆与馆之间的互动，增加开放性，双方和谐合作发展，更好地服务于广大读者。

2. 局限性

个性化信息服务并没有完全从用户需求出发，现有的个性化信息服务项目虽然是"以用户为中心"服务理念的体现，但实际上仍然忽视了用户需求，更多的是从图书馆的角度进行资源组织和信息服务，尤其是对图书及论文的检索主要是根据本馆的馆藏来提供服务的，也无法实现包含所有的数据库。

总体来讲，目前各高校图书馆开展的个性化服务都依赖读者的主动参与，根据读者提供的信息来提供服务，特别是个性化服务系统无法跟踪读者的阅读和访问倾向，进而主动提供可用信息。此类系统只考虑一位用户的定制信息，而没有考虑同类用户的定制信息对他人的影响，不能根据同类用户的定制信息对他人做出推荐。

（二）刘高翔的观点

刘高翔在《基于数字图书馆的个性化信息服务综述》一文中提出的问题有以下几个：

1. 信息安全问题

信息数字化的发展，给用户充分利用提供了方便。然而自然灾害的威胁，数据的意外丢失，计算机病毒的日益增多、传播途径加快，黑客入侵手段高明、破坏程度严重，轻则网速减慢，效率下降；重则数据丢失，系统瘫痪。信息安全问题日益引起人们的高度重视。图书馆系统必须有完善的信息安全保障机制，通过法律手段、加强用户认证、数据异地备份等措施，避免系统中的信息受到破坏、泄露，保证系统连续正常运转。

2. 用户隐私安全与保护问题

为更好地开展个性化服务，有必要收集用户的个人信息，如姓名、住址、E-mail 等，这涉及用户的隐私问题。由于个性化服务要对用户的基本信息和查询行为进行分析，用户的日常行为、注册信息等都在个性化特征分析中。一方面用户担心在使用时个人信息被泄露；另一方面对图书馆服务系统的隐私保护技术尚不清楚。图书馆的个性化服务应从技术、管理方面制定较为详细的用户资料保密策略，承诺用户的个人信息和任何资料都不会泄露，确保个性化服务的针对性和可靠性。

3. 知识产权的法律保护问题

现阶段，数字图书馆的建设尚未妥善解决知识产权的法律保护问题。图书馆在开展个性化信息服务时，将涉及网络信息资源。在为用户提供个性化服务时，将涉及全文文献的传递、下载等，非法复制他人作品轻而易举，版权争议和著作权侵犯问题也影响个性化服务的实施进程。在专门的法律法规出台前，可采取如下权宜之计：由图书馆服务提供商包揽，负责解决可能会出现的版权纠纷；取得法律许可，方可使用文献；传递或复制文献时，只提供题录、摘要、索引；下载文献规定使用期限，过期便无法阅读。总而言之，随着网络的发展，高校数字图书馆的个性化服务变得关键，是图书馆的特色服务之一。高校读者的需求也有所变化，在信息泛滥的时代中，更加需要个性化、多元化的服务方式的转变，更好地维持图书馆提供多样性、专业性信息资源的重要地位。个性化服务的完善与发展更需要日后先进科学技术的支撑，提高图书馆的服务质量，让图书馆更好地遵循"一切以用户为中心"的宗旨。

第七章 高校智慧图书馆建设的经验借鉴与未来趋势

图书馆是人类知识的存储中心，是每个人终身学习的最佳场所，也是高校教学科研活动的重要保障。智慧图书馆是将智慧性研究发展到图书馆领域的一项创新。同时，智慧图书馆也是在网络图书馆、虚拟图书馆和数字图书馆的基础上发展而来的，它具有便利性、互联性、高效性等特点，是新技术与图书馆发展的密切融合。本章分为高校智慧图书馆建设的经验借鉴、高校图书馆建设的移动端创新、高校复合图书馆与云储存建设、图书馆服务共享理念的发展4个部分，其主要内容包括图书馆移动创新的服务内容、图书馆移动创新的服务功能、移动图书馆服务的发展趋势等方面。

第一节 高校智慧图书馆建设的经验借鉴

一、香港城市大学图书馆

香港城市大学图书馆（以下简称"城大图书馆"）成立于1984年，在1989年，迁到目前城市大学所在的位置，并被命名为邵逸夫图书馆，以表彰慷慨捐赠的邵逸夫爵士。城大图书馆是一个规模很大的单层图书馆，依附于学术楼，是城大教学区内唯一的图书馆，服务于全校师生。图书馆收藏的纸质图书达100多万册，电子图书超过240万册，拥有的电子资源库、电子期刊和媒体资源每年还在不断地增加。城大图书馆通过提高员工的服务意识，培养一批优秀的服务团队，给城市大学提供了一个有利于学习的环境。该图书馆以提供信息服务为中心，还一直重视西文馆藏的建设。城大图书馆在未引进RFID技术之前，馆内设置多类型、多功能的服务柜台，包括流通服务柜台，主要处理借还书和罚款；媒体资源服务柜台，主要处理媒体资源流通事务；信息服务柜台，主要提供图书馆的指引服务、普通的信息服务及较为专业化的参考咨询服务；主题咨询服务柜台，提供与法律主题相关的信息咨询服务。

（一）RFID技术的应用

城大图书馆于2007年开始引进RFID技术并进行图书馆的测试应用，第一阶段主要是 RFID 项目的立项，通过对 RFID 技术的性能评估和实验论证，根据研究成果，起初决定在图书馆的 2 个书库小规模应用 RFID 技术；第二阶段是实施测试阶段，分别在半闭架书库实施超高频 RFID 和媒体资源库实施高频 RFID；第三阶段开始对读者进行自助服务的教育培训，使读者适应自助借还服务；第四阶段是再次对 RFID 项目运行的效果进行评估和分析，比较超高频和高频 RFID 的性能，决定大规模实施 RFID 的类型和方案；第五阶段是在全图书馆大规模地开展应用 RFID 技术。

2009 年，城大图书馆全面应用 RFID 技术后，其图书馆内的服务框台增加了自助服务站、媒体资源自助服务站和信息技术服务柜台：RFID 自助借还机有 8 部，分别放置在图书馆的流通柜台和各学科主题服务柜台，主要处理日常的流通业务，并支持自动缴费业务；媒体资源 RFID 自助借还机有 2 部，主要服务于媒体资源的自助借还和自助付款工作；2 个信息技术服务柜台分别位于图书馆的南北 2 个区域，主要是提供信息技术服务。

（二）RFID 技术应用成效分析

虽然基于 RFID 系统的使用规模，我国高校图书馆相对小于公共图书馆，但香港城市大学图书馆作为我国成功地将 RFID 技术引进高校图书馆的典范，为我国高校图书馆开拓了眼界，使国内更多高校图书馆引进并使用了该技术。城大图书馆在实施 RFID 项目第三阶段，还对图书馆的读者进行了自助借还的推广、教育培训等活动，使得自助借还成为读者的使用习惯。该校图书馆还根据馆藏和馆务的实际情况，对图书馆部门进行了调整，通过对图书馆组织结构和业务流程的重组实现了图书馆资源的整合，提高了图书馆的服务质量。

城大图书馆应用 RFID 技术后，利用这一机会，转变了图书馆的服务模式，即从传统的以柜台人工服务为主的服务模式转变为依托 RFID 技术的自助服务为主的服务模式。这一转变，使读者享受到了 RFID 技术带来的实质性便利。单纯地看 RFID 只是一种技术，但将其合理地运用于图书馆各项服务工作中，它就是一种财富。城大图书馆作为我国的一所高校图书馆，结合高校图书馆服务对象、服务内容和服务手段的特殊性，其已成功地引进 RFID 技术并大规模地进行推广应用。

二、哈佛大学图书馆

国外最早将大数据服务引入图书馆并付诸实践的是哈佛大学图书馆。2012 年哈佛大学图书馆将其 73 所分馆的书目数据、音频、视频等资料对外开放，公众可在美国数字公共图书馆免费下载，这一举措有助于促进全球书目数据的开放与关联，并在开发利用书目大数据的基础上研发新型的应用性产品。

哈佛大学现有 79 个图书馆，经过多次变革与调整，目前正致力于中心化管理方向，并加强图书馆之间在资源、财力、人力等方面的统一管理和调配。在这么庞大的机构体系下，强化对教、学、研的深入融合是所有成员馆的首要任务。

（一）先进的学科信息服务平台

学科信息服务平台是学科馆员与学科用户进行沟通联系的重要工具和媒介，是提高学科服务效率的重要辅助手段。很多高校图书馆引进 Lib Guide 系统来构建自己的学科服务平台，该平台架构由首页、Guide 界面、Page 页面和 Box 模块组成，馆员自己登录即可根据各学科信息资源建立或更新导引。平台的服务质量取决于服务开展的内容与深入程度。哈佛大学图书馆利用其丰富的内容，在学科信息服务平台建设上树立了典范。

以哈佛大学法学院图书馆为例，学科信息服务平台提供研究咨询请求、学科探索研究指南、资源检索、常见问题探索、培训活动注册和课程网站登录 6 大板块。其中的学科指导涉及 127 个小学科、8 个课程指导、14 种方式（工具）等。

哈佛大学图书馆的资源检索平台 HOLLIS+ 几乎包含哈佛大学的所有馆藏，如书籍、期刊、图像、地图、档案、手稿、乐谱、音乐、视频、电影和数据等，还包括一个巨大的文章数据库，涵盖订阅的数据库、期刊以及开放获取内容，如哈佛开放访问存储库 DASH。某些专用数据库可能会排除在外。

（二）深度融合的嵌入式学科服务

建于 1908 年的哈佛商学院是美国培养企业人才最著名的地方。如果说哈佛大学是全美所有大学中的一项王冠，那么，哈佛商学院就是王冠上夺人眼目的宝珠。哈佛大学商学院图书馆自 2008 年以来调整了发展目标和策略，其中，与教、学、研紧密结合的嵌入式学科服务是首位工作。该图书馆提供广泛的科研与教学服务，支持教师开发突破性的商业创意，深入研究关键商业问题。哈佛商学院的贝克图书馆是世界上最大的和最受尊重的商业图书馆，其研究支持服务为教师的研究、课程开发和资料管理提供全方位的支撑服务，包括参考咨询、文献资源梳理、数据资源咨询与购买、数据库操作与分析等。尤为重要的是，哈佛商学院也提供独一无二的与美国和世界商业及产业发展相关的历史文献，为研究提供专业参考资料。

贝克图书馆基本的课程服务项目包括教学准备服务、技术帮助、课程网站建设、教参资料的保留和获取、全文链接的提供等。全程跟踪的深度课程服务是贯穿整个教学过程的服务，如信息产品和学习资源的定制、课程相关情报收集及相关领域的调研分析、课题决策参考方案、学生研究作业和课堂学习活动及项目内容设计、课程平台链接和课程阅读教参的设计、课堂研究报告所需研究技能和方法等。

贝克图书馆不仅为在校的博士研究生、科研工作者提供研究支持服务，还为校友提供研究支持服务；不仅提供馆藏资源和数据、工具，还会帮助用户进行数据购买与谈判；不仅具有授权和公开可用数据库的专业知识，而且提供多个数据源的数据下载、提取、合并与清理；不仅提供研究初期对概念、研究过程和计算程序的检测与评价，同时针对分布的、可复制的或修改的数据，提供对这些数据来源的网站或数据库的评估，并配备馆员进行数据的公开获取或其他问题咨询。哈佛商学院的 MBA、博士研究生和跨院系注册的学生可以通过贝克图书馆案例请求服务向哈佛商学院的教工索要案例和背景资料,一般情况下,1个工作日内就能到达申请者的邮箱,这对于商学院的用户来讲是不可多得的资源和竞争优势。

(三)专业的多样化学科服务团队

哈佛大学图书馆通过招聘和返聘两种方式组建馆员团队,为馆员提供持续学习的机会,确保馆员精通基于证据的决策和数据应用,激励员工进行创新和发展跨部门工作的能力,以便于每一位职员都能够成长为技术成熟、灵活变化且擅长项目管理的图书馆馆员。

哈佛大学图书馆的学科服务密切融入教学、学习与科研中,团队成员由3类图书馆馆员组成,包括研究馆员、院系联络人和学科馆员。其中研究馆员是有较强专业背景并有研究工作经验的图书馆员,能够帮助用户确定和使用本馆资源,或者为课程、学期论文、硕博论文以及其他科研项目设计研究方案,他们不仅为学生提供帮助,也为教授和其他教职人员提供帮助。学科馆员主要为研究者提供按照学科组织的电子资源、印本、服务等详尽信息,专业素质相当高,对本专业学科的研究非常了解且有正确的资源和信息揭示,负责本学科的资源发展。院系联络人一般由具有专业背景的图书馆馆员担任,主要负责与所负责院系建立联系,开设和指导图书馆相关课程,为学生和老师提供一对一的咨询服务,协助编写课程研究指南和建设课程网站,提供日常的参考咨询服务,帮助用户识别和使用哈佛大学图书馆资源。图书馆积极推荐和鼓励用户在研究工作开展之前联系研究馆员进行个人咨询服务的预约,图书馆网站给出了893位图书馆馆员的邮箱、电话、所在的图书馆、所在的部门及工作、服务语言等。

三、康奈尔大学图书馆

康奈尔大学图书馆是美国著名的研究型大学图书馆,拥有20个分馆,近年来在美国研究图书馆协会的排名中一直位列前十名。现有50多名学科馆员,主要负责院系联络、学科资源建设、参考咨询、信息素养教育等常规工作,也逐步嵌入科研和教学,涉足学术出版传播、数据监管等业务。

康奈尔大学图书馆在其"2011—2015年战略规划"中明确提出,图书馆要在科研生命周期的每个阶段对师生提供学术支持,以促进研究与学术交流。

(一)将信息素养教育嵌入教学过程

康奈尔大学图书馆的大多数学科馆员直接参与用户培训,通过开设培训讲座、与院系教师合作教学、建设学科与课程导航等方式,将信息素养教育整合到学校的教学环节中,有明显的嵌入式特征。目前,嵌入课程的教学模式主要有2种:一种是浅度嵌入,即学科馆员作为教学助手出席课堂,只负责讲授其中的部分内容,其余时间为课程提供信息服务;第二种为深度合作,即学科馆员与教授合作开设课程,双方一起设计课程体系与作业,共同参与课程讲授。相比较起来，前者比较容易开展，后者非常具有挑战性，要求学科馆员对该课程具有极高的专业修养和认识。

图书馆导航是按一定的分类标准将学科信息、学术资源等集中在一起，并对导航信息进行多途径的内容揭示，方便用户查找的系统工具，是图书馆在其网站上提供学科服务的重要工具。为支持教学和科研，康奈尔大学图书馆建立了 54 类总计 140 个学科导航和 285 个课程导航；此外，为了帮助读者更好地使用图书馆，提升研究能力，还建立了 9 个信息素养方面的技能导航，如图书馆的资源介绍、电子书检索等。在导航展示方面，页面上会显示各个导航的更新时间和今年的访问人数等信息，用户很容易了解在该学科大类下哪些导航是热门和质量高的，为其进行选择决策提供了极大的便利。

学科馆员利用 Lib Guides 平台制作了大量针对具体课程的网络导航，内容通常包括课程的基本研究方法，资源的搜索技巧，与课程相关的图书、新闻、数据库、网站、参考工具书、多媒体资源（包括图片、视频、音频等）、统计数据，等等，还会嵌入学科馆员的个人简介与联系方式。

为培养本科生的核心信息素养，2007 年康奈尔大学借鉴加州大学伯克利分校的做法，推行本科生信息素质计划。该计划由图书馆和负责本科生教育的副教务长办公室共同资助，鼓励教师重新设计本科生课程作业，探索将研究技能整合到课堂和课程的有效方式。

在该计划中，图书馆、信息技术中心和教学中心通力合作，为选拔出来的 5~10 位本科生教师提供 5 天集训，帮助他们对所开课程进行设计改革，在课程作业中增加研究能力培养的部分。集训结束后还给参与培训的每位教师发放 1000 美金，支持他们继续完成教程改革和新教学工具的开发。在随后的 1 年里，合作者继续保持沟通、咨询，将这些课程不断改进和完善。从已取得的反馈来看，本科生信息素质计划对教师教学和学生学习产生了积极影响，改变了图书馆直接面向学生开展培训等传统信息素质教育模式；同时，学科馆员与教师和校内其他部门建立起一种新型的合作关系，促进了信息素养教育的深化，将图书馆从被动的服务提供者角色提升为主动实施教育者之一。

（二）学术社交网 VIVO 促进交流合作

随着众多交叉学科的出现，重大研究项目越来越离不开跨界合作，而大学传统的院系行政结构导致教师对其他学科或机构的研究者缺乏了解。VIVO 是一个基于开源语义和本体结构的科学家社交网络，旨在帮助研究者寻找同行，改进研究，形成合作，被认为是一个发现科学家的网络应用。

VIVO 由康奈尔大学图书馆和康奈尔大学计算机专家在 2003 年发起，最初仅对生命科学专业开放，为康奈尔大学校内外的用户提供研究者、研究项目、基金、相关课程、出版物、学术活动、实验室与研究条件等信息，目的是促进学术交流与合作。后来，在康奈尔大学的支持下，其他院系也陆续加入进来，VIVO 逐步扩展到覆盖所有学科。2009 年，VIVO 获得美国国家卫生研究院（NIH）的 1200 万美元资助，康奈尔大学联合佛罗里达大学、印第安纳大学、华盛顿大学等 6 所高校，迅速将其发展为一个全美跨学科科学家网络。VIVO Web 推动了美洲国家和地区机构的研究发展与交流，其研究数据已被美国、澳大利亚等国的网络机构采纳和利用。

（三）数据管理服务促进数据保存与共享

长期以来，研究数据通常由研究者自行保存，难以共享。科研数据管理应运而生，成为研究型大学图书馆的一项新服务，为学科馆员发挥特长、融入科研活动提供了新的机遇。康奈尔大学图书馆在科研数据管理和监护方面进行了很多有益的探索和尝试。

2010 年，康奈尔大学组建了研究数据管理服务组，图书馆作为主要成员参与其中，与校内其他机构合作，提供各种数据管理服务，如存储备份、元数据加工、数据分析与发布等；推动项目组之间的合作，促进数据的跨学科利用。

该平台是康奈尔大学图书馆主要针对本校学者提供的数据监护服务，以机构库为基础，拥有可产生多种格式的高质量元数据的工具，通过协助学者完善数据和元数据来促进共享，最终积极帮助他们在各自领域的学科库公布数据成果，促进科研数据的长期使用和保存。

康奈尔大学图书馆的学科馆员在数据管理与监护服务中的主要工作如下：提供咨询服务，协助科研人员依据基金申请的要求和不同学科数据的特点，制定研究数据管理规划，参与数据保存标准的制定，建设数字仓储等。

第二节 高校图书馆建设的移动端创新

一、轻应用概念

轻应用（Light APP）是超级 APP 与 Web APP 的融合，是运行在超级 APP 生态上的基于 HTML5 语言的 Web APP。它是无须下载、即搜即用的全功能 APP，既有媲美甚至超越 Native APP 的用户体验，又具备 Web APP 的可被检索与智能分发的特性，可有效解决优质应用服务与移动用户需求对接的问题。在我们看来，轻应用的基础是超级 APP，它为轻应用提供用户、流量和底层技术支撑，同时降低开发和平台覆盖的成本。例如基于浏览器的轻应用平台，可以根据使用场景向用户提供智能推荐和分发服务，让 APP 在应用商店之外，拥有更多的曝光机会。

移动互联网环境中，轻应用有以下特征：无须下载，在轻应用环境中，用户通过搜索或者订阅就能找到对应的服务，而且开发者后端的每一处更新在前端都能自动呈现，无须打扰用户，轻松实现版本更新；跨平台能力，轻应用依托于超级 APP，在任何手机平台上，只要安装了相应的超级 APP 就能访问所需轻应用，轻应用可以轻松跨越多个手机平台；轻应用拥有手机本地或云端的多种能力，如调起语音、摄像头、定位、存储等本地资源，还可以添加到手机桌面，并同时具有收藏、订阅与分享等云端功能；轻应用平台大多拥有海量级的用户，能够帮助开发者解决轻应用分发的困难，为轻应用带来巨大的品牌曝光度。

轻应用是移动互联网环境下的一个新的生态模式，它与传统的 Native APP 和 Web APP 之间既有联系又有区别：Native APP 是一种基于智能手机本地操作系统如 IOS、Android、WP 并使用原生程式编写运行的第三方应用程序，也叫本地 APP。Native APP 因为位于平台层上方，向下访问和兼容的能力会比较好一些。轻应用则是运行在 Native APP 之上的应用，它是某个 Native APP 生态中的一员。Web APP 是运行在浏览器上的网站，它只需要通过 HTML、CSS 和 JavaScript 就可以在任意移动浏览器中执行。轻应用则是在超级 APP 提供的技术与支持基础上产生的 Web APP，它是超级 APP 的一部分，并且一般使用 HTML5 语言开发。

二、图书馆移动创新的服务内容

（一）移动目录检索服务

移动目录检索服务是目前移动图书馆服务中的重要服务内容。国内外移动图书馆纷纷建设移动图书馆网站，在移动图书馆网站中最核心的部分就是移动馆藏目录检索服务。移动图书馆的检索系统主要通过相关模块自动抽取图书馆的书目信息，检索界面一般分为简单检索和高级检索等。如今，移动目录检索服务是国内外移动图书馆开展的最主要的一项服务。

移动目录检索服务是移动图书馆必不可少的重要环节，国内移动图书馆的 Mobile OPAC 基本上都和移动图书馆 WAP 网站结合在一起，专门提供移动 OPAC 的图书馆较少。国内图书馆一般采用超星、书生或汇文的移动图书馆系统，也有一些图书馆采用自建或合作的方式构建移动图书馆。我国图书馆的移动检索目录通常按照图书、期刊、报纸、学位论文、视频、新闻等内容进行分类。

（二）移动馆藏阅读服务

移动馆藏包括电子图书、电子期刊、有声图书、在线课程、音频和视频等资料，用户可以在移动设备上阅读和使用。与传统的馆藏资源相比，移动图书馆的馆藏覆盖范围更为广泛。埃利萨·克罗斯基认为移动馆藏是图书馆为用户提供的可移动的数字多媒体馆藏，能使用户从图书馆远程服务中受益，内容包括视频、音频、电子书、电影和 CD 等。

移动馆藏资源可以分为两种类型：一种是移动图书馆购买的馆藏资源，另一种是移动图书馆自建的馆藏资源。目前，国内外不少图书馆为用户提供多媒体数字资源的移动馆藏。近年来，通过听书的方式阅读有声读物是流行的一种新型阅读方式，它是把纸质的图书经主讲人朗诵出来成为有声读物，尤其能满足视力不便的老年人、残障人士和少年儿童等人群的需求，用户通过移动设备来点播所需信息，就能够享受到移动阅读的乐趣。

国内外图书馆在建设移动馆藏资源的同时，也在开展各种移动阅读服务。目前图书馆主要提供两种移动阅读服务。一种是"硬件＋资源"的外借方式，主要是电子书阅读器出借服务。这种方式由图书馆购置一定数量的阅读器，在预装移动馆藏后为用户提供服务，用户借入后可以下载移动电子书等馆藏资源。另一种是允许用户利用自有移动设备借阅图书馆的移动馆藏。这种方式是通过专用软件对用户和资源进行管理，用户可以安装相应的移动客户端软件，或者直接在移动图书馆网站上进行在线阅读。这两种移动阅读方式各具特色，相对而言，国外开展电子书阅读器出借服务的图书馆较多，而国内提供该服务的图书馆较少；而第二种移动阅读服务，是比较受用户欢迎的移动阅读方式，也是比较便捷的服务方式，随着移动设备的发展和进步，用户利用自有移动设备进行移动馆藏阅读必将成为移动图书馆的重要服务内容。

（三）移动参考咨询服务

移动参考咨询服务是伴随着移动服务的发展而产生的，是移动图书馆的主要服务内容之一。目前对于移动参考咨询的概念，图书馆界还没有统一的定义。2011 年，扈志民认为移动参考咨询是用户和咨询馆员一方或双方利用移动设备进行问题咨询和解答，并通过相应的平台向用户推送信息内容的一种参考咨询服务方式。换言之，移动参考咨询服务是将传统的参考咨询和数字参考咨询的服务内容嫁接在移动平台上，其服务更具快速性和便捷性。移动参考咨询具有以下特点：其一，服务手段具有灵活便利性，移动用户在进行移动参考咨询服务时，不受时间和地域的限制，可以灵活调整或更新网络配置，随时接入移动互联网进行参考咨询；其二，服务信息源具有多样性，移动参考资源既有图书、期刊、报纸等传统的纸质文献资源，还包括各种音频和视频资源，更有专业的数据库资源和网络信息资源，用户可以自由地选择文本、图片及多媒体等信息；其三，服务环境具有开放性，主要体现在移动服务终端的多选择性上，用户可以根据自身情况随意选择使用的服务终端和地点；其四，服务成本具有经济性，主要体现在节约安装成本和人工维护成本，移动终端只需用户支付终端购买费用，无须安装任何物理线路，同时也节省了维护成本。随着移动图书馆服务的不断发展，移动参考咨询服务已经成为移动图书馆服务的重要内容。

（四）移动二维码服务

近些年，移动二维码作为一种全新的信息存储、传递和识别技术，已经在美国、德国、日本、韩国等众多国家应用于各个领域，特别是在日本和韩国，二维码被广泛应用于人们的日常生活中，如食品包装袋、报纸杂志、宣传单和建筑等标识上。目前，二维码技术已经应用于图书馆领域，为用户提供了更为便捷的移动图书馆服务。如今，移动二维码服务在图书馆中发挥了重要的作用，为用户使用图书馆提供了很多的便利。随着移动技术的进步，二维码和图书馆的结合将为移动图书馆开启一个新的篇章。

（五）其他移动服务内容

除了上述移动图书馆服务之外，还有一些移动图书馆服务内容比较有特色。比如，利用移动图书馆来预定研讨室、进行可用计算机查询、图书馆定位导航、移动图书馆流通服务，以及移动社交网络等服务，具体如下：

1.预定研讨室服务

从国外移动图书馆服务的调研情况得知，国外不少图书馆都可利用移动设备预定图书馆的研讨室或学习室，其中以美国和加拿大的图书馆居多。例如，美国的弗吉尼亚联邦大学图书馆、杨百翰大学图书馆、加利福尼亚州立大学蒙特利湾分校图书馆、北卡罗来纳大学教堂山分校图书馆、密苏里大学哥伦比亚分校图书馆，以及波士顿大学帕帕斯法律图书馆；加拿大的多伦多都会大学图书馆、莱斯布里奇大学图书馆等。其中，美国弗吉尼亚联邦大学图书馆的研讨室预订服务做得比较人性化，其设计清晰方便，图文并茂，充分考虑到了用户的体验和感受，值得学习和借鉴。移动图书馆的预定研讨室服务，使用户可以通过手机等设备随时查看剩余研讨室的数量并进行预定，给用户带来了很多的方便。

2.可用计算机查询服务

利用移动图书馆，用户可以实时查询图书馆的可用计算机数量，以决定要不要去图书馆查询资料和学习，这项服务对于大学图书馆的用户来说非常实用。

3.图书馆定位导航服务

对于在图书馆内查找图书的用户而言，迷失在书架中找不到需要的图书是常有的事情，通常用户会去服务台咨询，但得到的帮助往往不够直接，这时利用移动设备就可以轻松地进行馆藏定位导航，帮助用户找到需要的图书。

4.移动图书馆流通服务

目前，不是所有的移动图书馆服务都能与用户进行直接的互动，但有些移动图书馆服务可以在幕后为用户提供更好的服务，图书馆员也可以借助现代移动设备为用户提供流通服务。

5.移动社交网络服务

近几年，移动社交网络服务受到了广大用户的欢迎，国内外的图书馆也积极引入了相关服务。据调查，国外不少移动图书馆网站都设置了 Facebook、Twitter 和 Flickr 等社交网络的链接。移动图书馆社交网络服务是基于文献资源及移动用户关系分享和传播的平台，也是未来移动图书馆服务的发展方向。

三、图书馆移动创新的服务功能

（一）移动检索、移动阅读服务功能

基于图书馆的轻应用构建移动端全方位一站式资源检索引擎，将轻应用平台提供的语音识别、图像识别技术与图书馆的数字资源相整合，可精准智能地让读者找到所需要的资源。通过数据挖掘技术，分析读者的阅读习惯，可向读者推荐相应的检索结果等。实现以上功能的关键在于使移动搜索与元数据整合，实现传统数字资源目录与移动端目录的高度统一。结合移动终端与图书馆数字资源的优势，可以为读者提供任何地点、任何时间以及任何平台上的阅读服务。依托轻应用平台的功能，可以实现文本、音频以及视频的阅读，以丰富读者的阅读内容。实现移动阅读的关键在于将以往 PC 端的内容加以转化以适应移动终端阅读特点，并且需要打通移动终端合法访问电子资源的渠道。

（二）自助服务与移动导航功能

借助轻应用平台实现读者的自助服务，将极大地拓展图书馆的服务时间与空间范围，读者可以在手机上实现图书的预约与续借、研讨室的预约、欠费的缴纳、资料的打印、问题的咨询等功能。当然通过轻应用的推送功能，图书馆也可以向读者推送各种提醒，比如借书到期、新书推荐、热门图书推荐以及图书馆的公告等内容，读者在任何时间与空间都可以享受到图书馆的服务，使图书馆由被动服务转向主动服务，结合人工智能技术，实现24 小时全天候服务模式。

通过轻应用平台提供的 GPS 与罗盘功能，调用云端的地图接口构建图书馆导航服务，可实现图书馆馆内布局定位、资源布局导航。将导航服务与馆藏信息相结合，还可以精确地定位读者所需要的图书所在楼层、书架、层数等信息。调用轻应用平台开放的 LBS（定位服务）接口，在 GIS（地理信息系统）的支持下，可为读者提供与地理位置信息相关的服务，读者只要进入图书馆，就可以收到自己周围的服务信息，包括相关服务的介绍、路线以及评价等信息，实现图书馆服务的智能化与人性化。

（三）个人移动空间与互动分享功能

建立在轻应用平台上的个人移动空间，利用轻应用平台提供的第三方登录技术，打通图书馆账号与轻应用平台账号，可使超级 APP 身份认证与图书馆身份认证同步，如百度账号与图书馆账号的同步。解决了轻应用平台的身份认证，不仅可以使读者在个人空间中查看借阅状态，如借书册数、欠费情况、借阅历史等信息，还可以调用轻应用平台的云存储接口。读者可以将关注的资料存放在云端，与电脑端同步，实现随时随地查阅与编辑个人资料。在云存储时代，分享也会变得非常高效与简单，读者之间相互分享知识也变得很容易。互动沟通是移动互联网的核心，超级 APP 一般本身就具有强大的通信功能，不仅可以实现传统的文本通信，还可以通过语音与视频实现沟通。

四、图书馆移动的实践

（一）需求分析

已经建立了轻应用生态系统，并且包含大量成功案例的国内轻应用平台有百度轻应用、UC 轻应用等。百度轻应用是依托百度客户端、轻应用工厂、Site APP 以及百度云等开放架构，构成的轻应用生态。图书馆要拥有一个百度轻应用，需要经过账号申请、创建接入和审核 3 个步骤，首先要申请百度开发者账号，申请通过后在轻应用工厂中通过模板或者拼装创建图书馆轻应用，创建轻应用时可以根据图书馆的特点增加相应的服务，一般需要具备提供移动检索与移动阅读服务、自助服务与移动导航、个人移动空间与互动分享功能。创建完成以后申请对接轻应用，审核通过，即完成了百度轻应用的搭建。如果图书馆已经拥有 HTML5 的 Web APP，也可以直接接入百度轻应用平台。完成以后，可在百度手机客户端通过搜索、订阅查看所创建的轻应用，如果想更加方便地查看图书馆的轻应用，还可将其添加到手机桌面上。

（二）实施过程

完成轻应用功能组件的添加。选用的组件可以在右侧区域编辑组件属性，将图书馆的相关服务信息添加进去。接下来是轻应用上线提交，提交后状态显示为"对接中"，当状态变为"已上线"，表示轻应用的对接完成。对接完成后就可以在手机浏览器中访问图书馆的轻应用，而且可以在百度客户端订阅图书馆的轻应用。以上步骤是一个简单的轻应用实现过程。但是需要说明的是，这样的轻应用无法将图书馆现有的服务与轻应用相互融合，而使用百度提供的 Site APP 工具，可以直接将现有的 PC 版网站转化为适合手机端访问的页面，为图书馆轻应用提供了丰富的内容，使图书馆的轻应用服务更加实用；通过百度直达号实现图书馆服务的即搜即用，只要在手机百度搜索框中输入词条，就可以直接找到该图书馆的轻应用。

五、图书馆移动创新启示

（一）需加强对互联网开放平台的适应性

在移动互联网环境中，图书馆的弱势在于技术支持与推广，优势在于强大的数字资源和服务能力，轻应用正好可以使图书馆扬长避短。图书馆只要专注于服务的内容，而不必关心技术实现和推广问题，轻应用平台拥有强大的技术支持、云服务能力、海量的用户，可以帮助图书馆解决技术与推广等问题。读者只要安装了超级 APP，图书馆的服务就可以推送到读者的移动终端，而且可以实现跨平台服务，这种方法为图书馆服务推广提供了一个重要途径。现在国内移动手机上常用的 APP 有百度搜索、微信、微博、UC、360 等，这些超级 APP 都已经推出了自己的轻应用平台，图书馆将自身服务整合到这些轻应用平台上，就能把图书馆的服务推送到读者的手机上，这种方法能够冲破图书馆服务的物理限制，为读者提供超越空间、时间与平台的服务。

（二）更好的用户体验

在图书馆轻应用的开发过程中，采用响应式的基础设计可以为读者提供更好的体验。就是同样一个应用，在用不同终端访问时，也能根据屏幕比例等环境自适应，展现不同的交互界面。因为将来的互联网服务必是跨屏的，涵盖的终端包括 PC、手机、平板电脑和电视等，采用响应式设计，能让读者在不同设备之间无缝迁移。增强离线能力，可利用 APP Cache、Local Storage 等技术，将主体框架离线缓存至本地，同时采取一定的联网更新策略。在合理使用推送能力方面，如果轻应用、插件或者公众账号能够获得系统级的推送能力，就能具备与 Native APP 基本一致的体验。另外还要注意采取适中的交互设计，轻应用的交互设计不能完全照搬 Native APP，也不能是传统的 WAP 网站风格，而应该处于两者之间。哪些功能应该是类 Native APP 的体验，哪些功能可以采用 WAP 链接跳转的方式，都要根据具体服务的特性进行综合衡量。

（三）开发图书馆轻应用行业模板

轻应用开放平台提供用于构建轻应用的可视化、模板化工具，让轻应用的开发简单、标准，百度的轻工厂与行业模板为缺乏开发能力的图书馆提供了解决方案，还可以通过 Site APP 简单地将图书馆已有的 PC 端服务移动化。国内图书馆的技术力量参差不齐，图书馆轻应用还处于初级阶段，到目前为止图书馆的服务并未与轻应用完全融合，还没有出现调用语音、GPS、摄像头等终端资源为读者服务的轻应用，更没有调用云存储、LBS 和云推送等功能提供服务者。希望在未来能有更多移动开发技术比较强、经验比较丰富的图书馆设计开发图书馆轻应用模板，在百度、UC、360 等轻应用平台发布，供其他图书馆参考。

六、移动图书馆服务的发展趋势

（一）服务功能更具有层次性

我国图书馆界一直以来都认为图书馆功能单一，主要为人们提供知识信息，所以开展的移动图书馆服务的主要功能都是以知识信息为中心开展起来的，和传统图书馆服务没有什么本质区别，这不免会给用户带来一种服务落后、内容陈旧的感觉，创新程度不高，并没有让用户体验到移动图书馆服务的便捷，因此不能对用户产生足够的吸引力。图书馆提供的移动图书馆服务不应仅仅为用户提供知识信息，要进一步挖掘用户需求，与用户的生活信息等结合起来为用户服务。国外移动图书馆服务在这方面的做法值得借鉴。例如，康奈尔大学移动图书馆服务功能主要由传统图书馆服务、课程服务以及探究服务三部分功能模块组成，并且将这些功能模块按照服务层次由低到高的顺序来排列，层次性较高，能够很好地满足不同用户的需求。

（二）服务功能更具人文特色

目前国内移动图书馆服务的宣传工作难以令人满意，图书馆方并不注重移动图书馆服务的宣传推广工作，而是将移动图书馆服务开通后就搁置一边，任其发展；或是在移动图书馆服务开通之时宣传力度很大，但是缺少长期的宣传推广规划。这就导致有很大部分的读者不知道移动图书馆的存在或是移动图书馆有哪些特色，从而严重影响了移动图书馆的使用效率。通过调查美国移动图书馆应用实践后发现，美国大多数移动图书馆的用户界面不仅形式漂亮，而且实用性较强，便于用户操作，所设功能都十分贴近用户生活。所以，笔者认为，我国移动图书馆服务可以从以下几个方面进行改进：一是页面设置要简洁明了，提供全局导航服务；二是重视宣传，将网页中的宣传导航模块放于显著位置；三是加入与用户生活息息相关的功能服务，如班车时刻、医疗信息等。

近几年来，我国图书馆移动服务已取得了一定的成果，但是仍存在着一些不足。在现今移动技术突飞猛进的时代背景下，图书馆更应该适时变革，增强创新意识，提高对技术的敏感度，不断更新服务以提高竞争力。图书馆的发展充满着机遇，移动图书馆服务一定会在未来的发展中继续履行和实现图书馆的核心价值，不断地为用户带来贴心服务。

第三节　高校复合图书馆与云存储建设

一、高校复合型图书馆

（一）复合型图书馆

关于复合型图书馆的概念，我们先看看各国专家的不同提法。

英国电子图书馆计划主任路斯布里奇认为："复合图书馆是将不同渠道的各种技术融合到图书馆的工作环境中，探索和开发电子和印刷环境共存的集成系统和服务。"英国弗雷特韦尔-唐宁信息研究所主任默里认为："复合图书馆是对大范围内信息服务提供集成式和背景化存取的管理环境，而不管这些信息的位置、格式、载体如何。"伯明翰大学史蒂芬教授认为："复合图书馆既不是仅包含纸质资源的传统图书馆，也不是仅包含电子资源的虚拟图书馆，而是介于二者之间，是一个将印刷与电子、本地与远程等各种信息资源集成于一体的图书馆。"我国初景利教授认为："复合图书馆是将传统图书馆与数字图书馆有机地结合起来，优势互补，信息用户在电子和印刷型资源并存的复合环境下查询信息。"

那么复合图书馆到底是什么？它是图书馆发展的一种必然，那么，是图书馆发展的一种权宜之计，还是永久性发展模式？国内外图书馆界对复合图书馆的解释主要有以下观点：

第一种观点认为，复合图书馆是由传统图书馆与自动化图书馆复合，图书馆连续发展的过程是从传统图书馆到自动化图书馆到复合图书馆再到数字图书馆。这种观点的实质是复合图书馆只是传统图书馆与数字图书馆之间的过渡图书馆，不是一种长期存在的图书馆，数字图书馆最终将代替传统图书馆，传统图书馆仍将消亡。第二种观点认为，复合图书馆是传统图书馆与数字图书馆共存互补，有机结合，图书馆的连续发展过程是从传统图书馆到数字图书馆再到复合图书馆。复合图书馆不是传统图书馆与数字图书馆之间的过渡阶段，而是二者有机结合的新产物，是未来的一种新模式，将长时间存在下去。第三种观点认为，复合图书馆是传统图书馆与数字图书馆共存互补、有机结合在一起的一种图书馆存在形态，是在未来将长期存在的一种独立形态和模式。第四种观点认为，未来图书馆将是传统图书馆与数字图书馆并存的时代，复合图书馆绝不是一种简单过渡，而更应成为未来图书馆发展的唯一形态。

综合分析上述观点可以认为，复合图书馆是传统图书馆经过充分发展后，借助现代信息技术的力量提升的一个新层次，它成功地运用了以计算机技术、网络技术为核心的现代信息技术，使自身的各项要素和工作环节焕然一新。复合图书馆是图书馆发展基础上的逻辑延续，是图书馆发展模式的现实选择。可以说，在未来相当长的一个时期内，复合图书馆将是现实图书馆的主体形态，其原因较多。

一是无纸社会的到来要经历相当漫长的一段时间。1978年在专著《通向无纸情报系统》中鼓吹"无纸社会"和"图书馆消亡论"的美国著名图书馆学家兰开斯特，在20世纪90年代中期其思想发生了很大的改变，认为"以纸为载体过渡到以电子为载体的交流令人神往。然而随着过渡的实际进行，我对其发展和意义则变得不再热情满怀，并且在过去的几年甚至变得彻底敌视"。在网络载体迅速发展的前提下，传统的纸介质载体仍有自己的生存和发展空间。

二是要实现真正意义上的数字图书馆，将要经过一个相当长的过程。在这个时期，印刷型文献将和数字型资源共存并进，图书馆将是传统图书馆和数字图书馆有机结合的复合体，是在多种信息资源并存的背景下，为广大用户提供印刷型文献和电子文献、缩微资料、多媒体视听资源、网上信息资源的集成化检索和服务，实体服务和虚拟服务将长期共存互补和融合发展。

三是非技术因素正在严重制约数字图书馆的进程，如经费问题、版权问题、安全性问题、效益问题、用户习惯问题等。

四是数字图书馆在国家间、地区间乃至系统间发展的不平衡，极少数图书馆可能会率先进入数字图书馆形态，全面开展数字化服务，而大多数图书馆在相当长的时期内，以复合图书馆为主体形态。

总之，复合图书馆是随着社会的发展和科技的进步而出现的，它是图书馆事业发展的必然过程和阶段。但发展不是新事物全部排斥和代替旧事物，新事物代替旧事物只是其中的一部分，新事物代替旧事物有的是在原有基础上的不断延伸发展，有的是新旧事物两者相结合，共存互补、互助互动。传统图书馆与数字图书馆有机融于一体，形成了复合型图书馆，这必将有利于整个图书馆事业的发展和进步，并顺应了信息化时代的社会需求。

（二）电子信息资源信息组织的探索

从元数据结构标准上划分：一般通用 DC，图书馆用 MARC，博物馆用 EAD，文化娱乐教学用 MPEG，其整合的标准是 METS（我国 CALS 就是采用的这种整合标准）。FRBR 建构元数据（DC）的概念模型是通过 XML 和 RDF（Resource Description Frame）实现的。FRBR 建构元数据 DC 的操作模型是用 XML 或 HTML 为其 15 个元素置标而实现的。但是 FRBR 对于网络电子资源的处理是相当局限的。

例如，数据结构语义识别的有限性：描述不充分（如不同概念的主题表达、上下文的理解、不同专业领域的专业术语的理解、跨系统的不同词汇概念的差别）；时间识别的有限性（FRBR 不是事件触发性模型，对于网络信息更新和对事物的动态描述明显不足）。RDF 虽能表达语义，但缺乏足够的词汇表达完整意义上的知识（Onology），需要 DAML+OLL（代理标记语言和本体推论语言），用来对 web 中的术语含义进行形式化描述，需要主题图（Topic Map）来进行深层次的语义识别。主题图标准与 RDF 标准的本质区别是数据模型在对信息资源的描述及抽取数据模型时的侧重点不同。主题图标准的核心概念是主题（Topic）。

RDF 标准是直接面向信息资源进行的操作，主题图的数据模型则是对信息资源的高度抽象的主题进行操作，一个主题图可以跨一个或者多个知识库来提供一个有用的高层次的抽象，这个工作需要人工完成，也是信息分析加工人员工作的重点。单纯 FRBR、FRSAR、FRAR 来构建基于 DC 的电子信息资源的加工组织是远远不够的，需要更深层次的计算机技术 XML 的支持再加上其他语义工具和网络技术的配合才能实现一定意义上的复合图书馆的目标。用这样的方式进行组织，国际上还存有许多争议，因为许多网络信息资源是可以从搜索引擎中直接搜索获取并实现智能存取的，再花费人力去编目是多余的。

二、资源整合的趋势下图书馆数字化研究趋势

（一）MARC 与 FRBR 的映射关系研究现状

以 MARC21 为例，美国国会图书馆使用 FRBR 模式和 AACR2 的逻辑结构，比较 FRBR 和 MARC 发现有一定的适应性，从 MARC 映射到 FRBR，2300 个要素中 1200 个要素符合 FRBR，从 FRBR 映射到 MARC 及 AACR2 有十分之一的要素符合要求。

从 FRBRC 映射到 MARC 的 4 个实体层次各种属性呈现非常复杂的分布，有 30% 的 MARC 字段在 FRBR 模型之外，FRBR 有必要定义新的实体和关系。MARC 中的字段对应于 FRBR 模式的层次也在研究和考查，那些是 FRBR 要求的必备字段（如语种字段是识

别内容表现的最重要的属性）。我国 CNMARC 和中国编目著录规则对 FRBR 映射研究国图和 CALIS 已经在进行，CALS 已经发表了 CNMARC 与 FRBR 模型的对照表，只有确定了映射关系，其 FRBR 的模式才会在自动化系统中做出相应的改变。但我国目前还没有完全应用到国家级标准书目记录中去，联合目录层次也正在实验和研究。

（二）XML 和 RDF 定义的 DC 局限性——电子信息加工模式的不足

XML DTD/Schema 描述的是 XML 文档中标签的顺序和组合，是 XML 语言的语法。它所表达的语义是隐含的（如 DC 的元素和属性的名称置标及排列顺序），而不是像 RDF Schema 是采用 XML 的格式文件解释 RDF 中词汇的语义。

XML 用 XML DTD/SChema 与 RDF Schema 定义了 DC 的各种元素和属性及其数据结构，但 DC 存在元素定义上的模糊性（考虑到 DC 著录上的弹性空间，元素定义相对简练），对使用者来说，容易造成对元素定义的不同理解。限定词的制定使 DC 变得复杂化。元数据著录标引上的弹性空间，容易增加检索电子信息资源的难度。

一些 DC 用的是 HML 语言置标，为了能更为明确和精确地检索资料，DC 着力发展 XML 方面限定词与著录控制表的制定。这虽然能解决前面所述的问题，但也相对增加了著录者的负担。发展到一定的程度时，DC 会比传统的 MARC 还复杂难懂。

MARC 与 DC 的映射关系容易找到并能达到互相转换的目的，但这种转换不是基于完整 XML 层面的转换，DC 的元素过于简明。XML Schema 可以解决多种格式 MARC 与 XML 的互相转换，但 DC 与多种 MARC 的转换的统一映射表未见报道。DC 与 ISO2709 格式不在一个数据结构的层面，XML 格式与 ISO2709 格式才是一个数据层面的两种数据结构，两者的转换才是真正完整意义上的数据转换。

（三）MARC XML 研究的重要性——新信息组织模式的探索

支持多种 MARC 的 ISO2709 格式产生于磁带信息交换时代，其格式可以用语义网的底层语言 XML 语言进行转换：其头标区、目次区和可变数据区可以在 XML Schema 中分别用 XML 的元素和类来定义声明，构造词表作为元素的限定词并可选，将各字段的子字段定义为类的属性和属性值。按 FRBR 的要求利用 ISO2709 的记录分隔符可以把书目记录和规范记录甚至馆藏记录都定义到一个 XML 记录中去。

总而言之，在全球化的 FRBR 影响下，高校复合型图书馆的数字化工作当前面临着巨大的变革，在信息组织思想方面，以电子信息资源的整合思想和整合技术为先导，在传统纸质文献编目规则上发生了知识聚集及目录用户任务的变化。

元数据（DC）技术整合的变化，MARC XML 技术整合的变化，其模式上出现了基于语义网的 FRBR 电子信息资源数字化技术与传统的文献信息资源编目技术（MARC 技术）整合的模式。其变化的核心是 XML 语言应用于图书馆数字化领域。

三、虚拟化环境下高校数字图书馆的云存储建设

随着高校数字图书馆的建设发展，图书馆在服务空间、时间和功能上不断拓展、延伸和完善，实行藏、借、阅、参、网一体化的服务管理模式，除提供书刊借阅服务以外，还提供参考咨询、网络数据库检索、文献传递、课题检索、科技查新、定题服务、虚拟咨询等深层次和个性化服务。

目前，各高校图书馆系统在网络硬件环境建设方面取得了重大进展。伴随着千兆、万兆网络系统的使用，以及海量馆藏数字资源 fc 光纤存储和 iscsi 存储的投入，数字图书馆的统一网络存储管理显得日渐重要。

尤其是互联网信息服务进入云计算时代，随着虚拟化技术的采用和实施，数字图书馆网络信息服务所依托的数据存储，需要有效地适应云计算和更高级别的数据安全要求。因此，涵盖存储统一管理、高可用、容灾、备份、数据保护和实时迁移的云存储管理，成为保障数字图书馆网络信息服务稳定运行的第一要素。

（一）数字图书馆存储构架

目前，数字图书馆常用网络存储有 fc san、ip san、nas 等几种类型，就存储设备本身而言，这三者没什么不同，区别在于不同的存储网络协议和前端接口的物理形式。

fc san 应该是最早的网络存储形式，采用光纤存储网络连接服务器和存储器，有专门的光纤存储交换机，采用可靠的光纤存储传输协议。存储器前端接口是光纤接口，这是非常可靠的网络存储形式。

ip san 跟 fc san 一样都是块存储，存储原理相同，不同的是 ip san 是为了延长 c san 的传输距离而产生的，利用 ip 网络传输，前端接口是 ip 接口。

nas 是文件共享存储形式，主机产生的数据以文件形式通过 ip 网络保存在 nas 存储设备上。优点是文件共享方便，缺点是效率较低，速度慢，并且由于早期文件系统的限制，存储容量较小，无法横向扩展，多数在 16tb 或 32tb 大小。

最新的网络存储技术是统一分层存储，统一是指对一台存储器来说同时提供支持 fc、ip、nas 乃至最新的 mpfs、fcoe 等存储传输协议的前端接口和控制，这样一台存储设备就可以支持不同的主机应用。在同一 lun 里存在不同类型的磁盘，存储器自动扫描热点数据，把应用的热点数据自动移动到较快的磁盘上，当该热点数据不再被频繁访问的时候，自动将其移到较慢的磁盘上。整体上达到高效、降低成本的效果，也是云计算的基础。

（二）云存储系统的结构模型

1. 存储层

存储层是云存储最基础的部分。存储设备可以是 fc 光纤通道存储设备，可以是 nas 和 iscsi 等 ip 存储设备，也可以是 scsl 或 sas 等 das 存储设备。云存储中的存储设备往往数量

庞大且分布在不同地域。彼此之间通过广域网、互联网或者 fc 光纤通道网络连接在一起。

存储设备之上是一个统一存储设备管理系统，可以实现存储设备的逻辑虚拟化管理、多链路冗余管理，以及硬件设备的状态监控和故障维护。

2. 基础管理层

基础管理层是云存储最核心的部分，也是云存储中最难以实现的部分。基础管理层通过集群、分布式文件系统和网格计算等技术，实现云存储中多个存储设备之间的协同工作，使多个存储设备可以对外提供同一种服务，并提供更强大的数据访问性能。

3. 应用接口层

应用接口层是云存储最灵活多变的部分。不同的云存储运营单位可以根据实际业务类型，开发不同的应用服务接口，提供不同的应用服务。

4. 访问层

任何一个授权用户都可以通过标准的公共应用接口来登录云存储系统，享受云存储服务。云存储运营单位不同，云存储提供的访问类型和访问手段也不同。

（三）云存储项目建设原则分析

1. 先进性

选用行业内最先进的网络存储技术和存储系统产品，选取一个具有前瞻性的设计。

2. 灵活性

系统架构比较灵活，不仅对现有的各种设备和技术有很好的兼容性，而且充分考虑将来业务的需求和技术的发展，以便节省客户的投资。

3. 安全性

充分考虑集中式存储环境带来的数据安全访问需求。

4. 可扩展性

充分考虑到数据处理平台在业务上的发展方向，使整体设计能适应将来一定时期内的业务需求和变化。

5. 可用性

系统多层次、全方位的冗余设计，提供一个高可靠的业务应用系统运行平台。

6. 易管理性

便于处理平台对数据系统进行管理和维护。

（四）基于 hgc dsp 存储的统一管理解决方案

根据对数字图书馆的存储结构分析，我们以采用 hgc dsp 存储虚拟化统一管理的解决方案为例，分析一下云存储建设方案的核心。

1. 主机层

在各个主机服务器中，安装多路径管理软件，保障 dsp 双机的顺利切换。同时，可在主机中安装 disksafe 保护代理，将主机中所映射的磁盘阵列的数据，通过镜像、快照的方式，备份到 dsp 中。disksafe 除了可以完成数据盘的保护外，还可以备份系统盘，当系统出现灾难故障时，可恢复至原有状态。这样就可以在进行统一管理的同时，也完成数据备份。

2. 网络层

在主机和 dsp 之间，分别添加一台 ip 交换机和 fc 交换机，为链路的冗余提供设备支持。

3. 存储层

存储层或者说整个存储网络系统的核心设备是磁盘阵列，在数据中心存储系统中，本地 dsp 系统方案能够将新整合的存储进行虚拟化使用，虚拟化后的 lun 具有镜像、快照、远程复制等功能。后端的 2 台磁盘阵列，连接至 dsp 上，通过 dsp 的设置将磁盘阵列的 lun 进行统一管理，然后分别映射至所对应的主机。

同时，布置 2 台 dsp，搭建成 ha 架构。这样可以保证在其中 1 台失效时，不会导致整个后端的存储系统崩溃，无法对主机提供数据。

（五）云存储管理核心功能的实现

1. 智能数据保护

基于磁盘的、新一代备份与容灾一体化的解决方案，具备卓越的文件、数据库、操作系统的实时备份与瞬间恢复功能，全面整合本地、异地 2 大容灾体系。dsp 备份、容灾一体化解决方案，真正以快速恢复服务为第一目标。

2. 强大的数据迁移和存储容灾

支持存储系统之间的同步镜像，能大幅简化数据迁移的流程。若现有的存储阵列已经由 hgc dsp 来管理，只要将新的磁盘阵列连上存储区域网络（san），即可在 2 个磁盘阵列之间执行磁盘镜像，从而完成数据的迁移。迁移数据过程中，应用服务器完全不需要停机，也不会影响数据一致性。

3. 开放的存储虚拟化

以存储虚拟化技术为基础，可直接应用 dsp 作为虚拟化存储解决方案，进行资源的整合再分配、存储方案的增强扩展，以及对物理存储资源的更高效利用。dsp 的后端可搭配任何品牌的磁盘阵列，支持 fc、iscsi、infiniband 等标准网络存储协议，彻底摆脱单一存储供应商的束缚。

4. 精简存储配置功能

内建 thin provisioning（自动精简存储配置）功能，可将较小的实体存储空间对应为预期的较大容量的虚拟磁盘，而初次分配的物理磁盘存储空间仅需按主机当前实际已有的较小的数据量来进行分配。

5. 远程容灾方案

可通过广域网或互联网构建基于 dsp 统一平台的远程数据复制，构建更高级别的远程容灾系统，提供周期复制和连续复制模式。

在互联网技术高速发展的今天，随着虚拟化云计算时代的来临，数字图书馆在信息化建设上必须适应当前用户要求。对于云计算来说，实现虚拟化只是万里长征走完了第一步，用户规划云基础架构的起点是数据的存储管理。

第四节　图书馆服务共享理念的发展

一、服务共享的起源和研究现状

服务共享，简单地说是指经营机构的一种共享机制，各经营机构或组织共同分享一套服务体系而不是各自建立独立系统导致重复服务。

"服务共享"一词的起源至今还有争议，有人认为是 20 世纪 80 年代，美国通用电气公司建立的从事客户服务业务的全球性组织，加盟机构采用统一的服务标准和体系，这是早期的服务共享的模式，是服务共享的起源。但有人认为这一术语应该起源于 1990 年的一次研究实践，这项实践包括强生公司、IBM 公司、美国电报电话公司、杜邦等多家公司采用的财务共享。这两者的服务共享都是提供重复的服务机制和体系，如人力资源、市场营销、采购及研发等。

自 21 世纪以来，图书馆行业也逐渐将关注的重点从文献资源转向图书馆服务，一方面资源数字化引发读者到实体图书馆越来越少，另一方面更加关注读者的需求，成为图书馆服务的共识。沈勇研究数字信息资源进行有效整合后，如何开展服务共享的模式研究，认为海量信息的飞速产生，迫使各类文献机构把工作重心从如何获得信息，转到如何准确地过滤和有效利用各种信息上来，文献信息资源整合由于能有效地消除信息孤岛，提高各种信息资源的利用效率而成为大家广为流传的话题，在综合运用文献调研法、比较分析法、专家咨询法、层次分析法及实证分析方法和计算机领域的相关技术方法进行理论探讨和实证研究，对国内外数字信息资源整合系统进行全面深入比较分析的基础上，明确国内数字信息资源建设存在的差距，借鉴比较成功的数字信息资源整合模式和整合系统，为提出整合策略和构建整合模型奠定了理论基础。苏建华则研究了数字图书馆联盟的服务共享模式，分析比较目前数字图书馆联盟服务共享的模式，提出基于 SOA 和 Web 技术构建新的联盟服务共享模式的途径和思路，并详细论述了新模式的服务体系。

郭海明研究了公共图书馆的服务共享模式，认为知识的公共性决定了图书馆的公共性，知识公共性目标的实现需要充分共享的图书馆服务体系，公共图书馆服务共享体系是在知识公共性与资源共享的背景下，围绕网络化信息环境而设计的新型图书馆服务场所、资源、设施与组织空间体系，共享的图书馆服务体系突破了单一服务体系的封闭性，为读者提供了一种开放共享的信息服务环境，实现了广阔的信息共用、服务共享和思想共有。共享的公共图书馆服务体系的构建应综合考虑图书馆体系发展的 4 大空间体系，即物理空间上的网点体系、虚拟空间上的网络体系、事业空间上的服务体系及信息空间上的资源体系。余凌研究了图书馆联盟的机制，认为图书馆联盟实际上是各个图书馆的联合体，其实质是以联盟的形式实现各个图书馆之间的资源共享。共享模式有 5 种：基于 OPAC 系统的服务共享模式；基于导航系统的服务共享模式；基于跨库检索系统的服务共享模式；基于网络参考咨询系统的服务共享模式；基于链接系统和跨库检索系统整合的服务共享模式。

更多的研究则围绕在资源共享的基础上，如何采用联盟化、信息技术升级、SOA 服务理念等，扩展文献服务的范围，深入开展文献整理和知识组织方式等工作，开展新型的图书馆服务，满足读者的各种需求。

二、图书馆服务共享的基础

图书馆服务共享的提出，是 21 世纪以后随着信息技术的快速发展，图书馆对读者的重视越来越高而逐渐产生的。特别是 Web 2.0 的出现，个体化的共享、参与成为服务主流，图书馆也开始尝试图书馆 2.0 理念和相关技术提升文献服务，充分尊重读者，体现人文关怀，注重读者参与，构建以用户需求为核心的服务模式，让图书馆在完善文献资源支撑体系的同时，关注读者个性化需求，逐渐深化服务，拓展服务，提升图书馆管理水平及服务质量。在此背景下，图书馆服务共享应运而生。

（一）Web 2.0 方兴未艾

从 2004 年 3 月美国 O'Reilly 公司的 Dale Dougherty 和 Medialive 公司的 Craig Cline 在一次头脑风暴会议上提出 Web 2.0 的概念以来，Web 2.0 就开始成为互联网上的热点。有人将 Web 2.0 理解为互联网发展的一个历史时期，有人将它看作是一种技术的概念，有人将它解释为一种创新的理念，有人认为它是一种网络发展模式。

通常认为 Web 2.0 更注重用户的交互作用，用户既是网站内容的浏览者，也是网站内容的制造者。Web 2.0 让互联网进入了一个崭新的时代，其核心是互联网的服务让用户从受众变成参众，用户成了真正的上帝。Web 2.0 的网络传播与文字、印刷、电视的发明不同，它不是一个习惯性的自上而下的传播，而是一种自发组织式的传播形式，从下到上进行传播。技术再次改变了整个社会，Web 2.0 的改变无疑是具有革命性的，如果说 Web 1.0 是以数据为核心的网络，那么 Web 2.0 就是以人为出发点的网络。

关于 2.0 文化究竟是怎样一种文化现象，目前社会上已经有了一定的讨论，但尚未有确切的定义，仅有局部的个别讨论和描述。有人认为 2.0 文化是一种后现代主义文化，它具有大众草根性、受众失落性和公众狂野性；有人认为，2.0 文化意味着多元文化发展的黄金时期的到来，意味着原生态文化的延续，意味着弱势文化的保护，意味着通俗文化的形成和传播；也有人认为，2.0 文化是突破技术范畴的文化，是全面影响个人、社会和互联网的文化，认为"在我们全人类的生活中最终到处都会出现 2.0 的身影，或迟或早都会受到 2.0 的冲击和影响，最终都要普及和推广 2.0 文化"。而从 Web 2.0 理念本身理解，2.0 文化就是人文的文化、参与的文化、共享的文化。不管怎么理解，2.0 已经成为一个事实的文化现象。

（二）Web 2.0 下的图书馆服务

以 Web 2.0 为背景，图书馆 2.0 孕育而生。一般认为图书馆 2.0 是 Web 2.0 在图书馆领域的应用和实践，或者说是 Web 2.0 思想对人们研究与改进图书馆数字化服务的一种认识与思考。维基百科中对图书馆 2.0 的解释是："图书馆 2.0 是图书馆世界内部的转变，它将改变与转换向图书馆用户提供服务的方式。""图书馆 2.0 的概念借用了 Web 2.0，与它有同样的理念与概念基础。这一概念的支持者期待最终的图书馆 2.0 服务将取代过去数世纪以来过时、单向的服务。"

图书馆 2.0 是 Web 2.0 理念和技术在图书馆领域的具体应用。它是 Web 2.0 背景下图书馆服务功能的扩展与延伸，是以用户为中心的图书馆服务模式的创新。其核心理念与 Web 2.0 是一致的，即参与、创造、交流、分享。

Web 2.0 背景下的全民共享图书馆服务是以资源共享为基础，以技术共享为手段，以服务共享为目标的创新实践。它需要构建馆员与用户双向甚至多向的互动、交流、创造、共享的虚拟网络平台。这一平台的表现形式可以是一个博客或学术维基，更有可能是一个社会性网络。最为理想的应该是将现有的和将会出现的 Web 2.0 技术与服务混搭、集成在一起的网上新知识学习社区。它是对数字图书馆原有集成系统功能的扩展，它以长尾理论吸引潜在用户，以六度分离理论建立网上虚拟人际关系，通过提供便捷、贴心的服务，最大限度地满足用户合理的信息需求，从而实现图书馆服务全民共享。

三、对图书馆资源的重新理解

在数字技术和计算机出现之前，资源共享仅限于以印刷型文献为主的馆际互借互赠、书本目录的交换等。现代的文献信息资源共享，图书馆机构采用以计算机技术为核心的现代技术，对文献信息资源进行存储、检索和传递，快速为全社会的用户提供他们所需的本馆或他馆以及全世界各馆的文献信息资料，实现真正意义上的文献信息资源共享。这种含义的文献信息资源共享，是现代图书馆的重要特征。如果图书馆不根据用户需求的变化及时调整策略，及时改进自身的馆藏建设，图书馆将会失去众多信息用户，图书馆在信息领域传统的核心地位将会受到威胁。另外，现代图书馆服务资源共享的内容更广泛，它们还可以是人力资源如资深的图书馆员及相关的信息设备，甚至是管理资源的共享。

（一）馆藏的文献资源

图书馆目前收藏的文献资源主要是纸质文献，对于纸质文献的管理和服务，是图书馆的业务核心工作。计算机出现后，尤其是数字化出版的兴起，业界曾经讨论纸质文献什么时候消亡的问题，但事实是：一方面纸质文献保存着人类自诞生以来的几乎全部的知识积累，这是不可替代的；另一方面，纸质文献仍然保持着稳定的增长率，由于各行业信息化水平的问题，由于地区之间存在贫富差距的原因，由于传统的阅读习惯的问题等，在很长的一段时间内，纸质文献仍将是文献的主流。前面已经提到传统图书馆学的重点就是对纸质文献的研究，因此对纸质文献的管理和服务已经形成了一整套的理论、技术方法，其中也不乏宝贵的经验。

（二）数字文献

计算机和互联网真是人类伟大的发明，数字文献随着计算机的产生而产生，又随着互联网的产生而凸显出其价值。20 世纪 90 年代之后，多媒体技术的出现，也让数字文献变得丰富多彩起来，以前通过存储在光盘、磁性材料等载体的纯文本文献，增加了图像、声音、影像等更多直观的媒体，于是正式出版的数字文献出版物开始出现：数字图书、数字期刊、全文数据库、网络报纸、电子地图、软件、音乐 CD、电影 DVD 等，似乎数不胜数。21 世纪初，互联网的推广又加速了数字文献的传播深度和广度。数字文献以其存储形式多样、体积小、内容丰富、传播速度快、范围广、检索方便等优点，越来越受读者的认可和喜爱，图书馆自然也愿意投入购买数字资源的经费。目前图书馆主要是各类检索数据库和全文数据库，它们或者是自建的，或者是向数据库商购买的；或者在本地建立镜像站，或者通过 IP 控制进行网络远程访问。今后还将包括多媒体文献资源，如多媒体课件、图片资源库、音乐资源库、视频资源库等。

但是，数字文献种类的繁多，带来了相应的问题：元数据标准的不统一、数字格式的多样性、独立的管理和服务系统等，给读者带来很多不便。随着数据库的增多，图书馆服务器和存储系统的压力也越来越大，系统管理员日益发现自己成为机房管理员，因为不时地要监控各种文献服务器的状态，定期增加数据，进行数据备份。这些众多的数据库，其实大多是以"信息孤岛"的方式而存在的，相互之间并没有数据关联，检索也是各自独立的，因此，图书馆不得不提出"统一检索平台"的概念，期望通过这样的折中方式，解决不同数据库之间的集中检索问题。

（三）共享的文献资源

图书馆的资源不能仅限于馆藏的文献，按照"为我所用"的文献资源策略，共享资源将会逐渐成为图书馆开展文献服务的重要支撑。尽管目前图书馆也大力提倡文献资源共享，并在国家层面、地区层面、高校之间建立起了一些行之有效的共享体系，但是对于图书馆来说，还是不够的，毕竟在目前的技术条件下，共享的技术支撑和共享的需求远远超过了以前。

（四）互联网的开放资源

通过 Google 或者 Baidu 获取信息已经成为多数人的习惯，尤其是这些搜索引擎事实数据的资源量，已经远远超过任何一家图书馆。互联网上的其他可用的知识资源则更加丰富，比起传统文献，在时效性、专业性方面有过之而无不及。这些开放的资源都可以成为图书馆开展知识服务的重要来源，但是需要注意的是，互联网资源数量众多且分散，且每天都在快速增长，如何对这些资源进行开发利用并将其纳入图书馆的文献资源服务体系中？读者为什么不直接检索利用这些搜索引擎？这些都是急需解决的难题。

（五）读者的共享资源

在图书馆 2.0 理念中，倡导读者分享自己的文献资源，这就需要在读者的个性化门户中，基于 Web 2.0 技术，给读者提供保存各类私有文档和文献资源的网络虚拟空间，读者可以自行设定，将其中的部分文献共享出来，经图书馆馆员审核后发布，从而形成图书馆资源体系的一部分。这其实也是"开放获取"的精神和模式在图书馆中的具体体现。

（六）馆员和读者的资源

图书馆服务的对象是读者，是最宝贵的用户资源，读者和馆员共同在整个图书馆生态体系中承担具有能动性的重要作用，也是图书馆服务的永恒不变的线索。图书馆系统为读者服务，也为图书馆馆员开展管理工作服务，换句话说，馆员也是整个系统架构中的用户之一，是从事管理工作的资源。随着文献服务体系的完善，我们甚至可以设想，将来或许会出现没有一本馆藏图书的图书馆，馆员按照读者提出的需要，再从不同的文献共享渠道获得文献并提供给读者，实现"按需服务"。

以用户为核心的图书馆服务共享体系，在提倡文献资源共享的同时，还将提倡馆员资源共享、读者资源共享。馆员资源共享，将实现图书馆之间的联合参考咨询、联合编目、联合建设数字化文献资源等；读者资源共享将在 Web 2.0 技术的支持下实现在虚拟空间中读者个人空间的互访、互助，并可以在大范围内分享来自更多图书馆的读者上传的共享文献资源。

（七）设施和设备

在新技术背景下，在图书馆服务共享的背景下，图书馆的建筑、公共设施、自动化设备等都值得研究，以进一步适应读者的需要。就目前而言，图书馆的馆舍已经朝着全开放图书借阅一体化、功能多样化、网络化、休闲化的方向发展，而图书馆的设施和设备，也将适应现代化的发展进度，大量使用高性能服务器、计算机，海量的磁盘阵列等。生产力水平的提高，同样带来了图书馆知识服务效率的大幅提高。在设施、设备资源与图书馆服务理念结合方面，"信息共享空间"是一个较为完美的结合。这是图书馆的一个经过特别设计的一站式服务中心和协同学习环境，综合使用方便的互联网、功能完善的计算机软、硬件设施和内容丰富的知识库（包括印刷型、数字化和多媒体等各种信息资源），在技术熟练的图书馆参考咨询馆员、计算机专家、多媒体工作者和指导教师的共同支持下，为读者（包括个人、小组或学术团队）的学习、讨论和研究等活动提供一站式服务，培育读者的信息素养，促进读者学习、交流、协作和研究。与之相似的还有创新社区（简称IC）。

四、通过整合服务实现服务共享

（一）服务现状及用户需求分析

目前数字图书馆提供的服务日益丰富：全文检索、文献传递、虚拟参考咨询、用户培训等已经成为数字图书馆服务的常态；信息推送、My library、知识挖掘也正在深入研究和试用推广中。然而用户的需求不会仅仅局限于数字图书馆资源范围内，他们在其科研、教育、商务和政务活动中，还需要大量其他类型的信息资源。我们需要停止从图书馆的角度来看事情，而要关注用户的看法，用户不太在意内容是 Web、博客、图书还是连续出版物，他们在意的是以最小的时间成本获得最满意的信息。另外，我们所提供服务的渠道是单向的，将用户应用、交流、传播和创造知识的其他过程排除在外。由此可见，我们的服务没有满足用户参与、创造、交流和分享知识的需求。

（二）整合服务的内容

在 Web 2.0 背景下，图书馆通过整合服务可以极大地满足用户的信息需求，进而达到实现共享图书馆服务的目的。这一整合是对数字图书馆原有服务功能的进一步扩展，内容包括以下几个方面：通过开通博客，促进用户交流；建立 Wiki 站点，集合群体智慧；将RSS 与 Tag 相结合，开展信息定制、信息推送服务；应用网摘服务，使用户共享彼此收藏的信息；通过 IM，开展实时参考咨询；通过 SNS 建立虚拟的学习新知识社区；通过与竞争对手合作，开展各项增值服务，比如与百度、豆瓣网合作；利用开源软件，提供特殊服务。

总之，图书馆通过对资源、技术和服务三位一体的整合，不断地完善服务质量，最大限度地满足用户需求。

五、图书馆服务共享理念

（一）资源从"为我所有"转变为"为我所用"

现代图书馆的开放性要求图书馆应抱着"不求为我所有，但求为我所用"的态度，且意味着今后图书馆将突破文献资源的范畴，不管是哪种类型的资源，其建设目的都是为读者所用，并且义无反顾；图书馆资源建设的延续性，客观上图书馆馆藏文献仍然将成为开展知识服务的主要资源。"资源有限，服务无限；存取有限，获取无限"，但是图书馆的资源不能仅限于馆藏的文献，按照"为我所用"的文献资源策略，共享资源将会逐渐成为图书馆开展文献服务的重要支撑。将来服务共享文献资金来源将主要有三方面：图书馆参与的文献共享体系、互联网的开放资源、读者的共享资源。

（二）人性化"畅通无阻"服务

2008 年 4 月发布的"OCLC 成员委员会探讨图书馆的创新"消息中报道了 2008 年 2 月召开的 OCLC 成员委员会会议重点探讨了"图书馆服务的创新思想"。其中，关于大学图书馆服务创新"信息时代图书馆的设计"中强调，图书馆创新应以内容管理、学习和服务扩展为指导，对馆藏和服务项目进行整合，开展馆际合作。图书馆是学习、阅读、免费获取信息的场所。2003 年 6 月的"后数字图书馆的未来"研讨会（又称"泛在知识环境"研讨会）上提出了"后数字图书馆"，定位于提供"泛在知识环境"。"泛在"即"无处不在"，旨在创建一个人类共用的知识环境，提供无所不在、触手可及的移动信息服务。"5A"图书馆理想是"任何用户在任何时候、任何地点，均可以获得任何图书馆拥有的任何信息资源"。两者都意在突破时间、空间的限制，"以用户为中心"，提供"无所不在"的开放式、深层次的知识服务，这也为图书馆的蓬勃发展提供了广阔的空间，因此人性化"畅通无阻"服务，必须是图书馆服务共享坚持的理念，从读者的角度思考服务的细节，最好提供一站式服务，不论是现实的，还是虚拟空间的。

（三）高度重视用户参与和用户体验

新时代的图书馆，从对 Web 2.0 相关技术的应用发展到更加重视其理念和哲学在图书馆中的应用，将用户作为基础，以用户为中心，尊重读者，强调用户参与，重视用户体验、用户交互与用户参与，消除资源利用和获取的障碍，图书馆的资源建设、服务开展和管理工作都是围绕着用户而进行的，尽最大努力使每位读者都能享受图书馆服务。

（四）共享互赢

构建网络社区，营造一个读者可以交互的虚拟空间，提供更多的知识服务，而且这个空间面向整个互联网的用户。这其中包括读者与馆员的交互、读者之间的交互、读者群的建立与交互、馆员之间的交互、图书馆直接的交互，可采用激励的积分制度等。

图书馆的知识社区应给读者提供各类文献资源（包括读者之间的共享资源）的个性化定制服务，并能让读者根据自己的需要，进行分类、组织、标引等，供读者方便地、长期地利用自己需要的文献知识。因为每位读者都有自己的学科背景，或者学科关注方向。

Web 2.0 以个人交流为中心，形成信息发布与互动的聚集，信息丰富的个人或社群站点成为信息汇集的中心。这种信息汇集中心具有互动解题和资源自给的功能，是网络多向交流、多媒体类型交流的生存适应者，是 Web 2.0 时代的新生信息中心。这种新生的信息中心使知识的获取呈现"去中心化"的特征，这对图书馆由于知识资源聚集而自然形成的中心地位构成了很大挑战。

六、服务共享的发展意义

（一）图书馆服务革新的需要

随着数字图书馆的发展，原有的建设和发展模式显然已不能满足时代的需求，Google、Baidu逐渐渗入图书馆的文献服务领域，在诸多方面使图书馆行业陷入尴尬的处境。图书馆正逐渐认识到整个行业需要真正的革新，图书馆2.0理念应运而生。如果说图书馆1.0是文献的时代，那么图书馆2.0就是读者的时代，这与知识经济时代一样，谁拥有用户谁就拥有了全部，这是现代图书馆的核心价值观。图书馆应超越文献资源的关注点而以读者的诉求为核心，因为"资源有限，服务无限；存取有限，获取无限"。各个图书馆构建基于读者的服务共享体系，替代原来的基于文献的资源共享，是图书馆事业取得发展的必由之路。

（二）资源共享的目标所决定

20世纪70年代，美国图书馆学家肯特提出了"资源共享"的2个目标：一是在获得更多的资料和服务方面，对图书馆用户产生积极的效果；二是在用更少的花费提供同等水平的服务，用同等的花费提供更多的服务，或者用比过去更少的花费提供比现在更多的服务方面，对图书馆预算产生积极的效果。这2个目标分别强调了"服务"的多、好、优。显而易见，"资源共享"目标与服务不可分割。马费成等人在《信息资源管理》中提到"资源共享的目的在于使每个组织和个人都能够在一定范围内最大限度地利用信息资源"，突出强调了"最大限度地利用信息资源"。可见，"资源共享"的发展始终是以"分享资源，提供更好的服务"为其宗旨。如果说20世纪的"资源共享"是文献、信息资源的共享，限于图书馆之间纸本文献的互惠互借、协调采购等，那么21世纪的"资源共享"则是打破地域限制，超越时空约束，追求"泛在化"的资源大共享，注重用户的资源获取与利用，侧重于服务的共享。

（三）SOA技术支撑

数字时代，图书馆的核心竞争力已转移到文献信息资源服务与共享方面。在信息技术领域，面向服务的SOA体系结构将应用程序的不同服务，通过这些服务之间定义好的接口和契约联系起来，而构成以用户需求为核心的服务体系。最近几年，图书馆领域基于SOA的服务共享的研究也已经崭露头角，如唐小新的《SOA在高校图书馆采访系统中的应用探索》，周全明、吴延凤的《基于SOA的校际资源共享研究》，刘雪艳等人的《基于SOA的电子化服务共享及实施》等学术论文，集中研究区域资源共享、数字资源整合、信息服务架构模式、信息共享平台等几个方面。从通俗的概念层面上说，SOA技术最终使系统中不同的服务变得"伸手可触"，这为图书馆为用户提供高效、快速、便捷的服务共享提供了强有力的支持。

参考文献

[1] 谢薛芬.浅谈高校图书馆工作 [M].杭州：浙江工商大学出版社，2018.

[2] 包瑞.高校图书馆服务与资源开发 [M].长春：吉林大学出版社，2017.

[3] 王印成,包华,孟文辉.高校图书馆信息管理与资源建设 [M].北京:经济日报出版社，2018.

[4] 范国崴.高校图书馆现代化管理 [M].长春：吉林人民出版社，2016.

[5] 唐淑香."互联网 +"时代高校图书馆学科服务研究 [M].西安：西安交通大学出版社，2018.

[6] 徐婷.高校图书馆门户网站建设 [M].上海：上海社会科学院出版社，2016.

[7] 陈陶平，赵宇，蔡英.现代高校图书馆管理与服务探究 [M].北京：九州出版社，2018.

[8] 农艳春.大数据时代高校图书馆服务工作研究 [M].长春：吉林大学出版社，2018.

[9] 赵洁，王维秋.高校图书馆文献采访理论与实践探索 [M].北京：中国农业大学出版社，2016.

[10] 吴爱芝.大数据时代高校图书馆智慧化学科服务研究 [M].北京：海洋出版社，2018.

[11] 郑志军，杨红梅.高校图书馆管理创新研究 [M].成都：电子科技大学出版社，2014.

[12] 严潮斌，李泰峰.高校图书馆资源与服务体系建设研究 [M].北京：北京邮电大学出版社，2015.

[13] 艾家凤.高校图书馆人力资源管理研究 [M].合肥：中国科学技术大学出版社，2015.

[14] 李变秀.地方高校图书馆的学科建设与特色发展 [M].昆明：云南大学出版社，2014.

[15] 韩丽.高校图书馆学科化服务的实践发展 [M].昆明：云南大学出版社，2014.

[16] 康敬青.基于网络环境的高校图书馆信息服务体系研究 [M].北京：地质出版社，2015.

[17] 王文兵.高校图书馆学科服务研究 [M].武汉：湖北科学技术出版社，2012.

[18] 李琛．高校图书馆教育功能理论与实务 [M].芜湖：安徽师范大学出版社，2012.

[19] 韩红予，张联锋．高校图书馆文献采访理论与实践 [M].武汉：武汉大学出版社，2012.

[20] 袁梁．大数据时代高校图书馆个性化服务研究 [J].图书情报导刊，2018，3（10）：19-22.

[21] 王立娜．"互联网＋"环境下高校图书馆数字资源建设探析 [J].图书情报导刊，2018，3（10）：39-44.

[22] 董澜．互联网背景下的高校图书馆读者服务 [J].中国校外教育，2018（30）：34-35.

[23] 李海云．"互联网＋"时代高校图书馆员的素质要求与提升 [J].长春师范大学学报，2018，37（10）：164-166.